張載哲學與關學學派

陳俊民 著

臺灣 學生書局 印行

内容提要

本書作者在整理縷析關學典籍的基礎上，運用歷史與邏輯相統一的原則和方法，着重探討宋明理學思潮中關學學派的形成、發展和終結的歷史過程，主要剖析其領袖張載哲學的基本內容及其思辨邏輯，以求把握這一學派思想的顯著特徵及其與整個理學思潮發展的共同趨向。

全書共分三部分。"總論"部分，辨析了關學思想的源流及其歷史文化背景。"本論"部分，按照張載其學的邏輯進程，依次論證了張載確立"性與天道合一"的關學主題；張載追求"民胞物與"的大同理想和"孔顏樂處"的自由人格；張載以"天人合一"、"體用不二"的結構原則，構成了"氣──道──性──心──誠"的哲學邏輯範疇體系；張載親炙弟子呂大臨對張載二程關洛二學的抉擇與傳承。"附論"部分，考查了張載之後，北宋陷於"完顏之亂"、關學幾乎"百年不聞學統"期間，以"道德性命之學"標宗的世俗化的全真道在關中崛然興起，並熾傳北方的思想動向，從這一側面，展現出宋元整個中國傳統思想走向"三教歸一"的必然趨勢；並把張載關學和整個宋明理學的基本精神，歸總爲對"天人合一"的理想人格和"人皆堯舜"的道德境界的追求。至於元明以後作爲宋明理學思潮的"關學"如何具體發展，作者留待《張載關學續論》一書中詳論。

Abstract

The author, on the basis of a through textual analysis of the literature of the Guan School, employs the principle and method of the unity of history and logic. The focus of the study is to present a critical inquiry into the formation, development and completion of the Guan School in Song-Ming Confucian thought. The main purpose is to investigate the basic content and the dialectic logic of the philosophy of Zhang Zai, the leader of the Guan School, for the sake of grasping the salient features of this particular school and the common tendencies of Song-Ming Confucian thought in general.

The book is divided into three parts. The prolegomenon sets forth the intellectual origins and the cultural and historical background of the thought of the Guan School. The main part of the book, according to the logical sequence of Zhang Zai's philosophy, demonstrates the following propositions: (1) the basic motif of the Guan School in Zhang Zai is the thesis of "the unity of human nature and the Way of Heaven," (2) Zhang Zai's quest for the ideal of the Great Harmony and for the free and easy personality as a result of "re-experiencing" the delight in life that Confucius and Yan Yuan had enjoyed, (3) Zhang Zai's Construction of his categorical system, namely the philosophical logic of "vital force-the Way-human nature-mind-and-heart-sincerity," by the dual structural principles of "the unity of man and Heaven" and "the inseparability of substance and function."

The appendix discusses the emergence and rapid development

of the this-worldly Taoist sect, the Complete Truth, with em-
phasis on "the Way, its power, nature and destiny," in the north
in a period when the Northern Song was ruined by the Jurchens
and the Guan School, for a hundred years, was not able to con-
tinue the transmission of its learning. From this angle, the book
delineates the inevitable tendency of "Three Teachings in one"
of the Song-Yuan intellectual developments. The author will
study in detail the further growth of the Guan School in a se-
quel to this book.

序

　　北宋中期，張載講學關中，他的學說被稱爲關學。同時程顥、程頤講學洛陽，他們的學說被稱爲洛學。關學與洛學之間，有同有異。到南宋初年，張、程的學說同被稱爲理學。（陸九淵曾說：“惟本朝理學，遠過漢唐，始復有師道。”所謂理學即指周敦頤、張載、二程的學說而言。）張載的弟子未能發揚師說，二程的弟子却能把程學發揚光大起來。二程的四傳弟子朱熹繼承二程學說，兼綜張載的一些觀點，成爲理學的集大成者。南宋後期，朱熹學說受到尊崇。歷元、明、清，朱學成爲佔統治地位的官方哲學。而張載的若干著作在明初也被編入《性理大全》，成爲一般士子的必讀書，對於後來哲學的發展發生了深遠的影響。

　　所謂關學，有兩層意義，一指張載學說的繼承和發展，二指關中地區的學術思想。明清時代，關中地區的學者大抵在一定程度上都接受了張載的影響，但也有一些複雜情況。張載學說有兩個最重要的特點，一是以氣爲本，二是以禮爲教。後來關中地區的學者，大多傳衍了以禮爲教的學風，而未能發揚以氣爲本的思想。明清時代，發揚以氣爲本的思想的，有王廷相、王夫之等，却不是關中人士。張載關學的傳衍，表現了這樣一些複雜的情況。

　　張載學說，艱深難懂，含有深奧的義蘊；關學的傳衍，更有複雜錯綜的情況。這些都是需要深入鑽研的。陳俊民先生對於張載學說的深奧義蘊，進行了比較詳細的剖析，對於關學的傳衍過程，作了比較全面的考察，寫成《張載哲學思想及關學學派》一書。這是近年中國哲學史研究的又一豐碩成果。俊民先生希望我寫一篇序言，我就將關學的意義略加詮釋，借以表明此書的價值。

一九八五年七月 **張岱年** 序於北京大學

張載哲學與關學學派　目　次

總　論

本　論

附　論

總　論

一　關學思想源流論

(一)關學與關學研究

關學是宋明理學思潮中由張載創立的一個重要的獨立學派，是宋元明清時代今陝西關中的理學（即道學或新儒學）。

以往人們每每稱道"關中自古多豪傑"（《王陽明全集》卷六〈答南元善〉），是文、武、周公、秦皇、漢武、唐宗立國之地，卻常常忽略了關中自古亦是"理學之邦"（馮從吾《關學編》序），"哲士挺生，代不乏人"（《關中兩朝文鈔》卷二十〈關中人文傳〉）。朱子早有"司馬（光）張（載）邵（雍）"之稱，性理典籍常把"濂洛關閩"五子並舉。眞是關學之"名"，由來尚矣！然而關學之"實"，卻有待於我們這代人去細心考察。

(甲)　關中理學家的關學研究

的確，歷史上有不少關中學者也曾究心過關學，長安馮從吾（少墟）就是一個。他於明萬曆年間，因連連"削籍"，在京師做官不成，便歸居長安，稽考方志，探隱索跡，發凡起例，編了一部《關學編》。他明確規定編著宗旨：不錄名臣，不載獨行，不載文詞，不載氣節，不載隱逸，專門輯錄"關中理學"。"斷自橫渠張子始"，訖於秦關王（之士）先生止，共收編宋元明關中理學家三十三人，使關中"橫渠遺風，將絕復續"（《馮少墟集》卷二十一《關學編》）。馮從吾在關學史上確實有"中興"之功，開了關學研究的先河。

到了清代，《關學編》被"有志程朱"的李顒後學李元春、賀瑞麟多次增訂。李元春還將《增訂關學編》與馮從吾編的《關中四先生要語錄》，同他自己編注的《張子要釋》、《關中三先生要語錄》合輯為《關中道脈四種書》，於道光庚寅年（1830年）鐫刻，流行於關中。第三年，經他彙選，由蒙天庥校梓的《關中兩朝文鈔》二十二卷、《關中兩朝賦鈔》兩卷，又一併問世。儘管作者旨在復興"關中人文之盛"，但因"古者道德文章無二致"，因之不少的理學論著自然被收入《文鈔》；又因理學是當時的統治思想，為文必"根柢理學"，蘊涵"伊雒之微言"、"性命之奧旨"，因而竟使"關學賴以大昌"。

其實，這時的關西學者多半"恥效章句，皆以通經學古為尚"（《關中兩朝文鈔》卷二十＜關中人文傳＞），作為"理學"的關學，也同整個理學一樣，已經衰落。而李元春在關東大量搜集、編定、刻印關學論著，只是表明研究關學史已成為晚清關中學者十分關注的問題。

正是由於"關學之式微"，整理關學資料的工作越來越突出了。於是張驥"東游二華，北過三原"，"西望鳳翔，南瞻周至"，遍采橫渠、涇野（呂柟）、少墟、二曲（李顒）諸家門人、舊侶及其書籍一千三百餘種，在《關學編》的基礎上，仿照孫奇逢《理學宗傳》的體例，以理學家其人傳略為經，其書言論為緯，編輯了《關學宗傳》五十六卷，共收集宋元明清四朝關學學者近二

百五十人。在此前後，關中著名理學家的著作和年譜，諸如《張
子全書》（張載）、《潏水集》（李復）、《呂涇野集》（呂柟）、
《馮少墟集》（馮從吾）、《二曲集》（李顒）、《懈葉集》
（李柏）、《關中三李年譜》（吳懷清）等，也經過整理，重刻問
世。所有這些，對於關學資料的搜集整理工作，的確不乏勞績，
可是他們研究關學"皆以闡聖眞冀道統"標宗，目的只是爲了表
明關中是個"古帝都"，有先王遺風，上承文武周公，洙泗鄒魯，
"道脈相傳不絕"，以便維護理學在關中的神聖地位，始終不能
超出儒學"道統史"的舊轍。

（乙）　辨明關學卽"理學"是研究關學思想的重要前提

一九四九年以後，運用唯物史觀研究張載思想的論著，確實翻
卷可得，但對張載所創立的關學學派，卻無專門文字。可貴的是
侯外廬先生主編的《中國思想通史》，破例爲關學專列了章節，
尤其是邱漢生、丁偉志諸賢，近來著文明確論定張載是著名的理
學家 ❶。這些足以啓迪人們思考的見解，實際爲後學們提出了一
項艱巨的研究任務。

以往這些關學研究的成果，從方法上說，它們的"道統史"
固然不科學，但也可以使我們從中初步明確如下兩個論點：

一關學不是歷史上一般的"關中之學"，而是宋元明清時代
關中的理學。你看，這時的關中學者們，或者首創"太虛無形，
氣之本體"說（張載）；或者融合周程張朱，"以窮理實踐爲主"
（呂柟）；或者尊崇陸王，以發"善心"爲旨（馮從吾）；或者

恪守程朱，以"誠敬"爲本（李元春）；或者潛研於"明體適用"、"悔過自新"之說（李顒）；或者對程朱諸如"學問之道在於求其放心而已"等說法，提出一個小小的"異議"……，這均是理學思潮在關中表現的具體形態。總之，他們也同其他理學學派一樣，把"危微精一"、"格物窮理"、"理氣心性"、"戒懼愼獨"等等作爲經常討論的題目。

因此，張舜典在＜關學編後序＞中解釋說："凡有血氣，莫不有性命，而道在焉；道在而由之，知之，則學在也。奚獨以關學名也。"這就是說，"關學"之名是以"道學"（理學）爲實的。

二關學不只是一個張載思想，它同理學思潮相關聯，共始終，也有一個相對獨立的發展史。無論就外在形式，還是內在思想而論，張載→呂柟、馮從吾→李顒的演進，基本上反映了關學從北宋興起，經南宋衰落，明代中興，到明清之際終結的歷史過程。如果說張載是這一邏輯起點的肯定形式，那麼明代的呂柟、馮從吾則是其中的否定環節，清初的李顒，就是這一邏輯終結的再肯定形式。其中每一個環節中，自然還有一系列小波折。要想客觀地揭示出這一歷史過程，只有把關學置於整個理學思潮中，從它同其他學派發生肯定或否定的聯繫裡，具體剖析它的思想主旨、學術源流和辯證發展，以深刻認識整個宋明理學的發展規律及其本質，這就是我們研究關學的方法論。

可是，這兩個論點，都是需要經過辨析才能確立的。

㈡關學的學術淵源

關學是理學思潮中一個相對獨立的重要學派，它必有自己的學術淵源和思想主旨。探明這個問題，需要從關學領袖張載及其與二程洛學的親緣關係論起。

(甲) "橫渠之學"其源不出於二程

北宋中葉，關學之所以在關中異軍崛起，並能同洛學、新學鼎足而立，這同張載的名字是分不開的。

張載的理學思想是怎樣產生的？號稱二程門下"四先生"中的楊時、呂大臨和游酢認為，關學源於洛學。楊時在＜跋橫渠先生及康節先生人貴有精神詩＞中云：

> "橫渠之學，其源出于程氏，而關中諸生尊其書，欲自為一家。故余錄此簡以示學者，使知橫渠雖細務必資于二程，則其他故可知已。"（《楊龜山集》卷五）

呂大臨在所撰＜橫渠先生行狀＞中甚至說，張載與二程嘉祐初於京師"共語道學之要"時，"盡棄其學而學焉"。

游酢在＜書伊川先生行狀後＞裡，說得更神乎其神：

> "（伊川）先生生而有妙質，聞道甚早，年逾冠，明誠張子厚（張載）友而師之。子厚少時，自喜其才……多能道邊

事。既而得閒先生論議，乃歸謝其徒，盡棄其舊學，以從
事于道，其視先生雖外兄弟之子，而虛心求益之意，懇懇
如不及。"（《河南程氏遺書》附錄）

顯然，這三位學生是有意要抬高老師的地位，而老師倒還有
點自知之明。朱熹《伊洛淵源錄》卷六＜橫渠先生遺事＞中載：

"呂與叔（大臨）作橫渠行狀有'見二程盡棄其學'之語，
伊子（頤）言之先生曰：'表叔平生議論，謂頤兄弟有同
處，則可；若謂學于頤兄弟，則無是事。頃年屬與叔刪去，
不謂尚存斯言，幾于無忌憚矣！'"

程頤的這段話，是符合情理的。嘉祐二年（1057 年），張載年
三十七，剛登進士第，思想雖不一定已"不踰矩"，其學當立，
已成事實。而二程還是二十四五的青年，張載又是他們的表叔，怎
麼能在比他們年長十二三歲的長輩親戚面前如此傲慢？因而他批
評弟子不刪斯言，是毫"無忌憚"。接着，雖將"盡棄其學"之
語，改爲"盡棄異學，諄如也"，也不盡合乎事實。後來，儘管
《伊洛淵源錄》這條後"按"裡，肯定"橫渠之學，實亦自成一
家"，但仍認爲"其源則自二先生發之耳"。是的，張程思想之
間的互相影響，相互吸收是肯定的；但一定要說張源於程，顯然
這是在程朱思想日漸變成統治思想的趨勢下，程門弟子高其學、
神其道的門戶之說。就在呂大臨撰的同一個＜行狀＞中，也透露
出了上述說法不合事實。張載同二程爭論"道學之要"時，明明

"渙然自信"，聲稱"吾道自足，何事旁求"！十二年後（1069年），御史中丞呂晦叔向神宗推薦張載時也明明講："張載學有本原，四方之學者宗之。"後來，元人修《宋史》爲張載立傳時，將這句話概括爲"言其有古學"，又說："載學古力行，爲關中士人宗師，世稱爲橫渠先生。"這些，均無任何關學淵源於洛學的意思。

（乙） 張載並非"高平門人"

那麼，張載的"古學"究竟本源於何處，有沒有直接的師承授受？二程以後，有兩種說法，很值得我們思考。朱熹認爲"橫渠之學是苦心得之"；全祖望則說是"高平（范仲淹）……導橫渠以入聖人之室"。這兩種說法，本來可以並存不悖，茲因其中也有可疑之處，這裡需略加考辨。

先說"苦心得之"。這是朱熹從張、程的天資、風格、思想、方法諸方面的比較中得出的一種看法。朱子世稱二程正傳，但在這一比較中，他卻不揚程抑張，從來不講"橫渠之學"淵源於二程。比如他說：

> "明道之學，從容涵泳之味洽；橫渠之學，苦心力索之功深。"
>
> "橫渠說做工夫處，更精切于二程，二程資稟高明潔淨，不大段用工夫。橫渠資稟有偏駁夾雜處，大段用工夫來。"
>
> "橫渠之學，是苦心得之，乃是致曲，與伊川異。"（轉引《宋元學案》卷十八〈橫渠學案下〉）

他為張載說了不少好話，但始終不直接說張載得誰之傳。加之，張載本人從未自溯其學得力於誰、有何家學、是誰私叔；而其弟子除三呂因投奔二程門下，反說張本於洛學而外，其他均無說。這樣，朱子之說，就可能持之有據。

但是，完全沒有師承的學派，總是同儒學傳統不相容，也是難成氣候的。因此，在以"溯導源之功"競長，"以講學宗派相高"的宋明學術風氣下，全祖望終於給張載找到了師承。

全祖望在《宋元學案》裡說："宋世學術之盛，安定（胡瑗）、泰山（孫復）為之先河。""安定、泰山而外，高平范魏公（指范仲淹）其一也。高平一生粹然無疵，而導橫渠以入聖人之室，尤為有功。"（《宋元學案》首卷〈序錄〉）因而，王梓材在補修《宋元學案》中的〈高平學案〉時（按全祖望原稿已失，王氏補修之），他把張載與富弼、張方平、石介、李覯等均列為"高平門人"。

《宋元學案》校刊者王梓材，依據史傳：范仲淹幼時"依戚同文學"，後於陝西任職間，"一見橫渠奇之，授以《中庸》"，特加"案"解釋說："橫渠之于高平，雖非從學，然論其學之所自，不能不追溯高平也。"

至此，我們已經明白，張載之學出於高平之說，原來是全祖望、王梓材等"追溯"出來的。這樣，我們又得回到呂大臨的〈橫渠先生行狀〉來。這是關於張子史跡的最早材料，其中說張載：

> "少孤自立，無所不學。與邠人焦寅游，寅喜談兵，先生
> 說（悅）其言。當康定用兵時，年十八，慨然以功名自許，
> 上書謁范文正公。公一見知其遠器，欲成就之，乃責之曰：

'儒者自有名教,何事于兵!'因勸讀《中庸》。先生讀
其書,雖愛之,猶未以爲足也,于是又訪諸釋老之書,累
年盡究其說,知無所得,反而求之《六經》。"

這就是張載的學術道路。從學兵事、"讀《中庸》"、盡究"釋
老之書"而"無所得",最後又"反而求之《六經》"。經歷了
二十年的苦心力索,待到在京師同二程論道時,就"渙然自信",
達到了"吾道自足,何事旁求"的程度。

　　據《宋史·張載傳》所載,張載上書范仲淹時,正值西夏侵
擾西北,范仲淹出任陝西招討副使兼知延州。張載血氣方剛,喜
歡"談兵",上書無非是要求從戎鎮邊,或對戰事出謀獻策,
"以功名自許";而范仲淹之所以勸張載讀《中庸》,是因爲"知
其遠器",發現他在學術上可能有發展前途。知人善任,鼓勵提
携,這對張載進入理學活動,創立關學,成爲著名理學家,誠然
關係重大,但他們之間並無師承關係。<高平學案>載:"汪玉
山與朱子書云:'范文正公一見橫渠奇之,授以《中庸》,若謂
從學則不可。'"全祖望說:"張子之于范文正公,是當時固成
疑案矣。"(《鮚埼亭集外編》卷三十八)。既然大前提是"疑案",
"追溯"的結論,當然難以成立。

(丙)　關學是理學思潮的必然產物

　　證明了全祖望等的"追溯"並無實據,反過來就覺得朱子說
的"苦心得之",不是隨意立說。在思想上,朱子"確然以爲二
程子所自出,自是後世宗之";可在這個學術問題上,他不硬給

張載臆造師承，而是突出強調了張載"苦心力索"的獨創精神，宋人那種特有的"溯導源之功"反而最少。而全祖望卻硬要"追溯"張載的師承，這奇怪嗎？不。

《宋元學案》對關學研究的真正勞績，不在於從形式上"追溯"張子的師承，而在於從內容上找到了關學的思想淵源。黃宗羲在《明儒學案》裡說"關學世所淵源，皆以躬行禮教爲本"（＜師說·呂涇野柟＞）。全祖望在《宋元學案》裡說"慶曆之際，學統四起"，"關中之申（顏）侯（可）二子，實開橫渠之先"（首卷＜序錄＞），並在＜士劉諸儒學案＞裡特列了"關學之先"，記載了華陰申侯二先生的思想和史跡，這表明關學同其他學派一樣，是在特定歷史條件下的時代思潮中產生的。

歷史事實也正是這樣。由於隋唐佛學思潮中的"三教"論爭，安史之亂以來兩百年的變亂相尋，這兩種性質不同的分裂局面，按照歷史的必然邏輯，首先帶來了北宋王朝"兩世太平日"、"四朝全盛時"的政治高度集中時期。在八十年間，統治階級痛定思痛，思想家熱心於理論探索，政治家與思想家配合默契，終於找到了一條實現"三教歸一"的途徑，這就是以儒家倫理綱常思想爲核心，在注經、通經的形式下，援二氏入儒經的經學哲學化的辯證過程。

這一過程概括地說，先是真、仁之世的儒學復興。由范仲淹、歐陽修諸賢"以直言讜論倡于朝"，"盡去五季之陋"，以名節廉恥相尙，首開了宋世風氣（顧炎武：《日知錄》卷十三）。同時，胡瑗、孫復、石介起於南北，"始以師道明正學"，闢佛老，黜浮艷，專講儒學名教，"天下之士從者如雲"。理學"實自三先生而始"(《宋元學案》卷二＜泰山學案＞)。

接着，便於慶曆之際出現了巨大的理學思潮。一時間，"學統四起，齊魯則有士建中、劉顏夾輔泰山（孫復）而興，浙東則有明州楊（適）、杜（醇）五子，永嘉之儒志（王開祖）經行（丁昌期）二子，浙西則有杭之吳存仁（當作師仁），皆與安定湖學相應。閩中又有章望之、黃晞；……關中之申（顏）、侯（可）二子，實開橫渠之先"。真是"篳路藍縷，用啓山林"(《宋元學案》首卷＜序錄＞)。別的學統不論，尤其是華陰侯可"主華學之教者，幾二十年"，"自陝而西，多宗其學"，使關學初具規模，"實有功關中"。總之，各方諸子同時異地，其旨則一。均以崇儒為宗，有功於"正學"，使儒學由此重佔鰲頭。

然而，儒學先天性的哲理貧困，思辯不足，卻極大的妨礙着它那套倫理綱常的實際效用。因此，繼之而起的是周、張、程、朱先後的理論創造。

周敦頤首先糅合老莊，引道教《太極圖》思想入儒經，熔鑄《易》《庸》，提出了"無極而太極"的宇宙本體論學說，為儒道融合找到了路子。二程在周敦頤的本體論和邵雍的象數說的啓發下，從中"體貼"出"天理"。但他又不十分推崇周邵的學說，而是取佛老精義，達於"六經"，創立了"理本論"，基本實現了佛老與儒學的融合。

張載與周、程迥然有別，他既不援老入儒，又不取佛精義，而是獨闢蹊徑，把當世自然科學的最高成果，消融於傳統的易傳思想之中，使"無極而太極"的本體論，還原為"太虛而無形"的"氣本論"，從而消除了儒學先天哲理的貧乏性，又使它始終葆其古樸性！達到了經學的哲學化，創建了關學。最後，朱熹沿着周程思想的路線，利用了張載思想的資料，集理學思想之大成，建立了精致的理學體系，促進了"三敎歸一"，使封建時代的中國哲學思想達到了新的高峰。

可見，周程張朱，雖然"崇儒""明道"的宗旨一致，但改造儒學的方式和內容不同，創造出來的理論體系自然相異，形成的學風也各有千秋。所以，周程張朱諸學，是以地域性的"濂洛關閩"取名，但不是以"濂洛關閩"標宗。

總括以上所論，我認爲關學是上述整個經學哲學化運動的必然產物。一申侯二子復興儒學，實開"關學之先"；張載"勇于造道"，雖"有殊于伊洛，而大本則一也"（《宋元學案》首卷＜序錄＞），終爲關學宗師。二張載理學，旣無直接師承，也無間接私淑，只是在范仲淹的導掖下，主要通過對儒經的"苦心力索"，獨立創造的。從張載到李顒（二曲），關學始終富有這種精神。所以，所謂學術淵源，主要不局限於他有無直接聯繫的家學和師承，而重要的是取決於他長期對某一學說和方法的忠心仰慕和追求，即他在承襲中的獨立創造。

當然，絲毫沒有任何師承和淵源的學派也是沒有的。據《宋史·孝義傳》和《宋元學案》所載，慶曆之際的侯可，很可能是張載的師承。因爲，一方面，侯可與張載思想相通。比如，少時，"以氣節自喜"；年壯，"篤志爲學，祁寒酷暑，未嘗廢業"。特別是能"博物強記，于禮之制度，樂之形聲、《詩》之比興、《易》之象數、天文地理、陰陽氣運、醫算之學，無所不究"。另一方面，當時，"自陝而西，多宗其學"。而侯可是二程的舅舅，張載又是二程的表叔，張載尊崇侯可，全在情理之中。

我認為，張載豐富的自然科學知識，就是由此而來。他將自然科學中的哲理同儒家經學相融合，結果使關學在不違背理學"崇儒"宗旨的前提下，成為這一思潮中的一個獨立學派，這不能不算是侯可之功。《宋史》編者站在程朱學派的立場，僅將侯可列入＜孝義傳＞，實在不公；《宋元學案》"特表而出之"，作得完全在理。非常婉惜的是張載死後，除了李復，其主要弟子，無一人眞正發揮這個優點，反而成了洛學的附屬。但關學始終沒有"中絕"。

㈢張載之後的關學趨向

關學是理學思潮中的一個相對獨立的學派，隨着理學思潮的發展，它自身必然要展現出一個否定之否定的辯證過程。往日時賢以為"北宋之後，關學就漸衰熄"（《中國思想通史》第四卷上）。我以為"衰落"了，但沒有"熄滅"，而是出現了兩種趨向："三呂"的關學"洛學化"和李復的關學"正傳"發展。這是關學史中的一個小圓圈，是程朱理學洪流中的一個小波折。可是，這是需要從現存的史料中，進行鈎沉、辨析，才能看清楚的。

(甲) 關學"再傳何其寥寥"

張載時代，"關學之盛，不下洛學"，但張載一死，"再傳何其寥寥"（《宋元學案》首卷＜序錄＞）。馮從吾編輯《關學編》時，僅僅只列出了張戩、呂大忠、呂大鈞、呂大臨、蘇昞、范育、侯仲良等七人。的確門庭冷落，難以與程朱相埒。

如何看待這個現象？是關學眞的就漸"衰熄"了呢，還是因史料散佚，人們對它還沒有足夠的認識呢？

自明清之際，思想界就開始討論這個問題，其中最有意義的見解，是王夫之從政治上着眼，把張載置於整個宋明理學的發展中，同其他理學家加一比較，認爲：

> "學之興于宋也，周子得二程子而道著。程子之道廣，而一時之英才輻輳于其門；張子毅學于關中，其門人未有殆庶者。而當時鉅公耆儒如富、文、司馬諸公，張子皆以素位隱居而末由相為羽翼，是以其道之行，曾不得與邵康節之數學相與頡頏，而世之信從者寡，故道之誠然者不著。"

（《張子正蒙注·序論》）

王夫之不愧是一位眞正接受和發揮張載思想的學者，他知人論世，說得符合史實。正當二程取得舊黨支持，依靠政治的權力擴大影響時，張載卻"以素位隱居"於窮鄉僻壤，不願同官府往來，政治上動搖於新舊黨爭之外，始終無黨派依傍。"道盡高，言盡醇"，即使"如皎日麗天"，信從者卻不多。

全祖望同王夫之一樣，也注意到了當時的政治變革，但他處處總是從"史"上着眼，把注意力集中在政治變革給學術帶來的後果上。完顏之亂，金人入主中原，導致了北宋滅亡。北方經濟、文化慘遭破壞，造成了"儒術並爲之中絕"、關學洛學"百年不聞學統"的破敗局面。尤其使這位史家痛心的是典籍破壞，史料散佚，朱子的《伊洛淵源錄》又"略于關學"，張載的親炙弟子三呂和蘇昞又投靠洛學，"及程門而進之，餘皆亡矣"，他在《宋元學案》中說：

> "予自范侍郎育而外，于《宋史》得游師雄、種師道，于《胡文定公語錄》得潘拯，于《樓宣獻公集》得李復，于《童蒙訓》得田腴，于《閫書》得邵清。及讀《晁景迂集》，又得張舜民。又于《伊洛淵源錄注》中得薛昌朝。稍為關學補亡。"(《宋元學案》首卷<序錄>)

這個名單肯定還有遺漏，但畢竟使張載以後的關學有了傳授系統。

由此得知，關洛一同"陷于完顏"，只因關學的領袖人物不是"鉅公耆儒"，政治上又不像洛學有黨派依傍，因而它確實衰落了，但並沒有"熄滅"。主要因為史料散佚，自馮從吾以來，人們一直不識關學眞面目。

不過仔細考察，這裡還隱藏着一個極端重要的問題。旣然張載在世時，"關學之盛，不下洛學"，為什麼"橫渠倡道于關中，寂寥無有和者"？旣然"關洛"同樣"陷于完顏"，為什麼只有關學"再傳寥寥"？這只有從張載關學思想自身去探求原因。關學思想在張載以後，大體有兩種趨向，皆不同程度地保持着以"躬行禮教爲本"的"崇儒"要旨。

（乙）　首先是關學的"洛學化"

這是以"三呂"和蘇昞為代表的向洛學轉化的趨向，其中呂大臨最為典型。他本來師事張載，又是張載弟張戩的女婿，但張子一死，就投奔二程，成為程氏門下"高于諸公"的"四先生之一"，深得程、朱、范祖禹等的讚許，說他："修身好學，行如古人"，"深淳近道"，"有如顏回"。他受二程的影響也很深，本來他是以"防檢窮索"為學，大程以"識仁且不須防檢，不須窮索"開導他，使他豁然明白了"默識心契，惟務養性情"的理學旨趣，寫出了《中庸解》，曾被朱熹取用。他還賦詩自詡："學如元凱方成癖，文到相如始類俳。獨立孔門無一事，只輸顏子得心齋。"被小程稱讚為"得聖人心傳之本矣"（上引參見《宋史》卷三四〇＜呂大臨傳＞和《關學宗傳》卷二）。由此，關學贏得了洛學"涵泳義理"、空說心性的特點，卻日漸喪失了它"正而謹嚴"、"精思力踐"的古樸風格，開始"洛學化"。

誠然如此，關學還不等於洛學，關學仍然是關學。因為三呂始終沒有改變關學"躬行禮教"的主旨。就以呂大臨來說，他"通《六經》尤邃於《禮》"。每欲掇習三代遺文舊制，令可行，不為空言以拂世駭俗"（《宋史》卷三四〇）。他論選舉，明兵制，行井田，制定《鄉約》，並親自在家鄉藍田推行，"以教化人才，變化風俗為己任"。依然繼承着張載"學貴有用"、"務為實踐"的學風旨趣。

即使在理學思想上，他同二程也不盡同。比如，在"性與天道"這個理學的根本問題上，他們師徒之間有過激烈的爭論，具體表現在《中庸》答問中。呂大臨基本嚴守古義，對"性與道"、"大本與達道"如何二而一，提出了疑問，認為"中者道之所由

出"。程氏卻批評說"此語有病",堅持用"理一分殊"來解
《庸》,認為"中即道也",不是"道在中內"。由此出發,呂
大臨以"赤子之心"為"喜怒哀樂"之"未發",而程氏卻認為
"未發之前謂之無心","赤子之心"即喜怒哀樂之"已發"。
最後,師生相互亮出了底,呂大臨說"大臨初謂赤子之心,止
取純一無僞,與聖人同(處)",以為"孟子之義亦然";程氏
說:"凡言心者,指已發而言,此固未當,心一也,有指體而言
者(寂然不動是也),有指用而言者(感而遂通,天下之故是也)。"
"然觀先生(大臨)之言,則見其有體而無用也。" (上引見
《河南程氏文集》卷九〈與呂大臨論中書〉和卷八〈雍行錄〉)

　　十分明顯,一個依"經"解"經",一個依"理"通"經",
這就是關洛同中之異。關學因一時失去學術領袖,在形式上依附
洛學,而思想上卻嚴守師法,正如小程說:"呂與叔守橫渠學甚固,
每橫渠無說處皆相從,才有說了,便不肯回。"(《河南程氏遺書》
第十九) 所以,關學的"洛學化",實質就是在洛學影響下,
關學思想自身的進一步義理化。

(丙)　其次是關學的"正傳"發展

　　如果說三呂關學的"洛學化",使關學的個性幾乎喪失,同
洛閩的共性大大突出,這是它的外向趨勢;那麼,李復獨承張載
的"氣本論",使關學的個性渙然鮮明,則是它的"正傳"發展。

　　李復,《宋史》無傳記載 ,生卒不詳 ❷。全祖望根據洪邁
《容齋隨筆》、《朱子語錄》的簡略記載,在〈呂范諸儒學案〉中
為其立傳;清四庫館臣將《永樂大典》中李復所著的《潏水集》

十六卷，收入《四庫全書》，並爲其"提要"。由此，我們得知，李復是長安人，在張載死的那年才登進士，後歷官熙河轉運使，"以中大夫、集賢殿修撰終"。是三呂、蘇、范的後輩，"猶及橫渠之門"，與呂、蘇、范有書信往來。自負"奇氣"，"喜言兵事"，"于書無所不讀"，同張載的學術道路十分相似。其理學活動，大體在兩宋之際，程朱之間。

誠如前述，張載受申侯的影響，將當世自然科學的創見融合於《六經》中，創立了"氣本論"，使關學獨樹一幟，同周敦頤雜糅道儒創立的《太極圖說》、二程熔鑄佛儒創立的"理本論"，別有旨趣。奇妙的是這一旨趣，沒有被張載身邊的主要門人"三呂"理解、接受，居然被長期在外做官的李復獨承、弘揚。李復同張載一樣，用"易說"立論，以"言氣"明道。他從"太虛無形，氣之本體"出發，先將"太極"明確解說爲"元氣"，認爲"元氣"是產生萬物之本，"元氣既分，象數既形，萬物芸芸而生"（《潏水集》卷八＜易說送尹師閔＞，以下凡引該書只注卷數），而且說，"我"與"物"一樣，同爲氣生。

詩云：

> "萬物生芸芸，與吾本同氣。氤氳隨所感，形體偶然幷。
> 邱丘孰爲高，塵粒孰爲細。忘物亦忘我，優游何所顗。"
>
> （卷九＜物吾＞）

在此基礎上，他從"天地"到"人文"，把"震雷"、"星雲"、"節氣"、"曆差"、"月食"、"律呂"、"郊社"、

"禮樂"、以及人的"生老"、"疾病"，通通解釋爲"皆由氣
而然也"，是"自然之理"（參見卷五＜答曹鑒秀才書＞、＜答
曹鉞秀才書＞、＜論月食＞，卷六＜震雷記＞等）。更爲可貴的
是在這個過程中，他運用和發揮了"天動地靜"、"動靜一體"、
"相依不離"的辯證思想。認爲："動靜之理，一體而未常離，
靜自有動，雖動而靜在其中矣。"（卷六＜靜齋記＞）比較科學
地解決了這個哲學上難度較高的問題，把張載思想向前推進了一
步。

　　清代以來，也有學者看到了這一點的實際意義，高度評價李
復。說他持論"醇正"，言"禮樂郊社制度"，能"深中時弊"，
"力祛漢魏沿襲之糟粕"；論"易象、算術、五行、律呂之學，
無不剖析精微，具有本末，尤非空談者所可及"，同當時的沈存
中"實可抗衡"。如果說三呂之失在於"有體而無用"，那麼，
李復"在宋儒之中，可謂有體有用者矣"（上引見《四庫全書總
目提要》三十）。可見，李復才是張載思想的正傳！

　　可惜，李復在關中，其人無門生後學，其書清以前未有傳本，
甚至"並其姓名"都"久佚亡矣"。

　　所以，此後的關學，再沒沿着這條思路前行。張載思想的
"正傳"發展，在關中似已"中斷"，最後居然由王夫之忠實地繼
承和總結，並成了他反思理學、掀起理學自我批判思潮的一個重
要出發點。這就是關學"正傳"發展的邏輯。

㈣明代關學的思想流變

　　當關學的"正傳"發展僅僅由李復"獨承"的時候，程朱之

學在皇權的支持下，自南宋理宗始，經元之世，一步一步已成了
整個社會的統治思想。至明初，"諸儒皆朱子門人之支流餘裔"
(《明史》卷二八二〈儒林傳〉序)，學者非朱子注的四書五經
不讀，非"代聖賢立言"之學不講，尤其是明成祖欽定的《性理
全書》的頒布，使全社會幾乎都程朱化了。結果，導致了弘、正
之際（1488—1521年），王陽明以其新說"鼓動海內"(顧炎
武：《日知錄》卷十八)，極盛於明末之世。

關學在這一思想激流中，既要堅守"以躬行禮教為本"的
"崇儒"宗旨，又不能不隨波逐流，先宗程朱，再尊陸王。同時，
既反對朱子"即物窮理"的煩瑣方法，又力闢陽明子"雜佛氏"
的虛空作風。這就形成了一條折中朱王，反歸張載，還原"儒學"
的曲折路徑。

(甲)　關學的"中興"和"學統"

"完顏之亂"以後，關學比洛閩之學幾乎落後了一個時代。
南宋時，張載雖然因"真見實踐，深探聖域"，同程朱一樣，進
入孔廟，"列諸從祀"(《宋史》卷四二〈理宗紀〉)，但它作
為一個學派卻"百年不聞學統"，史不見載。元季，《關學編》
和《元史》雖有所載，但學統不明。至明中葉，當王陽明在日益
增長的資本主義萌芽和"破山中賊"的政治運動的推動下，"以
絕世之資，唱其新說"，對程朱的"支離之說"實行思想變革的
時候，它卻"恪守宋人矩矱"，"獨守程朱不變"。表面看來，
這是何等的不合時宜！

然而，正是利用"程朱"的旗幟，它重新振興了自己，仍然

在走着自己的路子。

在王陽明掀起的思想波濤中，關中湧現出一大批理學家。馮從吾以一個身與其學的當世者，編撰《關學編》，收錄了這一時期關中的知名學者十五人，後經李元春的補、續，共二十五人。他們是：段堅、張傑、周蕙、張鼎、李錦、薛敬之、王恕及其子王承裕、呂柟及其子呂潛、馬理、韓邦奇、楊爵、南大吉、郭郛、王之士、劉儒、劉子誠、馮從吾、溫予知、張國祥、趙應震、張舜典、盛以宏、楊復享。《明史》爲這些人大都立了傳。其中高陵的呂柟、三原的馬理、朝邑的韓邦奇、富平的楊爵、渭南的薛敬之以及南氏（大吉）兄弟和長安的馮從吾，都是一時理學的錚錚者。尤其是呂柟和馮從吾，其講席，簡直可與陽明子"中分其盛"，其門生，幾乎遍關中及東南。

黃宗羲在《明儒學案》中考察了他們的學統關係，將他們大多數分別列入＜河東學案＞、＜三原學案＞和＜甘泉學案＞、＜北方王門學案＞。以朱熹正傳薛瑄爲首的"河東之學"，其實主要是關學學派，＜河東學案＞中共十五人，九人就是關學學者。＜三原學案＞則是關學的專案。黃宗羲認爲："是時關中之學，皆自河東派來，而一變至道。"（《明儒學案》＜師說·周小泉蕙＞）又說："關學大概食薛氏，三原又其別派也。其門下多以氣節著，風土之厚，而又加之學問者也。"（＜三原學案＞序錄）這是史家的客觀敍述，是比較符合關學學者因"學"而"官"——辭"官"爲"學"的學術道路的。

一般地說，關中學者，年輕時，多因"勤學"、"篤行"、超群拔俗而登進士第；接着，被人舉薦爲官，其官職又多半同學

術有關：或爲京師"御史"、"修撰"，或爲某地"學正"、
"提學"；但因"以氣節著"，必然在腐敗的官場遭受排擠，而後
去官還鄉，專心致學。以呂柟、馮從吾來說吧，呂柟（1479－
1524）先後因上疏請武宗"入宮親政事，潛消禍本"，勸世宗
與"大禮"，"勤學以爲新政之助"，幾乎被劉瑾殺了頭，被皇
帝入了獄、貶了官（《明史》卷二八二〈儒林一〉）。曾"九載
南都（南京），與湛甘泉（若水，陳獻章弟子）、鄒東廓（守益，
王陽明弟子）共主講習，東南學者盡出其門"（《明儒學案》卷
八〈河東學案二〉）。最後，歸居高陵，築"別墅"，建"書室"，
"以會四方學者"。著作甚多，現存有關理學的書主要有《涇野
子內篇》二十七卷、《四書因問》六卷和《呂涇野先生文集》三
十八卷。

馮從吾也是這樣。他是關學學者中官做得最高的人，但由於
看不慣萬曆皇帝那種"郊廟不親，朝講不御，章奏留中不發"，
"每夕必飲，每飲必醉，每醉必怒"的腐敗作風，曾"疏請朝講"，
惹惱了皇帝，被削籍歸家（《明史》卷二四三）。"罷居二十六
年"（當爲二十五年），創建關中書院，著書授徒，四方來學之
士有千人之多（《增訂關學編》）。眞可謂"當會洙泗風，鬱鬱
滿秦川"了。其主要理學著作是《辯學錄》、《疑思錄》和《關
學編》（均被收入現存的《馮少墟集》）。世人稱之爲"關西馮
夫子"。

這同張載所走的學術道路，何其相似乃爾！這種學術道路，
就導致了明代關學必然走上一條：不以張載標幟，但以張載爲歸
的思想曲線。因爲，因"學"而"官"，而且多在京師或別地爲

"官"，他們就不能不受其它學派，特別是佔居支配地位的朱王思想的影響，甚至間接或直接地屬其學統。呂柟是薛瑄的三傳弟子，而馮從吾又是受學於許孚遠門下。又因重氣節，不合汚，必定辭"官"（或被罷官）而後專門爲"學"，且多半是在退居關中，遠離朝廷，專心於著書講學活動的晚年。這就不能不受關學傳統的約束，按照張載關學的學旨，蘊涵各家之長，形成自己獨立的思想路徑。

所以，原來的師承對關學思想流變並不起決定作用，起決定作用的還是當世政治、思想的變革，以及學者們在這一變革中所走的學術道路。

（乙） 關學的獨立思路

明代關學的思路，是從革除朱王思想的弊端出發的。當然我們還得從王陽明對朱子學的思想變革說起。

"格物致知"論是朱子認識論的核心，也是王陽明創立"致良知"理論的前導。它看起來，屬於哲學認識論範圍，其實是以"正心"、"誠意"、"修身"、"齊家"等道德問題爲中心而關涉到本體論、修養論、政治論等一系列的理學理論，南宋以來，一直是理學家們討論的中心問題。但是，由於朱熹把"格物致知"規定爲徹底地"即物窮理"，要人們依靠體現着"天理"的"人心之靈"，從天下的"一草一木"、"麻麥稻粱"、"事事物物"中，去把握其中固有的"天理"，以達到對"天理"、"人倫"、"聖言"、"世故"的豁然貫通（《四書集注》），這對他本人建立理學體系來說，固然十分精密，而且翻筋斗式地接近了客觀真理，但其理論畢竟過分曲折，其方法也實在支離、煩瑣，使人們困惑莫解，難以理會。

因而，從南宋的陸九淵到明初的陳獻章，先後都用"心即理也"的命題，對這一龐大體系，做了一點"簡易"工作。但在"此亦一述朱耳，彼亦一述朱耳"的朱學統治時期，收效不大。人們仍然沒有找到一條可行的"作聖之路"。

王陽明的情況不同，由於他的治學道路是"始濫於詞章，繼而遍讀考亭（朱熹）之書"，深知其中"物理"與"吾心"之矛盾；於是多年"出入佛老"，"其學三變"，最後才創立了"致良知"的心學體系。他認爲"良知"就是"心"，"心外無物"，"心外無理"，通過知行合一的"力行"工夫，自我體認，"不假外求"，人人便皆可成堯舜。這確實是一個對後世影響很大的思想變革。可是，由於王陽明"致良知一語，發自晚年，未及與學者深究其旨"，結果又使人感到空虛玄妙，無從下手。關學學者正是從如何避免朱子學的煩瑣、克除陽明學的玄遠來建立自己學說的。

儘管，"北方之爲王氏學者獨少"（《明儒學案》卷二九〈北方王門學案〉），關學除了渭南南氏（大吉）兄弟之外，從呂柟到馮從吾，一百年間，都是以"恪守程朱"標幟的；但實際上他們從來不反王學，而是尊崇王學，順應着新的王學思潮，把如何"識心"、"正心"、"持心"作爲自己研究的主要課題。其總的傾向是：以"致良知"爲中心，以"格物致知"、"戒懼愼獨"爲工夫，以關學"躬行禮教爲本"的思想爲歸宿。這正像南大吉（瑞泉）在示門人詩中所說的那樣：開始"授我大道方"的

不管是"朱",還是"王",一但"歸來三秦地",總是要"後
竊橫渠芳"的。關學立場始終不變。

請看這一具體過程。首先是渭南薛敬之（思菴）（1434 —
1508 ）的"氣心說"。薛敬之是周蕙的學生，呂柟的老師，成
化時（1466年）貢入太學，同陳獻章"一時相與並稱"，並有
盛名。陳是陸、王心學的中間環節，薛則是明代程朱之學傳入關
中的重要人物。但薛卻把"識心"看作"爲學"的根本。認爲只
有先弄清"此心是何物，此氣是何物，心主得氣是如何，氣役動
心是如何"，才能進入理學之門。他提出了"人皆是氣，氣中靈
底便是心"，"心乘氣以管攝萬物，而自爲氣之主"的觀點，企圖
把"心"與"理"統一於"氣"上，對朱熹"心雖主乎一身，而
管乎天下之理"的說法，來一點修正。但因他一方面看到了當時
"天下只是一個名利"堵住不知多少俊才"正當的心"，另一方
面又相信先儒說的"至誠"可以"貫金石"，所以還是相信只要
"心篤"，則"理足以馭氣也"（上引自《思菴野語》，見＜河
東學案＞）。他想用張載"氣本"、"氣化"的觀點解決心、氣、
理的關係，但始終未找到支點，"窮理""正心"仍是空話。

接着是呂柟的"仁心說"。呂柟是敢於同王陽明唱對臺戲的
人，是當時"關學之冠"，其學"以窮理實踐爲主"，公開反對
王陽明把"良知"看作普遍抽象的人"心"。認爲以良知教人，
於學者無益。因爲"此是渾淪的說法"，不是像孔子回答顏淵、
仲弓、樊遲"問仁"那樣，"因人而施"。所以，它只"可以立
法"，但不可施教。至於朱子要人君"以誠意正心"，他也覺得
"亦未盡善"。因爲，這也依然空洞，不是"活法"，不是像孟

子針對人君之"好色"或"好貨"那樣,"即事即學"。因此,他提出了一個能"立成法,詔後世"的爲學良方,這就是:"格物致知,博學於文,約之以禮"。這似乎"皆是儒生所習聞",不是什麼新東西。但呂柟所謂的窮理,"不是泛常不切于身,只在語默作止處驗之"的高論空說,而是要"從下學做起",即從事父母,待兄弟、妻子、奴僕等日常人倫的"實處做來"的一種"實學"。

所謂"實學",就是要從"正己"入手。"以正心爲本,務實爲要",通過"戒懼愼獨",改過行善的工夫,"從聞見之知,以通德性之知",最後成爲"仁有餘"的"仁"人。他說,這也就達到了張載《西銘》說的"乾坤便是吾父母,民物便是吾胞與,將己身放在天地萬物中作一樣看,故曰:仁者以天地萬物爲一體"的精神境界(以上引自《關中四先生要語錄》卷一和<河東學案二>)。

可見,呂柟的"實學",實質就是傳統的"仁學"。他把"致良知",變換爲"仁心",這個"仁心"也同"良知"一樣,不只是一種道德規範,也是一種精神本體,特別還是十分現實的禮教。他爲官時不僅勸皇帝"克己愼獨,上對天心,親賢遠讒,下通民志",而且還親自實施《呂氏鄉約》和《文公家禮》(《明史》卷二八二<儒林一>),並且獲得了實際效果,使曾做過賊的人都能"自悟其非","追還主者",眞是"豈有仁人能過化,雄山村里似堯時"。難怪當時的朝鮮國聞知呂柟的大名,曾"奏請其文爲式國中"(<河東學案>);難怪呂柟去世時,"高陵人爲罷市者三日","四方學者聞之,皆設位,持心喪",

連皇帝也"輟朝一日，賜祭葬"(《明史》卷二八二《儒林一》)。
這不只表明了呂柟作爲學者的高德重望，更重要的顯示出了關學
不同王學的現實品格。當然他突出強調的要從實處下功夫，也是
不大容易做到的。

最後，馮從吾沿着呂柟這個思路，提出了"善心說"。因爲，
馮從吾的學術活動主要是在萬曆二十年（1592年）以後，即他退
居長安的25年（約1592—1617年）。這時，一方面是王陽明
"致良知"的理論早已確定；另一方面是陽明學中佛教"性空"
的弊端早爲明儒厭惡。所以，馮從吾不同於呂柟，他一方面恪守
程朱"理與心一"之說，堅決反對"丟過理字說心說知"，另一
方面又推崇王陽明的"致良知"，認爲"聖賢之學，心學也"，
"自古聖賢學問總只在心上用功，不然即終日孳孳，總屬枝葉"。
他從來不公開反王學，而只是按照張載以來的關學傳統，"獨闢
禪悅"，反對王陽明融合二氏的學術風旨，寫了《辯學錄》，發
明儒佛之分。認爲"吾佛之旨，只在'善'之一字，佛氏之旨，
只在'無善'二字"。由此他發揮了王陽明"至善是心之本"的
說法（《傳習錄》卷上），得出了"吾學只有一個'善'字"，
直從"源頭說到究竟"，實質都是一個"善"。"善即理也，即
道也，即中也。精乎此，謂之惟精，一乎此，謂之惟一；執乎此，
謂之執中，以之爲君，謂之'仁'，以之爲臣，謂之'敬'；以
之爲子，謂之'孝'，以之爲父，謂之'慈'；以之交朋友，謂
之'信'；以之視聽言動，謂之'禮'；以之臨大節而不奪，謂
之'節'。"總之，這同"良知"一樣，是宇宙本體，也是道德
規範，是孔孟以來"儒之正傳"。因此，他乾脆把"良知說"變

換爲"善心說"(《馮少墟集》卷一《辯學錄》)。

至此,已十分清楚,在明代理學思潮的發展中,由於朱子學的"支離",導致了陽明學的"簡易",又因朱王的玄遠虛空,產生了關中學者的"實學"。以"實學"爲特點的明代關學,從形式上看是順應王陽明的思想變革,沿着同一方向前進的,但由於它始終堅守張載關學"躬行禮教爲本"的致用宗旨和堅決排佛、注重實踐的關學傳統,因此,它在調停朱王,互救其失中,沒有形成像永嘉學派那樣的異端性格,卻處處表現出一種敦厚典雅的中和性格。而且很像中國人接受外國語一樣,總是用自己關學的思想來溶解朱王的理學和心學。薛敬之用"氣"折中"理"、"心",呂枏用"仁心"代替"良知",馮從吾進一步把"良知"復原爲"善心"。他們的爲學方法,又都是在"人倫日用之常"中,尋求"天道性命之妙",眞如張載〈聖心〉詩所云:"聖心難用淺心求,聖學須專禮法修。"他們表面是以張載思想爲歸,其實是向原始儒學的還原。這不僅是對整個理學,而且也是對張載關學自身的否定趨勢,表明關學同理學一樣,已到終結的時候了。這便是關學從黃宗羲概括的"氣節"、"風土",又加之"學問"諸因素中所形成獨立思路的實質。

(五)關學思想的終結

關學作爲宋明理學思潮中的一個獨立學派,它的終結也同整個理學一樣,是終於明清之際的理學自我批判思潮中。是由今陝西周至李顒完成的。

(甲)　理學自我批判思潮和李顒的批判方式

　　李顒（ 1624 — 1705 年 ），字中孚，號二曲，學者尊稱二曲先生。他同顧炎武、黃宗羲、王夫之同處於由三股社會巨流（階級矛盾、民族危難、資本主義因素增長）互相交織、前後激盪而引起的＂天崩地解＂的明清之際。尤其是李自成發動的農民革命風暴和清軍入關，造成明王朝的覆滅，極大的震動了知識階層，一些有識之士，特別是＂以氣節著＂的啓蒙學者，親眼看到了理學家的不中用：平日裡，＂無事袖手談心性＂，＂自矜有學＂，分門標榜；敵兵臨城，國難當頭時，則＂拱手張目，授其柄于武人俗士＂，＂置四海之困窮不言＂，束書不讀，終日空談性命。這一弊病的惡性膨脹，使人們從對它的厭倦發展到憎惡，甚至把明亡之禍，歸咎於朱王末流＂積弊＂所造成的＂學術蠱壞，世道偏頗＂。於是，在震撼痛定之後，終於釀成了以顧、黃、王諸子爲代表的理學自我批判的新思潮。李顒也是其中推波助瀾的人物，與浙江黃宗羲、河北孫奇逢，一並＂高名當時＂，世稱＂海內三大名儒＂。

　　不過李顒的批判是十足的關學方式。他既不同於黃宗羲背叛王門師說，＂矯良知之弊＂（江藩《漢學師承記》卷八），公開發出＂君爲天下之大害＂（《明夷待訪錄》）的政治呼叫，直接向君主專制主義制度挑戰；也不同於王夫之＂希張橫渠之正學＂，站在當世理論思維發展的最高點，對理學家所提出的一系列哲學問題＂別開生面＂地進行了縝密的理論清算，把封建社會哲學思想發展作了一個總結；更不同於顧炎武＂辯陸王之非，以朱子爲

宗"（江藩《漢學師承記》卷八），提出"經學即理學"的口號，
終結了理學，獨開了清代漢學的先河。他同這三人（特別是顧炎
武）在學術傾向、思想淵源、民族氣節諸方面，都有十分相似之
處，但他沒有那種勇敢地推進理論思維的精神和公開自我批判理
學的氣度。相反，他是在他們大聲疾呼地開創新風氣的時候，按
照"躬行禮教爲本"的關學宗旨，沿着呂柟、馮從吾的方向，悄
悄地把"論孟學庸"與"致良知"融爲一爐，創立了"悔過自新
說"，使理學還原爲儒學。表現出了一種十分溫和、不露鋒芒的
修正理學的態度。

首先，他從"明道救世"的政治目的出發，繼承了張載"學
貴有用"和呂柟"下學"、"實學"的關學學風，明確主張實行
"明體適用"之學。他認爲，要匡正"道學之無用"，就得從如
下兩點着手：

一、要改革宋儒學風，提倡"經濟實學"。這就要做到"文武
兼資"，博覽群籍，"上至天官、輿地，以及禮、樂、兵、農、
漕屯、選舉、曆數、士卒、典籍"無所不讀。爲此，他開列了
"明體"和"適用"的兩類書目(參見《二曲集》卷七＜體用全學＞)，
而且自己也是照此去學去做的。顧炎武作＜廣師篇＞，其中云：
"堅苦力學，無師而成，吾不如李中孚。""好學不倦，篤於朋友，
吾不如王山史（即華陰王宏撰）。"李顒的"堅苦力學"，王宏
撰的"好學不倦"，他們究心於經濟、兵、農，不正表明了關學
就是以"經濟實學"的方式，來匡正明季理學家講學玄談之風的
"極盛"而又"極弊"嗎！

二要"實修實證"，達到"開物成務，康濟群生"（《二曲

集》卷十四＜周至答問＞）。這就要學會＂用兵＂。因為＂經世
之法，莫難於用兵＂，加上學者們＂往往于兵機多不致意，以為
兵非儒者所事＂，因此，造成了漢民族淪喪受辱，明政權落入滿
人之手。階級鬥爭、民族矛盾的現實使他對＂武侯之偉略，陽明
之武功＂，心神嚮往（《二曲集》卷七＜體用全學＞）；一旦復
明滅清成為泡影時，他便閉門專究學問，死守民族節操，寧可絕
食而死，也不做清政府的官。就在＂事功＂無望，直接＂救世＂
不成的情況下，他才精心制作了＂悔過自新說＂，把他的愛國熱
忱和修正理學的情緒深深地隱藏在這一理論核心中。

　　李顒既要倡導＂經濟實學＂，又隱然不露鋒芒，這種一＂實＂
一＂隱＂，正是關中學者批判理學的獨特方式。

（乙）　李顒向張載的歸復

　　現在，我們再來具體剖析一下李顒是怎樣以＂悔過自新說＂
來還原儒學，終結關學（理學）的。

　　他首先總結了關學和整個理學＂明道救世＂、＂明體適用＂
的不同宗旨。認為不管他們＂或以主敬窮理標宗＂，＂或以致良
知標宗＂，＂或以隨處體認標宗＂，＂要之，總不出悔過自新四
字＂。同時，認為儒家的＂六經四書＂雖然＂卷帙浩繁，其中精
義難殫述＂，而＂悔過自新＂卻＂寧足括其微奧＂。他說：＂《中
庸》之寡過，《孟氏》之集義＂，無非想讓人＂復其無過之體，
而歸于日新之路耳＂。你看：＂悔過自新＂，既是古今名儒＂明
道救世＂的宗旨，又是＂六經四書＂的精義。由此，他自然得出：
＂悔過自新乃千聖進修要決＂，＂學問＂、＂做人＂均須從此處

"着力"的結論，將"悔過自新"作爲"明道"的唯一途徑。

那麼，怎樣"悔過自新"呢？他先給"過"和"新"作了規定。他說：學道要"先檢身過，次檢心過，悔其前非，斷其後續，亦期至于無一念之不純，無一息之稍懈而後已"，"苟有一念未純于理，即是過"；"苟有一息稍涉于懈，即非新"。這就是說，"過"和"新"都是由"理"規定的，違背"理"就是"過"，符合"理"就是"新"。"悔過自新"就是掌握"理"的認識論。

接着，在論述"理"存在於何處，以及究竟怎樣掌握"理"時，他竟完全承襲了張載"反本"於"天地之性"的人性論。認爲："天地之性人爲貴"，人"稟天地之氣以成身，即得天地之理以爲性。此性之量，本與天地同其大，此性之靈，本與日月合其明，本至善無惡，至粹無瑕"。這就是說，人稟受"天地之氣"，有了身體，同時也就得到"天地之理"，有了善性。這種純粹的"善性"，是每個人先天固有的，但因人多爲"氣質所蔽，情欲所牽，習俗所圍，時事所移"，後天的"知誘物化"，使人"旋失厥初"。當然這不是說先天的"善性"已經喪失了，而是說先天固有的"善性"如同"明鏡蔽于塵垢，而光體未嘗不在"，"寶珠陷于糞坑，而寶氣未嘗不存"。因此，就需要做"悔過自新"的工夫。顯然，這是通過直接蹈襲張載"天地之性"與"氣質之性"的二重人性論，向張載"天人一氣"思想的歸復。

最後，他突出地強調了這種"悔過自新"，就是一種"復故"、"反本"的工夫。他說："性吾自性也，德吾自德也，我固有之也"，因而所謂"新"，絕不是在"本體之外，欲有所增加"什麼新東西，而只能是："復其故之謂也"。就像"日之在天，夕而沉，朝而升，光體不增不損，今無異昨，故能常新 ”（以上所引均見《二曲集》卷一＜悔過自新說＞）。顯然，這同張載說的“ 學者先須變化氣質 ”，通過“ 學禮 ”、“ 克己 ”、“ 集義 ”、“ 積善 ”以“ 生浩然道德之氣 ”，而“ 復反歸其天理 ”（《經學理窟》＜義理＞和＜學大原上＞），又是一脈相承的。不過，張載在這個問題上，還有一個創新是：肯定了這種“ 反本 ”，實際是一個由“ 見聞之知 ”到“ 德性所知 ”的認識過程；而李顒卻保留着王陽明“ 從自己心上體認 ”“ 天理 ”的內省方法。因此，清代學者多以為他的學術淵源是把程朱陸王“ 融諸一途 ”，“ 而終以陸王為主 ”（ 王心敬：＜新刻二曲先生集序＞和李元春《關中三先生要語錄》序）。梁啓超甚至認為他的思想傾向是“ 為舊學（理學）堅守殘壘 ”，“ 其學風已由明而漸返于宋 ”（《清代學術概論》二）。

這個說法，表面上似乎不無道理，其實也需要辯說幾句。李顒處在明清之際新的思想洪流中，他要革除宋明理學的“ 積弊 ”，創造新的理論，但不能不從前一代留下的思想資料出發，因而他的思想不能不打上程朱陸王的烙印。傾向王學，這是事實，但這絕不是“ 為舊學堅守殘壘 ”。相反，他的“ 悔過自新說 ”，是在關學遺風的薰陶下，完全承襲了呂柟的 “ 仁心說 ”、 馮從吾的“ 善心說”的獨立思路。其學風論旨，不單是“ 由明而漸返于宋”，由朱王返歸於張載，而且是從王陽明的“ 致良知 ”向孟子的“ 四端 ”性善說的還原。他聲稱“ 儒學即理學 ”，同顧炎武說的“ 理學，經學也 ”，真如冰壺秋水， 兩相輝映 。這都是公開主張用“ 儒學 ”、“ 經學 ”代替“ 理學 ”，拋棄“ 理學 ”，向原始儒學還原。這表明理學思潮已經衰落，也表明關學思想開始終結。所以，全祖望說的 "關學自橫渠而後，三原（馬理）、涇野（呂柟）、少墟（馮從吾）累作累替，至先生（李顒）而復盛"（《鮎埼亭集》卷十二〈二曲先生窆石文〉）。其不知李顒以後，"復盛"的是儒學，是作為清代 "儒學" 的關學，而不再是作為宋明 "理學" 的關學了！

㈥結　　語

至此，可將以上論辨簡略總括如下：

一關學是宋明理學思潮中，必然產生於今陝西關中的一個獨立學派。周、秦、漢、唐 "古帝都" 的特殊歷史地位，儒家傳統、先王觀念、三代之治的長期薰陶浸染，加上唐代 "三教" 論爭中，二氏對儒家正統思想的嚴重 "褻瀆"，使關學自開始創立，就把 "崇儒"、"明道"，力闢二氏作為基本宗旨。從張載到李顒，七百年間，"關學世所淵源，皆以躬行禮教為本"。張載議行孟子 "井田"，三呂推行《呂氏鄉約》，呂柟提倡 "實學"，李顒主張 "明體適用"，名目繁多，但 "崇儒" 宗旨，始終未變。

這就形成了 "學貴有用"，"精思力踐"，不尚空談的 "實學" 學風，以及 "語學而及政，論政而及禮樂兵刑之學"（《二程粹言》卷上）的鮮明政治傾向。目的仍然是想把人們永遠束縛在封建禮教之中。但由於關學學者大都富有高尚的氣節和德操，往往超脫於政治黨爭之外，不同腐朽勢力同流共處，結果，使關學思想的鮮明政治傾向，竟蘊涵在關學學者非常溫和的政治態度之中。

二 關學是宋元明清時代今陝西關中的理學，在理學史上具有獨特地位。它"以躬行禮教爲本"，"崇儒"、"明道"爲宗，但爲了適應經學哲學化的理學思潮，不能不改造儒學；採用什麼方式、吸收什麼內容，又不能不從現存的思想資料出發，如果說周、邵、程、朱、陸、王主要是以援二氏入儒學的方式，吸收了道家、道教的宇宙生成演化論和佛學富有高度思辯性質的哲學認識論，改造了經學，建立了理學和心學。那麼，關學則力闢二氏，不走這條道路。

但因它的領袖、主將和殿軍普遍走的是"堅苦力學，無師而成"的學術道路，這勢必導使他們具有遍覽群書，不守門戶，善於吸收各家之長，能夠掌握各門科學知識的優點。其中不少學者諸如張載、李復、韓邦奇、李顒本身就是天文學家、地理學家、數學家、醫學家、律呂學家，因而他們自然便把當世自然科學的最高成果，巧妙地融化在儒學中，給儒學賦予了豐富的哲理。結果也同其他學派一樣，創造了以倫理學、政治學爲主體，包括人性論、修養論、本體論、認識論在內的關學（理學）體系。但始終又保持着儒學古樸無華的風格。這就構成了關學不同於其他學派的又一顯著特徵。

三 關學隨着理學思潮的興衰，必然展現出一個獨特的"否定之否定"的辯證過程。這一過程是同時在兩種力量相互作用下前進的。首先是整個理學思潮對關學思想的影響，即周、邵、程、朱、陸、王諸學派對它的推動，這雖是外在的，但卻是重要的力量。當"慶曆之際，學統四起"的時候，關中出現了申、侯之學，

"實開橫渠之先";當洛學、新學、蜀學等南北各派已彙成了巨大的理學洪流時,張載在關中創立了關學;當南宋至明初朱子學取得統治地位時,關中學者則"恪守宋人矩矱";當王陽明變革程朱"支離",創立"致良知"新說時,關學從呂柟到馮從吾,名義上"恪守程朱不變",其實則順應着心學新潮;當明清之際理學已經衰落,顧、黃、王諸子掀起了理學自我批判思潮時,以李顒爲代表的關中學者,則用還原儒學的方式與之相呼應,最後共同終結了理學。可見,時代思潮是推動關學思想的決定力量,關學史與整個理學史可以說是按同一脈搏、同一心路共始終的。

其次是關學內部各家思想的矛盾運動。總的來說,因爲關學世代恪守"躬行禮教爲本"的"崇儒"宗旨,因此,各家思想基本是前後相承的同一趨向;但由於它不能離開整個時代思潮的波動,又缺少有力的皇權、黨派依傍,因而,在張載融合自然科學於儒學而奠定了關學體系之後,當李復堅持這種可貴的"融合"時,關學就表現爲"正傳"發展趨向;當程朱陸王依次確立了統治地位時,則正巧是呂柟、馮從吾繼"三呂"之後,把張載那種可貴的"融合"丟得一乾二淨,而幾乎完全傾倒於朱王之時;儘管"崇儒"宗旨未變,依然保持關學旨趣,但它們的"仁心說"、"善心說"畢竟是關學"正傳"發展的否定環節。當李顒重新注意了張載那種可貴的"融合",向張載思想歸復時,卻因欲革除明儒的弊端,結果把理學還原爲儒學,最後拋棄了理學,也終結了關學。這就是宋元明清七百年間關學思想的歷史辯證法。

由此可知,關學是理學思潮中一個世代以"躬行禮教"爲宗旨,直接援自然科學創見入儒學,以"氣本論"、"氣化論"哲學為特點，具有"實學"學風，中和性格的獨立學派。它本身也有一個獨立發展的歷史。

研究理學，必須研究包括關學在內的各個學派史。這樣，不僅可以弄清理學發展的普遍規律，看到它如何把中國封建社會的理論思維推向"極點"，而又達到"極弊"；而且能夠掌握每一學派思想發展的特殊規律，看到這一理論思維向最高發展的各種具體形態和獨特方式，展現出中華民族理論思維豐富多姿、別具風格的燦爛光輝。不僅可以一般的了解理學對社會的阻礙作用，而且可以清楚地看出社會各個方面，是怎樣不知不覺的被套在封建禮教枷鎖之中的，從而清醒地認識中國士大夫知識群體是如何自覺自願的按照中國人特有的文化心理結構，孜孜進行着道德理想追求的。

所以，研究張載及其關學發展史具有重大的理論意義。本書所論，只是鈎玄提要，做"大段工夫"。旨在發凡起例，"舉先以明後"，是謂"導論"。

二 關學形成發展論

為了真正明辨關學的思想源流，我們還需要進一步考察它形成發展的歷史文化背景。

誠如前篇所論，關學既然不是歷史上一般的"關中之學"，而是宋明理學思潮中由張載首創的一個重要學派，是宋元明清時代今陝西關中的理學。那麼，它無論在性質、傾向方面，還是在思想行程方面，便自然同其他理學學派大致相同。它多是採用注經通經、語錄答問和著作專論的形式，把"論孟學庸"、"危微精一"、"理氣心性"、"格物窮理"、"戒懼慎獨"等作為經常討論的題目，用以闡述自己的理學思想，為後期封建社會的倫常名教提供本體論根據；它也是始於北宋，終於清初。由申、侯"華學"首開先聲，領袖張載獨創新論，"倡道關中"，弟子三呂衍其說、李復正其傳，至南宋而"式微"、"寂寥"；中經元明，由呂柟、馮從吾"中興"、"復續"，纍作纍替；浸浸乎直到清初，李顒用"儒學"代替"理學"，致使關學"復盛"而終。前前後後，歷時七百餘年，"關中道脈相傳不絕"，其盛"不下洛學"。因而，"獨以關學名也"！

關學始終葆其"躬行禮教"、力排"二氏"（佛道）的"崇儒"宗旨。它以"氣本"、"氣化"之學和"精思"、"實學"之風，同朱學、王學相依相離，鼎足而立，為宋明理學寫下了獨放異彩的篇章，成為中國古代思想邏輯發展中上承佛學，下開理學的必然環節。認識關學同整個理學各派的這些共性無疑是十分必要的；但更重要的還是要從展現它的形成、發展和終結的過程中，去準確地把握它的特性及其在中國古代哲學思想史上的獨特地位。

因此，本篇專就此申說。儘管這對研討張載關學思想來說是外在的，不是本書論述的重點，但這畢竟是一個不容忽視的問題。

(一)北宋時代關學的形成

關學是在宋代社會階級、民族、思想各方面的推動下，伴隨着中國南北政治、經濟、文化的不平衡發展，在今陝西關中逐漸形成的一個獨特的理學學派。它的發展大體上經歷了北宋、元明、清初的形成、發展和終結三個主要時期。這裡首先着重敍列它的形成時期。

(甲)　北宋關學的崛起

北宋，是關學形成、確立和興盛的時期。

這一時期以張載創立關學活動為中心，先後湧現出了一大批著名的理學家。今能見於史册的有：華陰申顏、侯可及其孫侯仲良，鄠縣張載及其弟張戩，藍田呂大防、呂大忠、呂大鈞和呂大臨，武功蘇昞、游師雄，彬州范育、張舜民，長安李復，等等。其中除了申、侯之外，均是張載的弟子或私淑。

這一學派以張載為首領，以"躬行禮教"名世，通過著書立言，講學授徒，"倡道于關中"。他們的重要理學著作有：張載

的《正蒙》、《易說》、《理窟》、《西銘》，呂大防的《周易
古經》，呂大鈞的《鄉約》、《鄉儀》和＜吊說＞，呂大臨的《禮
記解》、《大學中庸解》和《程門問答》，蘇昞的《洛陽議論》、
＜正蒙序＞，張舜民的《畫墁集》，以及李復的《潏水集》等。
正如明儒陳邦瞻所說：

"自嘉祐（1056年）以來，西都有邵雍、程顥及其弟頤，
關中有張載，皆以道德名世，著書立言，公卿大夫所欽慕
而師尊之。"（《宋史紀事本末》卷八十＜道學崇黜＞）

所以，朱熹寫理學六先生贊，將張載同周、司馬、邵、程六人並
列，後人亦有"濂洛關閩，周程張朱"之稱。眞是"關學之盛，
不下洛學"！

那麼，關學爲何在這時能以崛起，並且如此興盛，足以同其
他學派相埒呢？簡括地說，這是北宋社會的階級、民族、思想諸
矛盾急劇發展的必然結果。

（乙） 關學崛起的社會動因

先從經濟和政治上來講。自安史之亂以來，經過兩百年的變
亂相尋，四分五裂，北宋王朝贏得了"兩世太平日"、"四朝全
盛時"的封建專制主義統治局面。在這八十年間，一方面是各門
科學技術的長足進步，農工商生產的飛速發展，"平原沃土"，
"國用有餘"；另方面卻是土地兼併，農民破產。"有力者無田
可種，有田者無力可耕"成爲嚴重問題，至仁宗初年，已發展到

"勢官富姓佔田無限，兼併僞冒習以成俗，重禁莫能止"的地步。
結果，於慶曆三年（1043 年）， 南北各地動亂不斷發生，陝西
地區遭逢飢荒，張海、郭貌山等人領導的叛軍聲勢尤盛。他們以
商州爲起點，向東南進發，縱橫千餘里，致使北宋朝廷惶恐不安，
以爲"天下之憂，恐自此始"。這樣，如何緩和這個矛盾，以"興
致太平"，便成了一切政治家、思想家所面臨的嚴重社會問題，
也是關中學者無法回避的難題。

仁宗、英宗和神宗都是比較"有性氣，要改作"的皇帝。他
們執政期間，一直設法通過自上而下的政治改革，緩和這個矛盾，
因而先後出現了范仲淹的"慶曆新政"和王安石的各項"新法"。
但是，"慶曆新政"旨在改善吏治，舉賢任能，這不能不遭到朝
廷貴族官僚的頑強抵制；王安石變法立制的核心又是要"摧制兼
併"，發展生產，這又不能不觸犯豪紳大地主階層的根本利益，
引起皇親貴戚的阻撓、反對。加之，范、王是以總理實權的宰相
身份推行"新政"和"新法"的，這就徹底打破了南人不作相的
宋初傳統，十分明顯地反映了南方集團已成爲同北方集團爭奪政
治地位的政治勢力，直接威脅到北方集團的政治地位，這又不能
不激起南北勢力的激烈爭鬥。這個矛盾，同官僚之間的矛盾互相
交織，便導出北宋一代長期的新舊黨爭。一時間，北方"舊黨"
上臺，南方"新黨"受貶。但"舊黨"人物在廢存新法問題上，
仍然意見不合，進而發展到相互傾軋，最後分裂爲朔（司馬光）、
蜀（蘇軾）、洛（程顥）三黨。

這種爲解決社會基本矛盾而實行"新政"和"新法"，因推
行"新法"而形成的新舊黨爭，便成了新（王安石）、朔、蜀、

洛諸學借以存在和對立的客觀基礎。這是歷史上前所未有的政治思想現象。關學就是在這種特有的歷史條件下的產物。

　　儘管關學在政治上沒有形成"關黨"，又無別的黨派依傍，也不曾直接捲入新舊黨爭之中，但它無論如何也無法超越北宋時代所面臨的社會矛盾。

　　關學領袖張載（ 1020 — 1077 年）就是這樣。他生當仁、英、神三朝時期，幼時因父死於涪州任上，家境不富，便與弟張戩僑居於今關中鄧縣橫渠鎮。當他成年剛走向社會時，首先碰到的是西夏入侵陝北，而朝廷"兵久不用，文張武縱"，家無寧日，"後患可懼"的嚴酷現實（《張載集·文集佚存》， 中華書局 1978 年本。以下凡引該書，只注篇名 ）。正是在這種民族矛盾的推動下，血氣方剛的張載，早"以攘患保民為己任"，熱心於談兵議邊，"慨然以功名自許"，想組織武力為國"取洮西之地"。當康定元年（ 1040 年）落職被貶的范仲淹出任陝西招討使鎮守延州時，他便上書＜邊議＞九條，從如何"擇帥"、"擇守"、"講實"、"足用"、"省成"，到如何"清野"、"固守"、"因民"、"警敗"，詳陳備至，儼然是一位滿腹韜略的軍事家。不料范仲淹"一見知其遠器"，認為他可能在儒學理論上有發展前途，不同意他"事于兵"，"因勸讀《中庸》"。從此，張載經過了"訪諸釋老之書"，"反而求之《六經》"的曲折道路，進入理學活動，開始創立關學。

　　但是，張載依然關心着當時的軍事和政治，不把"道學"與"政術"看作互不相干的"二事"。自仁宗嘉祐二年（1057 年）他"登進士第"，至神宗熙寧三年（ 1070 年）"移疾"回鄉，十二年間，先後做過祁州司法參軍、丹州雲岩縣令，又遷任著作佐郎、簽書渭州軍事判官等公事，始終關注着陝北的“邊事”，曾多次爲陝西路、涇原路的經略使出謀獻策。尤其是民間的“貧富不均”、“士流困窮”，整個社會“三代道失”，“習久風變”，一些人“降志辱身”，“爲身謀而屈其道”的生活現實，使他深感實行“新政”、改革社會的必要。熙寧二年（1069 年），神宗召問他治國之道，他明確提出要行井田，“復三代”。這同正推行“新法”的王安石在政治上基本一致。他們都代表中小地主階級的利益，主張革新，程度不同地“欲舉三王敎胄之法”。正因爲如此，他對王安石說過：“朝廷將大有作爲，天下之士願與下風”，表示自己不反對“新法”。這同朔、蜀、洛諸“舊黨”的態度顯然不同。但張載畢竟代表着北方地主集團的利益，在“南北異鄉，用舍異道”之風盛行的北宋時代，他不能不同“舊黨”發生各種親密的聯繫，而同“新黨”“語意不合”。

張載與王安石同在“十室災八九”、“萬一且不久”的民間疾苦刺激下，同抱“井疆師律三王事”(張載)、“願見井地平”（王安石）的目的，都想通過不同程度的託古改制來緩解北宋的社會矛盾，但又爲何“語意不合”呢？

仔細推究，除了他們代表的政治勢力有南北之別以外，主要還是對解決上述社會矛盾的着眼點不同。王安石着眼於限制“兼併豪強”，“疏通均濟”，以增加財政收入；張載則着眼於改變土地制度，恢復三代之井田。他認爲：“貧富不均”在於不行井田，若“先以天下之地棋布畫定，使人受一方，則自是均”；但“人主能行井田者”，“須有仁心”；要有“仁心”，就必須着眼於"敎化",使自身達到"爲天地立心,爲生民立命,爲往聖繼絕學,爲萬世開太平"的精神境界,而不能像王安石那樣只着眼於立法更制。所以,他向王安石說:"若與人爲善,則孰敢不盡!如敎玉人追琢,則人亦故有不能",明確表示不願協助"新黨"變法。 他的弟弟張戩作爲監察里行 ,更是 "書數十上", "累章論王安石亂法"(《宋史》卷四二七<道學>一),公開表示堅決反對。

正是這種南北新舊黨爭的矛盾,使張氏兄弟在政治上深感"時已失 ,志難成"。 張戩從此 "退而家居",不再視事,緊接着就被黜貶知公安縣;張載 "益不自安",便索然 "謁告西歸,居于橫渠故居",開始了最後七、八年專門的著書講學、創立關學的理學活動。代表他一生思想結晶的《正蒙》,就完成於此時。這也是關學最興盛之日。由此可見,上述階級矛盾、民族矛盾及其派生的新舊黨爭,才是關學形成的社會動因。然而這一切又是在隋唐以來理論思維發展的特殊形式中進行的。

(丙) 關學是北宋復興儒學運動的必然產物

再從統治思想更替的需要來講。自漢代封建君主專制主義的中央集權制度確立之後,儒家經學便成了最適合的統治思想。但魏晉以降,儒學式微,而釋老大熾,始而有玄學,繼而有佛學,同時有道教,波流風靡,幾乎凌駕儒學之上,支配中國思想界達七百餘年,演出了唐代 "三敎論爭"之大觀,直至唐末五代,隨着國家政治大分裂,儒學的思想權威、綱常名教的支配地位,幾近淪喪。有識之士無不驚呼:"三綱五常之道絕","釋老之害,過于楊墨"！韓愈站在儒家立場，以"道統論"，力排"二氏"，揭開了儒學復興運動的序幕。這表明由"三教論爭"到"三教歸一"而釀成新儒學，已是中國古代理論思維最後發展的必然趨勢。這也是北宋統治階級的迫切需求，

關學正是這一新儒學運動的產物。這一過程可以概括爲：宋祖、太、眞之世的"三教歸一"，眞、仁之世的儒學復興，英、神之世的理學創造。

宋初，"三教歸一"已是大勢所趨。宋祖、太、眞諸帝爲了嚴防農民起義，"致于隆平"，依然承唐之舊，認爲"釋道二門，有助世教"，繼續推行崇信佛道、"三教"兼容的方針。尤其值得注意的是宋祖、太宗特別崇奉道教，對華山雲臺觀道士陳搏無限神往，多次詔書御詩，乃至"舉朝稱賀"。一時間，許多神奇的學者如："沉默好學"的种放，"博通九經"的翟士端（《華陰縣志》卷十＜僑寓＞），"精于藥術"的李寧（《宋史》卷八＜眞宗本紀＞），"學窮《老》《易》"的周至張無夢、劉海蟾（《正統道藏》洞眞部記傳類《歷世眞仙體道通鑒》卷四八），以及曾在朝官至監察御史的鳳翔韓見素（《續資治通鑒長編》卷四三）咸集華山。他們廣結"方外友"，師事陳希夷先生，致使道教在關中盛極一時。

但是，這派人物當初崇奉的道教，其實並不純正。他們一方面"通老莊，善攝養"，企求"沖和德正本"，"清靜通玄化"，另一方面又講究"仁義禮智信"，"體性悟誠明"（《諸眞宗派總簿》第十三"華山派"）。而且，究其所指，又多出禪門。可見，在道門中，實際早已不把"三教"看作冰炭難容的事了。而

佛教禪宗也早已把道教與儒釋，視爲"俱可以助教于天下"的國
家三教。

　　到眞宗時，"三教歸一"大勢已定。眞宗承祖宗成規，既保
護道教，又追封孔子爲"至聖文宣王"，作＜崇儒術論＞，尤其
特別尊崇禪宗。他建禪寺，立戒壇，新制＜聖教序＞，編修《大
中祥符法錄》，御制＜崇釋論＞，刊正、撰序並頒行《景德傳燈
錄》。認爲"釋氏戒律之書與周、孔、荀、孟，跡異而道同"，
儒佛並行不悖；又說："道事天，天事佛，故爲國者必兩存之"。
於是，天禧三年（ 1019 年） 親臨大安殿會道釋一萬三千餘人，
"賜以銀藥大錢"。到天禧五年（ 1021 年） 全國僧尼總數就達
四十五萬八千八百五十五人，成爲北宋全國僧尼人數最高的年份。
這些所謂"僧祇戶"和那些"道觀戶"，同世俗的"形勢戶"一
樣都佔有大量土地，又享有免稅役的特權。這就不能不接連引起
一些政治家和思想家的反對。李覯（ 1009 — 1059 年）歷數"釋
老之弊酷"，"緇（和尙）黃（道士）存則其害有十"（《直講
先生文集》卷十六＜富國策＞第五），歐陽修發揮韓愈"斥佛老"
的"道統"精神，著《本論》三篇，提出了"禮義者，勝佛之本"
的主張。以中國"禮義之教充于天下"，"凡教民之具無不備"
爲理由，說明"佛無由而入"，想從根本上否定佛教在中國的存
在（上引均見《大藏經》傳記部《佛祖歷代通載》第二六與《佛
祖統紀》第四四）。但這僅僅只是在政治上和經濟上的排佛黜道。
像范仲淹、韓琦、王安石諸革新人士那種多多少少對釋老的不恭，
也均着眼於此。 正因爲他們根本沒有、也不可能從哲學理論上
徹底擊潰佛道，反而造成了"韓文公（琦）歐陽（修）力排浮圖，

而其門多浮圖之雄 ”的現象，結果，“三教歸一 ”仍然沒有找到具體的途徑和方法。這就給關學學者提出了迫切的任務。

　　儘管如此，對佛道二敎外在的政治批判，畢竟導致出眞、仁之世的儒學復興，首開了宋世風氣。文人學士深患“國初尙《文選》”之弊，開始專意《六經》和《論》《孟》《學》《庸》。孫復、石介、胡瑗在東南“始以師道明正學 ”，“天下之士從者如雲 ”；接着，便於慶曆之際出現了“學統四起 ”的新局面。東起齊魯，西至蜀州，南自浙閩，北到關中，“各學統 ”皆以崇儒爲宗，表明了恢復儒家綱常倫理的權威，乃是統治階級的迫切需要。“三敎歸一 ”終歸找到了必須以儒學爲核心的根本途徑。所以，黃宗羲說：“關中之申侯二子，實開了橫渠之先。”（《宋元學案》首卷＜序錄＞）

　　但是，儒學那一套“天人感應”、“讖緯神學”、“道統”“心傳 ”的說敎，及其煩瑣的“注經 ”方式，都不能繼續維護綱常名敎的理論權威和實際效用，因此，繼之而起的便是英、神之世周敦頤、邵雍、張載、二程諸子對儒學的再創造活動。正像上篇所述，如果說，周、邵、二程以及後來的朱子都是採取了援佛道入儒經的方法，將道門的宇宙生成演化說和佛學的思辨哲學認識論，有機地熔鑄於儒學的綱常倫理之中，完成了“三敎歸一 ”，那麼，張載在道敎、禪宗盛行的關中，則巋然承申侯“華學 ”傳統，旣不援老入儒，又不取佛精義，而是在堅決批判佛道的前提下，直接將當世自然科學的最高成果，消融於傳統的易傳思想中，創立了“太虛無形 ”的“氣本論 ”，爲儒學的倫理道德學說和綱常政治思想，提供了一個本體論基礎，從而使傳統儒學由倫理說教而進入本體論證，奠定了理學的基礎。同周、邵、程、朱殊途而同歸，均從根本上結束了"三敎論爭"的思想分裂局面，實現了儒學本身的徹底哲學化及其在思想界的絕對統治地位。

這就是宋明理學思潮及其關學形成的實質，也是張子之所以能同周、程、朱一起，被南宋理宗"列諸從祀"孔子廟庭的眞諦。所以，王夫之說：

> "孟子之功不在禹下，張子之功，又豈非疏瀹水之歧流，引萬派而歸墟，使斯人去昏墊而履平康之坦道哉！是匠者之繩墨也，射者之彀率也……"（《張子正蒙注·序論》）

只是由於張子本人不是"鉅公耆儒"，關學學派又無任何黨派依傍，當熙寧十年（1077年）張子一死，弟子藍田三呂便投奔洛學，只有長安李復獨承其傳。加之，遭逢"完顏之亂"，北方失陷，政治、經濟、文化南移，南宋關學再傳，確實"寥寥"矣！

(二)張載之後關學的發展

關學雖然經歷了南宋"百年不聞學統"的"式微"階段，但自元朝統一南北、朱學北傳之後，由於新的民族、階級、思想諸矛盾運動的推動，至明中葉，高陵呂柟在調停朱王、"互救其失"中集關學之大成，形成了"三原學派"，使關學獨立發展到全盛時期。隨後，明末馮從吾沿着呂柟的思路，開始對關學進行小結；清初李顒在自我總結、批判理學的思潮中，突出表達了關學"精思力行"、"明體適用"的特殊性質,使作爲"理學"的關學轉入終結時期,七百年的關學風氣,漸成頹勢。這裡需要着重申說的是:關學在這兩個時期中,究竟是怎樣由"寂寥"而"中興",由全勝而終結的。這得由元季朱學的北傳、入關說起。

(甲) 元季朱學之入關和關學之傳緒

"完顏之亂"以後,南宋政權偏安東南,北方半壁江山,長期淪喪於異族貴族的鐵蹄之下,造成了有金一代,"南北不通,程朱之書不及于北",關中人幾乎不知《四書集注》爲何物的破敗局面。但是,"思大有爲于天下"的忽必烈的統一南北,建立元朝,畢竟爲原來僅在東南一隅發展的理學,提供了北傳和入關的條件。

百年之間,不少關學學者,先後"以道倡起關中"(《關學宗傳》卷八)。今可見之於史册的主要有:乾州奉天楊奐(紫陽),長安宋規(漢臣)和同州員炎(善卿),高陵楊天德(莊敏)、楊恭懿(潛齋)、楊寅(敬伯)和雷禧,奉元㪟斛(勤齋)、同恕(榘庵)、韓擇和侯均,以及華陰景覃(渭濱),蒲城張建(蘭泉),朝邑王揖(濟川),韓城郝鼎臣,合陽岳崶(景山),戶縣賀勝(伯顏),京兆石伯元,富平唐坤、第五昌言,涇陽第五居仁、程瑁(悅古)等。其中楊奐、楊恭懿、㪟斛、同恕都是"赫然名動一時"(《關學編》卷二)、可與"河內許魯齋(許衡)頡頏"的"當世名儒"(《關學宗傳》卷八)。他們的主要理學要語和著作,均見於現存的《還山遺稿》(楊奐)、《勤齋集》(㪟斛)、《榘庵集》(同恕),及《元史》、《關學編》、《元儒學案》、《關學宗傳》諸本傳中。這表明"有元立國"雖"無可稱"，惟關學"尙未替"(《宋元學案》卷九五＜肖同諸儒學案＞)！

所以全祖望在《宋元學案》的元儒之末，爲肖㶟、同恕、韓擇、侯均、第五居仁、賈仲元、石伯元等，特立了＜肖同諸儒學案＞。那爲什麼關學兩次歷經戰亂，但又傳緒不絕呢？明淸多數學者僅僅只從"師承"着眼，認爲："是時，秦人新脫于兵，欲學無師"，只有當姚樞(雪齋)、趙復(江漢)、許衡(魯齋)、劉因(靜修)，尤其是許衡來陝，"郡縣皆建學"，使理學北傳入關，秦人才"始知道學"(《宋史紀事本末》卷一〇一＜北方諸儒之學＞)。上述關學學者，都無非是"許、劉之徒"。這就將元代關學的傳緒，完全歸結爲許、劉之功。其實，這僅是爲關學復起提供了一個條件，更重要的還是自身一直保持着相對獨立發展的學統。

如果將《關學編》的記載和《元史》、《宋元學案》參照起來看，就可知元代關學的復起，並非始於許劉的北傳理學，而首先是金元之際楊奐的"戶縣之學"，其次是元初楊氏天德、恭懿、寅父子孫三代的"高陵之學"，繼之才是肖、同的"奉元之學"。楊奐，《宋元學案》將其列入＜魯齋學案＞中的"雪齋學侶"；楊氏父子孫雖無載，但不僅肖同諸儒師事恭懿，就連許衡也極力推崇。他們不僅"倡道關中"，門生甚衆，而且"論道洛西"，連"河朔士大夫"也"想聞風采"。所以，他們是同許、劉在相互促進中，自成學統的。

如果再將上述關學著作，同北傳的程朱之學比較，可知這一學統的思想除受北傳朱學的影響之外，主要還是直接繼承了張載關學的"崇儒"宗旨和"實學"學風。他們治學總是從"志于用世"出發，"指陳時病"，"恥爲章句儒"；讀書往往始於《六經》，尤精於《三禮》及《易》，並力學博綜於史學、歷數、天文、古跡、經濟，爾後才得讀《四書集注》、《太極圖》、《小學》、《近思錄》；最後便形成了自己"眞履實踐"，"窮理反躬，一乎持敬"的關學主旨。因而，他們的詩文，氣格雖不算高，但"質實簡潔"，"絕去纖穠"，"往往有關名教"，足見其志趣之高。這正是關學獨立發展的內證。

關學其所以能如此艱難地獨立地前行，歸根到底還是元朝統治階級的政治需要。雖說蒙古貴族的習尚，既不同於金人那樣"重漢文"、慕才學、讀《尚書》，"國族多有漢名"；更不同於後來的滿人那樣講道談經，復明綱紀，以儒學開一代風氣。但他們從立國之日起，就深知"武功迭興，文治多缺"，若不"以北之俗，改用中國之法"，就難於長治久安。所以採取了"祖述變通"、"附會漢法"的治國方針。就在這個方針指導下，忽必烈親徵許衡爲京兆提學，讓姚樞"即軍中求儒、釋、道、醫、卜之人"，建太極書院及周子祠，以宋儒二程、張（載）、楊（時）、游（酢）、朱（熹）六子配食，招致趙復爲師，選拔道學生，刻諸經傳注。由是朱學得以北傳入關，促使關學復起。

然而，這並不是元代統治者的本義。他們其實是非常卑視漢人的；當然，漢人一般亦不樂與他們爲伍，爲學論道實際成了對付征服者的唯一手段，關學學者尤爲典型。如果說許、劉趨從朝政，還不能超然於作官之途，那麼，楊奐、天德、恭懿和肯、同，則不走這條就官爲學的道路，即使勉強就之，一般最後還是辭歸家居，專門著書授徒。這種"高尚不仕"的民族氣節，就是關中

學者推進關學獨立發展的精神力量。而這種"以氣節著"的關學
精神，也只有在金元以來的民族矛盾和階級矛盾的發展中逐步形
成。明清的關學，正是在這種矛盾和這種"氣節"的推動下走向
全盛而後終結的。

(乙)　明代關學的"中興"與全盛

明朝是"以理學開國"的。皇帝之所好、官學之所向，決定
着關學的發展與方向。

明太祖以《大學衍義》治國，開前古之所未有。一方面遍設
學校，大開科舉，實行學校與科舉合一之法，規定出自學校者才
能應科；科目雖沿唐宋之舊，但專取《四書》《五經》命題，以
程朱經義取士。另一方面，盡復漢代薦舉制度。令有司察舉訪求
賢才，以德性為本；諭廷臣："六部總領天下之務，非學問博洽、
才德兼美之士，不足以居之"；任國學生奔走全國，"分教各郡"，
參與政事。明成祖繼位後，選用儒臣，敕撰《四書大全》、《性
理大全》，頒行天下。結果左右了一代學風，形成了明初可謂
"政教合一"的朱學統治時期。這就為關學的重新振興開闢了一條
坦途，並且造成了關學尊崇朱學的基本傾向。被二曲譽為"有功
于關學甚偉"者的泰州周蕙（小泉），"慨然以程朱自任"，
使"當時見者亦翕然以為程朱復出也"（《關學編》卷三），就是
一個明證。

但是，直接促使關學"中興"的主要還是如下兩種力量：

首先是始於宣德之世的講學之風。由於成祖以後，仁宗在位
僅僅一載，宣宗執政也只十年，四十歲亡，英宗上臺，不過是個

九歲的孩童，他們已處在守成治平時代，其好尚已和開國兩朝大
大不同。尤其是宣宗，自己本來不通儒學，"頗事游獵玩好"，
卻自命文字甚高。御史陳祚以《大學衍義》"馳疏勸勤"講學，
宣宗竟"見疏大怒"，說什麼"豎儒謂朕未讀《大學》耶"！以
爲儒生"薄朕至此，不可不誅"，隨將祚合家囚繫，終其世不赦，
致其父慘死獄中（《明史》卷一六二＜陳祚傳＞）。理學既然不
爲君心所悅服，學者們只好隱居各方，用講學授徒的方式，表示
對皇權的一點小小的抗爭。而上自公卿，下至士庶，卻深知理學
對維護封建統治的眞正價值，便甘願受教於這些"豎儒"門下，
於是講學之風大興。

先是河南曹端（月川）以《太極圖》、《通書》、《西銘》
講學於澠池，可謂"道學之傳，則斷自澠池曹先生"；接着是山
西河津薛瑄（文清）"恪守宋人矩矱"，以《太極圖說》、《西
銘》、《正蒙》之義疏編著《讀書錄》，授徒於龍門。關中因距
河津"一葦可航"，"密邇親炙"，一時名儒如泰州周蕙（小泉），
咸寧張鼎（自在）、李廷（正立）、李錦（介庵），鳳翔張傑
（默齋），韓城王盛（懋德）、孫輪等皆親受其學。隨後渭南薛敬
之（思庵），高陵呂柟（涇野）及其子呂潛（愧軒），涇陽張節
（石谷）、郭郛（蒙泉）等，也均算是薛瑄的再傳。黃宗羲稱之
爲"河東之學"，其實即是明初基本宗程朱的關學。這些關學學
者也同明政府有着這樣或那樣的矛盾，因而，迫使他們往往走上
辭官不仕而專門講學的道路。開講習，建書院，成了明代關學的
風尚。有名的弘道書院、正學書院、澠西書院、姜泉書院、關中
書院，先後都是各地學者"負笈來學"的理學聖地。四方思想的

互相交流，便使關學進入"中興"時期，這正是宣德以後皇帝不眞心尊"正學"所帶來的必然後果。

其次更重要的是正、弘之世（1436 — 1505 年）的思想變革。皇帝之所以不悅"正學"，不是因爲"正學"對維護封建統治無用，而是由於朱學的那一套"即物窮理"實在支離煩瑣，難以領略。所以，自陳獻章（白沙）以虛靜爲本，導明初朱學"始入精微"，到王陽明以"致良知"的"知行合一"說別立宗旨，"鼓動海內"，徹底衝破了宋人矩矱，實現了王學百年的絕對統治，即所謂"嘉（靖）、隆（慶）而後，篤信程、朱，不遷異說者，無復幾人矣"（《明史》卷二八二＜儒林傳＞序）。在這一巨大的王學思潮中，關中確實也出現過少數像渭南南大吉（瑞泉）、南逢吉（姜泉）、同州尙班爵（宗周）那樣不過"跡象聞見"的北方王學（《明儒學案》卷二九＜北方王門學案＞）。

但是，元明以來關學雖然一方面要受朱王思想的支配，而另一方面卻自有師承學統，綿延不絕。從元明之際的同州尙志（士行），蒲城趙晉一（孟暘）、馬巨江，京兆石伯元，三原馬貴（尙賓）及其子馬江（文淵），經正（統）、弘（治）之世的三原王恕（石渠）及其子王承裕（平川），咸寧劉璣（近山），渭南薛敬之，高陵周尙禮（節之），再經正（德）嘉（靖）之世的三原馬理（溪田）、秦偉（世觀）、李伸（道甫）、雒昂（三谷），高陵呂柟、呂潛、吉士（廷藹），渭南李錦（龍坡），朝邑韓邦奇（苑洛），富平楊爵（斛山）、楊椒山，同州馬自強（乾庵），直至隆（慶）、萬（曆）之世的藍田王之士（秦觀），長安劉璽（廷節）、馮從吾（少墟），宜川劉子城（伯明），三原溫純

（予知），前後三百年間，史冊有載的著名理學家達百人以上。他們之間並無門戶之隔，而是非常親密的師生、學侶或講友。例如：呂柟曾既是薛瑄再傳渭南薛敬之的門生，同時又受教於三原馬江、本邑周尙禮門下；馮從吾少時既深受王陽明"個個人心有仲尼"詩的影響，又十分感慕有似"藍田呂氏復出"的藍田王之士，深得"關洛宗旨"，尤其還經過了外祖父劉璽"口授五經"的"朝夕訓育"。因此，在以講學相高的明代風氣下，從師承上來講，他們雖得薛瑄再傳，但自己學統始終不替，"三原之學"就是核心。從思想上來說，他們先後雖受朱王二學的感染，但張載標立的"實學"學旨，一直未變。

所以他們堅守關學的立場，順應王陽明變革朱學的潮流，既糾正了朱學的"支離"，又力戒王學的"禪風"，在互救其失中，推進了關學的獨立發展。呂柟就是這一變革過程中集張載之後關學之大成者。他的理學著作最富，現存主要的有：《四書因問》、《宋四子抄釋》、《涇野子內篇》、《五經說》、《涇野先生文集》等。其他"與呂柟並爲關中所宗"的馬理、韓邦奇、楊爵，也都爲我們留下了諸如《周易贊義》、《溪田文集》、《易學啓蒙意見》、《苑洛集》、《周易辨錄》、《楊忠介集》等重要理學著作。在這些著作裡，充分體現了關學既綜《六經》，又精《周易》，尤於周程朱王之書"得抽關啓鑰之妙"：其"窮理"，不是泛常不切於身，講"良知"，不是遺行而只言知。這表明了關學已進入全盛階段。

馮從吾是對這一階段開始作小結的主要人物。他除編撰《關學編》外，還寫了《元儒考略》、《辯學錄》、《馮少墟集》，

"一意探討學術源流異同"(《關學宗傳》卷二四)。這進一步
顯示了關學在互救朱王之失中的獨特性格。黃宗羲說:"關學大
概食薛氏,三原又其別派也。"所謂"別派",就是有明一代,
受朱王影響而有別於朱王的關學學派。

(丙)　明清之際關學的終結

明清之際,這是中國社會階級矛盾和民族矛盾交織一起、急
劇發展所造成的"天崩地解"的時代,由於天(啓)、崇(禎)
兩朝閹黨門戶之禍,使朝政敗壞,加之,陝西連年大飢,而閹黨
喬應甲、朱童蒙巡撫陝西、延綏,又皆貪黷虐民,使百姓無以聊
生。結果釀成了李自成、張獻忠為首的明末農民大起義,清軍遂
以入關,明亡清替。這一事變極大地震動了整個知識階層,尤其
是"以氣節著"的關學學者。他們親睹當時思想界"置書不觀",
"空談性命","敵兵臨城","拱手張目","置天下蒼生度
外而不問"的嚴重現狀,以為此禍"皆由良知之說所釀成"。於
是,周至李顒與昆山顧炎武、餘姚黃宗羲、衡陽王夫之、容城孫
奇逢互相呼應,南北並起,共同掀起了對理學自我批判總結的新
思潮。

在這一批判思潮中,這些"海內碩儒",雖各有特點,但均
"以經世為懷抱","皆力闢致良知之說,以羽翼朱子"(《清
史稿》卷四八〇＜儒林一＞)。反王不反朱,是他們的總傾向。
黃宗羲編著《明儒學案》、《宋元學案》,顧炎武游學陝西,在
華山雲臺觀內特建"朱子祠",就是明證。他們認為:朱學本於
儒家"正學",而王學全然"襲語錄之糟粕,不以《六經》為根

柢”，是“舍經學而言理學”的“左道學說”。因此，顧炎武大
倡“經學即理學”，用恢復儒家五學的形式，終結了宋明理學，
並在滿人大與文字獄的條件下，導致出乾嘉漢學。

李顒爲首的清初關學，儘管不像顧、黃那樣激烈地反王，明
顯地尊朱，但在恢復“經世致用”的儒家經學這一總目標上，卻
比顧、黃南學有過之而無不及。加上，“北人質直好義，身體力
行”，關學世代皆“以躬行禮教爲本”。所以李顒明確提出“理
學，儒學也”的口號，同樣以恢復“明體適用”的儒學，終結了
作爲宋明理學的關學。他所寫的《四書反身錄》、《二曲集》，
以及他同馮從吾的學侶、弟子和私淑富平李因篤（天生）、鄠縣
李柏（雪木）、華州白奐彩（含貞）、戶縣王心敬（豐川）、華
陰王宏撰（山史）等，“嗜金石”、“通經史”、“重小學”的
特點，尤其是涇陽王徵（端節）將“格物窮理”同耶穌會士傳入
關中的西學“相契”，“以經算教授鄉里”（陳垣：＜涇陽王徵
傳＞），完全轉入研究自然科學的傾向，都是關學終結的標識。

㈢關學在中國古代哲學思想史上的地位

綜上所述，我們可以從關學的形成和發展中，清楚地看出關
學不僅在中國理學史上具有不同於其他學派的顯著特點，而且在
整個中國古代哲學思想上具有不同於其他時代的獨特地位。

一關學是中華民族理論思維在今陝西關中長期的發展中，必
然形成的一個承前啓後的重要環節。

每一個時代，在不同的地域，都會產生出代表這個時代的、

不同性格的偉大人物。如果說，中世紀，在歐洲曾出現了一大批
虔誠的宗教信徒和著名的神學家，那麼在中國，雄偉的黃河、長
江，卻孕育出了千千萬萬前仆後繼的政治家、教育家和哲學家、
思想家。但是，遠自周末、漢末，近至唐末、北宋末，尤其是經
魏晉南北朝的大分裂，一方面，固然促成了民族的融合、佛教的
傳入、文化的交流，促進了哲學思想的大發展；另一方面，卻帶
來了地域上的阻隔、思想上的設防，形成了南北不同的習尚。古
人所謂：" 南人約簡，得其英華；北學深蕪，窮其枝葉。"（《北
史》卷八一＜儒林傳序＞） " 北人質直好義，身體力行；南人
習尚浮夸，好騰口說。 "（江藩：《宋學淵源記》卷上）都是指
的這一史實。

　　同一個封建時代的中國，如果說在北宋張載以前，東南和其
他地方，出現過一大批像孔、孟、老、莊、董仲舒、王充、王弼、
柳、劉那樣的足以反映一個特定時代的哲學家、思想家，那麼，
在陝西關中，雖然也有過像傅玄、僧肇那樣的哲學家、佛學家，
但大批湧現出來的，主要還不是專門以哲學思想名世的人物；而
是像司馬父子、班氏父子那樣世代為業的著名史學家，像楊震、
李固那樣 " 明經博覽 "，公開反對宦官外戚 " 專總權柄 " 的政治
家，像班超那樣奮勇抵禦外來入侵的名將，像孫思邈那樣對醫藥
學、生理學有貢獻的名醫，像白居易那樣 " 但傷民病痛，不識時
忌諱 "，不顧個人安危，而為民 " 長恨 "，作詩近三千的偉大詩
人。這種現象，似乎可以說，是因北宋以前，中華民族理論思維
沒有在關中得到充分發展所造成的。

　　其實也不盡然。雖因南北習尚不同，先秦諸子、兩漢經學、

魏晉玄學和隋唐佛學這些中華民族的思想花朵，不可能全都盛開
在陝西關中。但一則由於陝西具有周秦漢唐"古帝都"的特殊歷
史地位，長期是中國政治、經濟、文化的中心，薈集了全國各族、
乃至國外一切優秀的學者及其思想成果；二則由於在這種條件下
生長的關中學者，一般都具有像司馬遷那樣"欲以究天人之際，
通古今之變"，在各自的研究領域中力求"成一家之言"的學術
氣度，而且多半都走着遍覽群書，不"黨同門，嫉眞道"，吸收
各家之長，苦心自立的治學道路。因此，中華民族的理論思維，
經過唐代"三教"論爭的思想交融，於北宋時代的關中，便應運
而結出了張載關學這樣的碩果。

張載力關二氏，發揮"華學"重視自然科學之長，運用當世
自然科學的成果，改造了儒學，創立了以"氣本""氣化"論爲
核心、以"體用不二"爲特點的唯物辯證的哲學體系。他提出了
一系列重要的理學範疇和命題，開拓了宋儒經學哲學化的路子，
以"獨立不懼，精一自信"的理論勇氣和學術氣魄，爲宋明理學
舉行了"奠基禮"。這樣，不僅能上承"三教論爭"的隋唐佛學，
下開"三教歸一"的宋明理學；而且能前接唐代柳、劉唯物主義
傳統，後啓明淸王廷相、尤其是王夫之古代唯物主義的最高成果，
確實構成了中華民族理論思維發展長河中不可缺少的必然環節。

我們研究關學，實質就是去重點解析類似這樣的重要環節。
由此，我們就有可能找到中國古代思想邏輯發展中帶有規律性的
東西。這就是關學在中國古代思想史上的獨特地位。

二關學世代"以躬行禮教爲本"的"崇儒"宗旨和"實學"
學風，直接決定了它在中國理學史上也佔有特殊的位置。

關學的形成，是中華民族理論思維在今陝西關中長期發展的必然結果，而關學自身在張載→呂柟、馮從吾→李顒的發展次序裡，同樣包含着整個宋明理學思維所採取的邏輯進程。張子為首的關學，其思想結構，往往以人性論為樞紐，從宇宙論開始，落脚到倫理學，這屬於地道的理學思維程式，是毫無疑義的。如果有人以張載思想基本是唯物主義，而宋明理學只能是唯心主義為理由，想將張載關學排除在理學之外，那必將給宋明理學研究帶來一系列不必要的麻煩。這是就關學與整個理學的共性而言的。

但是，關學還有自己的個性，這主要表現在它世代"以躬行禮教為本"的"崇儒"宗旨和"實學"學風之中。如果說，關學學者在許多方面，的確不如其它學派，但這一點可算是他們的特長了。不過，這個特長卻蘊涵着兩重的內容和性質：

一方面，正因關學是"以躬行禮教為本"的，"經世致用"成了它的出發點和歸宿點。這就決定了關學學者從申侯二子、張載、李復，到韓邦奇、李顒、王宏撰等，多能"博物強記"、精通自己時代的自然科學，"天文地理、陰陽氣運、醫算之學，無所不究"。他們自覺或不自覺的總要從他們同時代科學所達到的高度上，比較徹底地去進行思考。因而張載能夠凝結出一套樸素唯物、辯證的範疇體系，得到李復、王廷相，特別是王夫之的進一步發揮。這是關學學者的一大優點。但是，由於"崇儒"、"明道"是他們始終不渝的宗旨，"孔顏樂處"是他們追求的最高理想境界，所以，從自然科學中提煉出的哲學內容，同時卻被強制地套在傳注《六經》、《四書》的理學形式之中，產生出像《西銘》那樣"窮神知化"、"存心養性"的理學本體論，被歷代理學家們所同尊共奉。而只有到明末，在資本主義萌芽和西方科學入關的推動下，王徵才有可能徹底掙脫這具理學形式的枷鎖，公然以自然科學家名世。這又是關學學者難以避免的一大教訓。

　　另一方面，正因關學是"以躬行禮教爲本"的，"學貴有用"，"身體力行"成了一代關學的良好學風。這就決定了關學學者從張載、三呂，到馮從吾、李顒，都把推行井田、制定鄉約、改革社會風氣，當作己任。這固然可以暫時緩解當時的社會矛盾，但由於他們實行的這一套政治主張，根本不可能超越封建制度之範圍，所以他們愈是"語學而及政"，"身體力行"，就愈會把民衆不知不覺地永遠禁錮在封建禮教之中，爲強化後期封建專制主義的政治統治服務。這同整個理學的社會作用一樣，嚴重地阻礙了中國社會的發展。當我們重點總結關學對理論思維的貢獻時，這一點，當然萬萬不能忽視。

註 釋

❶ 參見丁偉志：＜張載理氣觀析疑＞（《中國社會科學》一九八○年第四期），邱漢生：＜對＜張載理氣觀析疑＞的評議＞（《中國社會科學》一九八一年第一期）。

❷ 據樓鑰《攻媿集》卷五十二＜靜齋迁論序＞載："大父（李復）及與橫渠、浮休諸公游，號潏水先生，文集行于世，多入陝西。戎幕曉暢邊事，腐夫握兵，以抗議不合，坐廢。歲久賊犯關中，年高且病，乃以舊德知兵，強起以守秦州空城，卒死于賊，此志士仁人之所痛也。"又據《宋史》卷二十五＜高宗本紀＞載：建炎二年春正月，"金人陷秦州，經略使李復降"。由此可推知，李復卒年在建炎二年（1128年）。

本　論

一　張載關學主題論

研究張載哲學，首先的問題是弄清其人思路，辨明其學主題。

主題的確立旣是哲學家理論成熟的標誌，又受當時哲學思潮客觀發展的制約，要辨明張載關學的思想主題，不能不從奠定他全部思想理論基礎的《易說》入手，而又顧及其必然走向《西銘》——《正蒙》的發展邏輯；更不能不注意有宋一代，所謂"周程張朱"或"濂洛關閩"的思維路徑，而從這一理學思潮的螺旋中來考察張載自身的思想邏輯。

"周程張朱"之名次，由來尙矣。但倘若這表明周敦頤是"有宋理學之宗祖"、朱熹是集理學之大成，還持之有故的話，那只有把張載置於二程之前，當作宋明理學的實際奠基者，才更合邏輯，言之成理。

《宋元學案》的編纂者，對這一名次早做過訂正。王梓材於該書首卷<序錄>"橫渠先生"條下案："朱子有司馬、邵、張之稱，橫渠當次于馬、邵之後；且爲二程表叔，亦在二程之前，謝山（全祖望）亦以<序論>次之。"王、全以"二程子終身不甚推濂溪"、"未嘗傳其學"爲由，使周子"未得與馬、邵之列"，這固然失當；但肯定張載應在二程之前，在客觀上，無疑符合於有宋一代理學辯證進展的歷史與邏輯，儘管他二人主觀上不可能理解這一點。

在"周"——"張"——"程"——"朱"的邏輯中，惟有張載敢於"濯去舊見",自立"新意"。他以"願學新心養新德,旋隨新葉起新知"的求"新"精神和較邏輯的思辨形式,把"氣"作爲最高的中心範疇,創立了"天人一氣","萬物一體"的世界統一性學說。不僅開拓了關學"新意",而且奠定了整個理學的格局;不僅上糾"三教"、周子之"大蔽",而且下開二程、朱子之"正學";不僅能前接荀子以來的唯物主義"天道"觀,而且能啓宋元明清以王夫之爲代表的樸素辯證唯物的氣一元本體論。他不僅構成了中國哲學"究天人之際"的宇宙論發展的新階段,而且標誌着中國傳統哲學思維的道德經驗方法與邏輯思辨方法進一步會通的趨勢。所有這一切,無不直接同張載確立的關學主題息息相關。

可是,這種"勇于造道"之"新",竟給後人帶來了評議之"難"。長期以來,論者見仁見智,迄無定說。宋明學者多從張載"替往聖繼絕學"之"工夫"上評論,二程、朱熹說他體系雜博,"多迫切而少寬舒","有苦心極力之象",而黃宗羲、王夫之卻認爲他"氣魄甚大,加以精苦之功,故其成就"有殊伊洛(二程),"學問思辨之功,古今無兩"(《宋元學案》卷十八附錄和《讀四書大全書》卷七)。今日時賢主要着眼於張載的哲學性質,或斷定他是"宋元明清時代唯物主義氣一元論的開創者"(《中國古代著名哲學家評傳》第三卷上);或主張他是"從唯物主義的觀點墮落下來,走向二元論的體系"(《中國思想通史》第四卷上);或認爲"張載哲學沒有成爲嚴格意義上的唯物主義哲學,同樣也沒有成爲嚴格意義上的唯心主義哲學"(《中國社會科學》1980年第四期)。十九世紀以來的國外學者,則抓住張載的自然科學成就，加以高度評價，或者說他的"宇宙論學說"，"是十一世紀關於感應原理的非常明確有力的敍述"，長期保持着"它的活力"（李約瑟《中國科學技術史》）；或者認爲他的"虛空即氣"說，足以同"現代哲學之父"笛卡爾的"以太"、"旋渦"說相匹敵（丁韙良《翰林集》）。古今中外，衆說云云，莫衷一是。

　　足見，張載哲學曾發生過不可忽視的影響。它給各種不同觀點的學者，留下了可以從不同角度汲取、利用的思想材料，提供了各方面研究的廣闊領域。這也同他確立和論證的思想主題直接相關。若不是確立了適應時代思潮的主題，若沒有對這個主題具有科學價值的論證，決不會引起古今中外學者的如此興致。同樣，假若我們今天眞正弄清了張載哲學的思路，準確掌握了他的關學主題，又採用了比較科學的研究方法，我們也就會避免對同一個張載，產生如此不同的評判。因此，只有把張載置於有宋一代理學思潮的螺旋中，從他的整體思想着眼，辨明其思想主題，才能正確認識張載關學的性質、特點及其對宋明理學的奠基意義。

　　張載的思想主題，是通過他個人一系列理論創造，在他的關學論著中，一步一步地確立、深化和完善的。張載畢生著作浩翰，據宋人記載有：《文集》、《易說》、《禮樂說》、《論語說》、《孟子說》、《春秋說》、《信聞記》、《崇文集》、《語錄》、《祭禮》、《西銘》、《經學理窟》、《正蒙》等❶。宋以後，逐漸散佚。據呂枏《張子抄釋》以來流行的各種版本所載，現存的僅有《西銘》、《正蒙》、《橫渠易說》、《經學理窟》、《張子語錄》和《文集》等，其中屬張載自寫的只有《易說》、

《西銘》、《正蒙》和《文集》佚存的文章，其他均係歷年講學的記錄。倘若以這些自寫的論著爲主體，基本按成書時序和內容聯繫，將其他言論羅織起來，我們便不難看出，張載思想的形成也經歷了一個《易說》──《西銘》──《正蒙》的邏輯過程，他的關學主題，正是通過這個內在的邏輯過程，在同周、程諸子外在的矛盾統一中，逐步確立、深化和完善的。

在這一邏輯過程裡，如果說，《西銘》是他的思想綱要，集中表達了他關學思想的最高理想境界；《正蒙》是他全部思想的結晶，初步已形成一整套哲學範疇體系，是他晚年的定論。那麼，《易說》就是標誌他：從青年習《庸》，經累年盡究釋老之說，至中年坐虎皮講《易》京師，自信“吾道自足”，理論已經成熟，是他確立關學主題，奠定全部思想理論基礎的重要階段。史稱他“以《易》爲宗”，就是證件。

本篇就講這個階段。先分析他的“破”論，再論證他的“立”論，最後指明他確立關學主題的哲學意義。

㈠破“天人二本”的邏輯出發點

簡括地說，張載同程朱一樣，是在重整倫常綱紀，拯救理論危機的新儒學運動的推動下，從破漢唐“三教”和宋初諸儒的“體用殊絕”、“有無爲二”的“天人二本”論中，獨樹新說的。

（甲） 北宋的理論危機

北宋面臨的理論危機主要來自三個方面。一是政治家失去理

論興趣，"汩于五霸功利之習"而"無豫于學"；二是儒家經生
囿於章句之學而不究義理；三是佛道思想熾傳天下，"淪于異端
空虛之說"而"不涉于事"（參見《宋元學案》卷十二＜濂溪學
案＞附）。這三者交互感染，互相依存，形成了一股否定封建秩
序，破壞現實倫常，遏抑傳統哲學發展的巨大思想勢力。張載弟
子范育在＜正蒙序＞裡，將它主要歸罪於佛道，其言曰：

> "自孔孟沒，學絕道喪千有餘年，處士橫議，異端間作，
> 若浮屠老子之書，天下共傳，與《六經》並行。而其徒修
> 其說，以為大道精微之理，儒家之所不能談，必取吾書為
> 正。世之儒者亦自許曰：'吾之《六經》未嘗語也，孟孔
> 未嘗及也'，從而信其書，宗其道，天下靡然同風，無敢
> 置疑于其間，況能奮一朝之辯，而與之較是非曲直乎哉！"

（《正蒙·范育序》）

范育講的這段話的用意，是要說明張載撰寫《正蒙》的主旨：為
了"與浮屠老子辯，夫豈好異乎哉？蓋不得已也"。"夫子之為
此書"，完全出於理論鬥爭的迫切需要，這是否合乎張載全部立
說之本意及其"迫切氣象"，可以不論；但需要追究的是：世之
儒者為什麼不敢同二氏"較是非曲直"，居然"信其書，宗其道"
呢？而張子為什麼能"獨以命世之宏才，曠古之絕識"，在"天
下之理淺然其將滅"的形勢下，"獨立不懼，精一自信"，竟敢
"正立期間"，與二氏"較是非，計得失"呢？
　　關鍵不在於張載有敢於"為書"、"勇于造道"的理論勇氣，

而在於他能"入室操戈",洞察"三教"之"得失",找到了造成當世理論危機的哲學根源,爲再造新儒學得以獲從入之途。

首先,他把立足點放在糾正儒學"體用殊絕"之"失"上。《正蒙》開宗明義講:

> "太和所謂道,中涵浮沉、升降、動靜、相感之性,是生絪縕、相盪、勝負、屈伸之始。其來也幾微易簡,其究也廣大堅固。起知于易者乾乎!效法于簡者坤乎!散殊而可象爲氣,清通而不可象爲神。不如野馬、絪縕,不足謂之太和。語道者知此,謂之知道;學《易》者見此,謂之見《易》。不如是,雖周公才美,其智不足稱也已。"(〈太和篇〉)

這裡,對"道"範疇的新規定,姑置不說。而所謂"知道"、"見《易》",無疑是就宇宙本體論來說,是否"知道"、"見《易》",這是張載檢驗儒學"得失"的標尺;而所謂"語道者"、"學《易》者",顯然,直接針對周敦頤《太極圖·易說》而言的,當然也是對邵雍"先天後天"之說和漢唐以來所有章句儒的批評。爲了弄淸這一批評的實質,我們不妨稍說遠一點。

先秦的原始儒學,從《論》《孟》《學》《庸》到《荀子》《易傳》,並非是不"知道"、不"見《易》"的單純政治學和倫理學。它本來走的是"修齊治平"的實用思想與"窮神知化"的《易》理思想,互相發明、會通的思維行程,其最高成果是《易傳》哲學。但是,由於它過分地強調實用價值,"干預世主",

被漢武帝"罷黜百家"、"定于一尊"之後，完全成爲政治的侍婢，陷入由經學化而神學化的絕境，韓愈所謂"曾經聖人手，議論安敢到"，只許照做，不准研究，其不知"章句所以傳聖賢之道而非聖賢之道"！至魏晉玄學，則發展到王弼用《周易注》扇老、莊之風，大破漢儒傳注家法的地步。以王弼爲代表的玄學家，從"三玄"中立言，用"有無"、"體用"、"本末"等範疇和"舉本統末"、"體用如一"的命題，來挽救漢儒有"用"無"體"的危機。但同漢儒一樣，"竟尚乎清談，有不知清談所以闡聖賢之學而非聖賢之學"。因之，"虛浮日盛"，不但未能解決漢儒有"用"無"體"的危機，無法阻止佛學的熾傳和道教的興盛，反而因過分強調"以無爲本"、"爲體"，竟助長了二氏的發展。

隋唐雖經幾次滅佛抑道，但均屬外在的政治批判，並未從根本上觸動二氏的哲學理論。唐太宗銳意圖治，雖親詔孔穎達諸儒撰定《五經正義》，從文字上統一了經學，但仍未越出章句傳注之窠臼；韓愈雖借古文運動的力量，憑道統論的武器，用經學反佛學，開了宋明新儒學的先河，但道統論既招架不住佛道的攻擊，更不可能救儒學之"失"。所以，至宋初就出現了"千五百年無孔子"的儒學危機。張載概括道：

> "自其說（佛教）熾傳中國，儒者未容窺聖學門牆，已爲引取，淪胥其間，指爲大道。乃其俗達之天下，至善惡、知愚、男女、臧獲。人人著信，使英才間氣，生則溺耳目恬習之事，長則師世儒宗尚之言，遂冥然被驅，因謂聖人

　　可不修而至，大道可不學而知。故未識聖人心，已謂不必
　　求其跡；未見君子志，已謂不必事其文。此人倫所以不察，
　　庶物所以不明，治所以忽，德所以亂，異言滿耳，上無禮
　　以防其偽，下無學以稽其弊。"(《正蒙·乾稱篇》)

　　"上無禮"、"下無學"，這是何等嚴重的局面啊！這正表明章
句之儒最大之"失"就在於：不"見《易》"、不"知道"，沒
有沿着原始儒學、王弼《易》學將倫常實用思想與《易傳》思辨
哲學融諸一途的思維路徑，繼續前進。也就是說，儒學只注重對
"人道"（社會政治論）的應用和對現實政治的適從，而忽視對
"天道"（宇宙本體論）的探求和對《易》學精義的發揮；只知
爲學必及政，"不知反約窮源"，"推本所從來"（《正蒙·太
和篇》）。這就釀成了有"用"而無"體"，道德政治之學缺少
宇宙本體論作根基的弊端。所以，張載以爲"知人而不知天，求
爲賢人而不求爲聖人，此秦漢以來學者大蔽也"（《宋史·張
載傳》）。這是儒學理論危機的內在根源。

　　其次，正因漢唐儒學"知人而不知天"，"用"有餘而"體"
不足之"大蔽"，便導致了二氏富於哲學思辨的宇宙本體論發展
到"知天而不知人"，有"體"而無"用"的另一極端。張載曾
"累年窮究其說"，清楚地看到，佛道否定現實"人道"，攻擊
傳統儒學的威力，不單依憑其宗教信仰，主要靠的是哲學思辨。
它們最關切的是有無、生死兩大問題，道教以"有生于無"的"自
然"論、"徇生執有"的長生說爲基本教義，佛教以"萬物幻
化"的"寂滅"論、"生死輪迴"的無生說爲基本教義。前者，

"以無爲本",追求"長生不死"以成仙;後者,以"眞如"("佛性")爲本,追求"往而不返"以成佛。兩者皆是對世俗政治的反叛,對儒家"人道"學說的否定,是一種"略知體虛空爲性,不知本天道爲用"的有"體"無"用"論(《正蒙·太和篇》)。因而,張載說:"自古詖、淫、邪、遁之詞,翕然並興,一出于佛氏之門者千五百年"(《正蒙·乾稱篇》),理所當然地把二氏,尤其是佛教,當做主要論敵,他所謂的"語道者"不"知道",自然也是針對二氏而發。但他們畢竟是儒學理論危機的外在根源。

然而,正如任何事物之間無不相反而相成、殊途而同歸一樣,二氏"失"之無"用"、"得"之在"體",同儒學"得"之在"用"、"失"之無"體",表面似乎是相反的兩極,其實歸結一個問題。這就是張載概括的"天人不相待"的"體用殊絕"論,也就是後來朱熹在<韶州州學濂溪先生祠記>裡所說的:"秦漢以來,道不明于天下而士不知所以爲學,言天者遺人而無用,語人者不及天而無本,專下學者不知上達而滯于形器,必上達者不務下學而溺于空虛"的"天人二本"論。他們所說的"體"、"本"、"天"、"上達",都是指儒家表達宇宙本體論的"天道","用"、"人"、"下學",均是指儒家表達政治倫理學的"人道"。"天道"與"人道"不相資,宇宙本體論與政治倫理學相分離,這便是漢唐三教"大蔽"的實質。

(乙) 周敦頤沒有解決的理論難題

周敦頤作爲"有宋理學之宗祖",始圖解決三教共同的"大蔽",這是張載與程朱公認的。但是,周敦頤是否眞正解決了這個難題呢？張、朱的回答卻截然不同。

朱熹的回答是肯定的。他認為：周敦頤的《太極圖·易說》，"蓋有以闡夫太極、陰陽、五行之奧"，使儒者得知其"中正仁義"道德之所自來；"言聖學之有要"，使下學者得知只要"勝私復禮"，便可以"馴致于上達"；"明天下之有本"，使言治者得知只要"誠心端身"，便可以"舉而措之于天下"。很明顯，朱子以為周敦頤已解決了"體用殊絕"、"天人二本"的問題，所以說他是"上接洙泗（孔孟）千歲之統，下啓河洛（二程）百世之傳"，使"道學之傳復續"的理學宗祖（《朱子文集》卷十，《正誼堂全書》本）。顯然，這是朱子的偏見。在以師承、道統相尚的宋代，儘管這是可以理解的，但畢竟不是事實。

事實誠如張載所見所說：周敦頤的《太極圖·易說》，並非朱子所謂的"不由師傳"而自創，而是傳自華山道士陳摶。他的功績是在糾正漢唐三教"大蔽"中，把道教的《太極圖》與儒經《周易》相傅會，援道入儒，為儒家重新建造"天道"宇宙本體說，找到了思想資料根據，開了"入德之途"，這是值得肯定的。但是，他"不知擇術而求"，沒有按照傳統儒學的哲學思路，消化這些資料，未找到同"人道"政治倫理學相結合的方法。他的《易說》《易通》❷處處都沾有道教的血污。他的最高範疇"無極"和中心命題"自無極而為太極"，儒家典籍中稀有，而多見於二氏經典，如《老子》、《周易參同契》、《肇論》、《華嚴經》、《原人論》等，其涵義同二氏的"無"、"虛"無異；他所說的"太極動而生陽"，"靜而生陰"，"二氣交感，化生萬物"，也同老氏道教的"有生于無"毫無二致。因此，張載說：

“若謂虛能生氣，則虛無窮，氣有限，體用殊絕，入老氏
‘有生于無’自然之論，不識所謂有無混一之常；若謂萬
象為太虛中所見之物，則物與虛不相資，形自形，性自性，
形性、天人不相待而有，陷于浮屠以山河大地為見病之說。
……不悟一陰一陽範圍天地、通乎晝夜、三極大中之矩，
遂使儒、佛、老、莊混然一途。”（《正蒙·太和篇》）

這就是說，周敦頤的“窮高極微之論”，不但沒有解決二氏“天
人二本”的問題，而且同二氏“混然一途”。那麼，後來的朱子
為何還要為他辯護呢？

明代關學學者韓邦奇說得好。他在＜見聞考隨錄＞中云：

“周子‘無極而太極’，即老子‘無生有’。周子重‘無’
字，以‘無’為本，觀下文云‘無極之真’，不言太極可
見，況原本云‘自無極而為太極’，而朱子削去‘自’
‘為’二字，乃以吾儒正理釋之，則亦面護之過矣。先儒謂
老氏以‘有無為二’，周子以‘有無為一’，非也；周子
亦以‘有無為二’。‘有無為一’，朱子之正論也。”
（《苑洛集》卷十八）

朱子以自己“有無為一”（一于“理”）之“正論”來修改《太
極圖·易說》，反而恰恰證明周敦頤同二氏一樣，不識“有無混
一之常”，仍然是“有無為二”的“天人二本”論。

由此可見，漢唐“三教”的“天人二本”論，正是儒學理論

危機的哲學根源；如何正確解決"有無"、"天人"的關係問題，已成爲北宋諸子無法迴避的共同課題。周敦頤援道入儒，首撰《太極圖·易說》、《易通》，想替儒學"究天人合一之原"，開創了"入德之途"，卻"不知擇術而求"，竟與二氏"混然一途"；後來朱子以"有無爲一"的儒學"正論""面護"他，反被爾後的關學學者識破其意，證明他沒有解決這一哲學基本問題。因此，"以《易》爲宗"，力斥釋氏佛教，揚棄老莊、道教，"上承孔孟之志"，下救"三教"、周子"體用殊絕"、"有無爲二"之失，就自然成爲張載思想的邏輯出發點。由此必然導致出"天人一氣"、"萬物一體"的關學主題。

㈡立"性與天道合一"的《易說》主題

現在，我們再來具體分析張載究竟是怎樣沿着周敦頤的邏輯，解決他未解決的問題，爲北宋關學確立"天人一氣"、"萬物一體"的思想主題的。

（甲）　張載的"原儒"方法

總的來說，張載是在糾正周敦頤以《圖》傳《易》之弊中，用"原儒"《易》理的方法，來演新儒學之義的。

但是，張載的"原儒"方式，不是將宋初陳摶——周敦頤的道教《圖》說，還原爲漢唐章句之儒的傳注《易》說，而是直接反原於孔孟《六經》，尤其是先秦《易傳》"立天、立地、立人"的"三才之道"。誠如王夫之所說："蓋張子之學，得之《易》

者深，與周子相爲發明。””“而張子言無非《易》，立天,立地,立人，反經研幾，精義存神，以綱維三才，貞生而安死，則往聖之傳，非張子其孰與歸！”（《張子正蒙注·序論》）不過，先需指明的是《橫渠易說》並非還原《周易》之舊，它同《伊川易傳》（程頤）、《周易本義》（朱熹）一樣，都是理學家借《易》發揮自己思想的理學著作，不可當作《周易》哲學；但它又同《周易》有直接的聯繫。《周易》所講的“天地人”之道，恰恰是理學家最關心的問題，加之它文字簡約，義蘊隱晦，正好供理學家隨意發揮。而理學家旨在興儒學，不能不習《六經》，而於《六經》，又不能不首究《易》學。所以史稱：

> “宋之道學，同源于希夷（陳摶），而劉（牧）爲異說，邵（雍）爲別宗，至周子始漸醇，而與儒學爲近，張子羽翼之，二程擴充之，至朱子而始大。然要不外乎象數與義理兩派，兩派之于經學，初不外乎《周易》一經。”（《中國經學史》第十篇＜宋之經學＞）

這是張子與周、程、朱諸子理學思路之“同”；至於如何發揮《易》理，張子又與諸子相異。我們只有注意到《橫渠易說》與《周易》“異”中之“同”、與周程朱《易》學“同”中之“異”，才能準確把握它的主題。

的確，《橫渠易說》是張載獨立之作，從形式到內容都有自己的特點。在形式上，他既不取周敦頤那種完全離開《周易》經文而引《易》解《圖》的短論格式，也不像程朱那樣嚴格依《周易》經文，採用傳統的傳注體例。他既不離經文，又不受其約束，更不講究訓詁，而是根據自己所需，有的經文下，解說多達千字以上，但通常往往經文數十句中，一無所說，末卷《易傳》，更不復全載經文，只載其有說者而已，可稱爲簡要的自由發揮體。這種形式，可看作是從周《易》向程《易》的過渡形態，儘管張子終生可能尙未見過周程的《易》書；但他處在周程邏輯之間的理學內容，卻歷史地決定了他只能採取這種形式。

在內容上，他既不同於《易傳》作者借釋《易經》卦爻體系的製作與功用，旨在闡明"辭、變、象、占"的"聖人之道"，處處都流露出原始宗教的神祕思想；更區別於周敦頤以"主靜爲宗"、"'無極'爲旨"，明顯保留着道家道教的無爲思想；也不像《伊川易傳》那樣明確地將"理"作爲最高範疇，用天理論作基礎，已經構成了一個包括自然、社會、人倫在內的"體用一源、顯微無間"的理學體系。他是從破"有無爲二"、"天人二本"的理論要求出發，把儒家傳統的"天人合一"或"性與天道合一"作爲中心內容，用"《易》即天道"、"天道即性"和"一物兩體者，氣也"、"有兩則須有感"的命題，比較思辨地論證了"天人"、"道性"如何"合一"的問題。他通過《易說》，謀求建立一個"天人一氣"、"萬物一體"的關學體系，但僅僅開了個頭，處處不能不留存着在傳統儒學思路上艱苦探索的踪跡。

(乙) 佛道"天人二本"論的理論錯誤

在這一探索過程裡，張載首先肯定二氏的"有無之分"同儒學《大易》的"天人合一"是兩種根本對立的宇宙論，不可"同日而語"。他在《易說》裡針對老氏道教說：

> "《大易》不言有無，言有無，諸子之陋也。人雖信此說，
> 然不能知以何為有，以何謂之無。"
> "故聖人語性與天道之極，盡于參伍之神變易而已。諸子
> 淺妄，有有無之分，非窮理之學也"。（＜繫辭上＞）

又針對釋氏佛教說：

> "釋氏語實際，乃知道者所謂誠也，天德也。其語到實際，
> 則以人生為幻妄，以有為為疣贅，以世界為陰濁，遂厭而
> 不有，遺而弗存。就使得之，乃誠而惡明者也。儒者則因
> 明致誠，因誠致明，故天人合一，致學而可以成聖，得天
> 而未始遺人，《易》所謂不遺、不流、不過者也。彼語雖
> 似是，觀其發本要歸，與吾儒二本殊歸。道一而已，此是
> 則彼非，彼是則我非，是故不當同日而語。"（＜繫辭上＞）

與此同時，他從哲學世界觀的高度，分別對二氏進行了剖判。

張載對老氏道教的批判是十分有分寸的。他指出"有無之分"
的理論失足，在於混淆了事物的"幽明之故"與"有無之故"的
界線，把事物的"客感客形"與"無感無形"當成事物存在(有)
與不存在（無）。他也承認天地萬物"大意不越有無而已"，但
他認為，所謂"有"，無非指物"有形"，人"離明得施"而有
感，可見；所謂"無"，僅僅是物"無形"，人"離明不得施"

而“無感”，不可見，絕非虛空無所有。物“有形有感”則“明”，物“無形無感”則“幽”。“天文地理，皆因明而知之，非明則幽也，此所以知幽明之故。萬物相見乎離（即“麗”，明也），非離不相見。見者由明而不見者非無物也，乃是天之至處。彼異學則皆歸之空虛，蓋徒知乎明而已，不察夫幽，所見一邊耳。”

至於萬物爲何會有“有形”與“無形”、“可見”與“不可見”、“明”與“幽”之別，張載則襲用了道家道教關於“氣”的“聚散”理論❸，將它同儒家《易傳》“精氣爲物，游魂爲變”的思想融爲一爐，解釋說：“精氣者，自無而有；游魂者，自有而無。”“自無而有，故顯而爲物；自有而無，故隱而爲變。”“所謂變者，對聚散存亡爲文，非如螢雀之化，指前後身而爲說。”“氣聚則離明得施而有形，氣不聚則離明不得施而無形。方其聚也，安得不謂之有？方其散也，安得遽謂之無？”由此得出：“故聖人仰觀俯察，但云‘知幽明之故’，不云‘知有無之故’。”（《橫渠易說·繫辭上》）若要說“知有無之故”，那正是他爾後在《正蒙》裡進一步概括的所謂“有無混一之常”——宇宙萬物統一於“氣”的科學結論。這也就是《大易》與老莊道教在宇宙本體論上根本對立之所在。

然而，在“天道”有無“心”“意”的問題上，張載卻看到了《大易》與老子相通無異之處。＜繫辭＞說：“鼓萬物而不與聖人同憂”，老子講：“天地不仁，以萬物爲芻狗”；＜乾卦·象＞曰：“大哉乾元，萬物資始，乃統天”，老子云：“迎之不見其首，隨之不見其後”。因而，他在《易說》和《正蒙》裡，都使用了道家道教不少的概念和範疇，尤其肯定了“天地不仁”

的命題。他說：“老子言‘天地不仁，以萬物爲芻狗’，此是也。”
“天地則何意于仁？鼓萬物而已。”“天不能皆生善人，正以天
無意也。”（《橫渠易說·繫辭上》）既然老子的“天地不仁”，
“正以天無意也”，那麼，張載肯定老子，便僅僅是基於肯定
“天則無心無爲，無所主宰”這一點上；當然這也是張載爲批判先
儒所謂“天地之心”、“天地之情”的唯心主義天道觀的理論需
要（＜復卦·象＞）。如果一旦離開此點，比如，當老子說“聖
人不仁，以百姓爲芻狗”時，道家便又陷入到自己的“天人二本”
論中，否認了聖人能“弘道”（《橫渠易說·繫辭上》），同張
載所說的《大易》“此則異矣”，依然大相徑庭。

　　但是，張載對釋氏佛教的批判，卻相當尖銳。他一方面指出：
釋氏完全否定萬物的客觀存在，“以感爲幻妄”，是“皆不足道
也”（《橫渠易說·咸卦》）。說它口頭講“所講實際”，其實
“徒能語之而已，未始眞解也”（《橫渠易說·繫辭上》）；另
一方面，則着重分析了釋氏否認天地萬物運動變化的客觀實在性
及其可知性的錯誤。他說：“乾坤，天地也；易，造化也。聖人
之意莫先乎要識造化，旣識造化，然後有理可窮，彼惟不識造化，
以爲幻妄也。”又說：“彼欲直語太虛，不以晝夜陰陽累其心，
則是未始見易；未始見易，則雖欲免晝夜陰陽之累，未由也已。”
還說：“釋氏之言性”，但“不識易”。因而，否定了萬物的生
成演化，也就從根本上否定了人能“知性”、“知天”、“知聖
人”（《橫渠易說·繫辭上》）。一言以蔽之，佛與道一樣，還
是在“天人二本”論中變換說教。

　　由此足見，只有“學《易》”、“見《易》”，才能眞正“知

道”，眞正理解《大易》“性與天道合一”之旨。

(丙) 《橫渠易說》中的“天道性命”論

剖析了二氏“有無之分”的理論錯誤，接着，張載精闢地論證了“性與天道合一”的《易說》主題。

首先，張載把“《易》之義”歸結爲不是“畫卦”，不是“揲蓍”，更不是論“有無”，“乃是性與天道”本體統一學說，他斷定：“‘性與天道’云者，《易》而已矣”，若“不見《易》則何以知天道？不知天道則何以語性”？(《橫渠易說·繫辭上》)這就是說，“天人”、“道性”合一，乃即《易》之微言大義。因此：

> “天人不須强分，《易》言天道，則與人事一滾論之，若分別則只是薄乎云爾。自然人謀合，蓋一體也，人謀之所經畫，亦莫非天理。”(《橫渠易說·繫辭下》)

天道、人事，在常識的範圍內，明明相分爲二，怎麼能夠“合一”呢？張載提出了下列命題，進行論證。

(1)“《易》即天道”

他先釋“易”字。從字形來引申“易”義：“其字日月爲易”，日月兼體，“故曰‘一陰一陽’，又曰‘一闔一闢’，又曰‘通乎晝夜’”，其實亦即“天”。“天”之運行，故曰“道”；運行不測，故曰“神”；語其“生生”、“進進”之“造化”，故曰“易”。“道”、“神”、“易”，“其實一物”，均指“惟運動一氣，鼓萬物而生"的"天"。所以，"易之義包天道變化"
（《橫渠易說・繫辭上》）。

再釋《易》書。他肯定《繫辭》所謂"《易》與天地準"的
命題，認爲《易》的卦爻體系，是聖人對客觀的"天道變化"規
律的認識和應用，從"立象"、"畫卦"，到"設位"、"占筮"，
均與天地造化過程等同（"與天地準"）。他說："《易》之爲
書與天地準。《易》即天道，獨入于爻位繫之以辭者，此則歸于
人事。蓋卦本天道，三陰三陽一升一降而變成八卦，錯綜爲六十
四，分而有三百八十四爻也。因爻有吉凶動靜，故繫之所辭，存
乎教誡，使人動則觀其變而玩其占，其出入以度，內外使知懼，
又明于憂患與故，無有師保，如臨父母。"所以"聖人與人撰出
一法律之書，使人知所向避，《易》之義也"（《橫渠易說・
繫辭上》）。這就是說，只要照《易》從事，就符合於客觀的天地
"變化之道"。

顯然，這是顛倒了《易》書與"天道"的眞實關係，正像葉
適所說：是"天地固準《易》，而《易》非準天地也"（《習學
記言》卷四）。張載爲了給儒學再造宇宙本體論的需要，有意對
這部筮書張揚溢美，其心情是完全可以理解的，但誇大之詞中，
卻透露出他的邏輯：《易》之爲書（卦爻體系）與天地準（同）；
其卦本天道，爻變入人事；故天人合一（性與天道合一），《易》
而已矣，實與天地造化準（同）。

⑵"天道即性"

這是張載具體論證"天人"、"道性"在客觀的天地生成過
程中，本來就是"合一"的重要命題。但這個命題，是在下述兩

個前提下展開的：一是肯定"天"爲"有無混一"的"太虛之氣"；
二是否定天"有心有意"是萬物人事之主宰。前者，表明他同佛
道、周子的"有無之分"已劃然二致；後者，是他主動設防，以
避免又重蹈漢唐儒家"天人合一"的天命論舊轍。因而，他明確
聲言："鼓萬物不與聖人同憂，天道也。聖人不可知也，無心之
妙非有心所及也。""人不可以混天"，"則于是分出天人之道"
（《橫渠易說·繫辭上》）。僅僅從這個意義上，他仍把儒家從
荀子到柳劉"天人相分"的唯物主義"天論"思想，作爲自己的
出發點；"然推本而言"，他則認爲天是"氣自然生"，"當父
母萬物"（《橫渠易說·乾卦》），而"得天地之最靈爲人，故
人亦參爲性，兩爲體"（《橫渠易說·繫辭上》），天人均本於
一"氣"。

接着，張載借《易傳》"乾道變化，各正性命"、"成性存
存，道義之門"等命題，着重提出了"道"涵"性"、"天道即
性"的論斷，並加以論證。他先把"道"（"天道"）規定爲"太
虛之氣"運行、造化天地萬物的規律："道，行也，所行即是
道。《易》亦言'天行健'，天道也。"（〈乾卦〉）然後指出
"氣"及其規律，"不可以形器拘"，雖然按"形不形"可說，
"無形跡者即道也"，"有形跡者即器也"；但"惟是有無相接
與形不形處知之爲難"，很難相分爲二，"蓋爲氣能一有無"，
"道"可貫通"天地人"，這點確是不容置疑的。正因爲這樣，
儘管按"道""器"的不同性質可分："陰陽氣也，謂之天"，
屬"天性"（"天德"）；"剛柔質也，而謂之地"，屬"物性"；
"仁義德也，而謂之人"，屬"人性"（同上）。但這些"德性"

皆"本得乎天者今復在天"(《橫渠易說・乾卦》)，萬物與人
"各從其類"，"能保全天之所稟賦"，故各有自己的性能。所
以，張載說：

> "陰陽天道，象之成也；剛柔地道，法之效也；仁義人道，
> 性之立也；三才兩之，莫不有乾坤之道也。《易》一物而
> 合三才，天地人一，陰陽其氣，剛柔其形，仁義其性。"
>
> (《橫渠易說・說卦》)

顯而易見，"天道即性"，第一層是講"天地人"同本於"氣"，
各具其性；第二層重點言性，已是近人而說。仁義道德，僅屬人
性，但天地參（合）而生人之體，同時存存乎成人之性，"故人
以參爲性，兩爲體"，"天道"涵"性"，"性"亦涵"天道"
(《正蒙》云："性即天道也")，二者歸本於"太虛之氣"。
因此，張載得出結論：

> "天道即性也，故思知人者不可不知天，能知天斯能知人
> 矣。知人知天，與窮理盡性以至于命同意。"(《橫渠易說・
> 說卦》)

這完全符合原始儒家談"性與天道，猶言性與天合也"　（阮元
《潛研堂集・答問》)的思想指歸，也透露了理學家津津樂道"天
人合一"的眞實用意。

　(3)"一物兩體者，氣也"

這是張載確立"天人合一"思想的根本命題。

既然"天人"、"道性"是在天地造化過程中的"合一",那麼,何爲造化之機,是什麼力量推動着天道運行,人與天地萬物怎麼能夠成爲統一的,宇宙本體統一的根據何在?《橫渠易說》運用"一"、"兩"、"參"("三")、"中"、"感"等範疇,首次較科學地正面回答了這個哲學難題。

先說"一""兩""參""中"。張載大膽地改造了《易傳》關於聖人立卦"參天兩地而倚數"的象數說,從中剔抉出最精深的"一兩"辯證法思想,這就是著名的"一物兩體"說:

> "一物兩體者,氣也。一故神(兩在故不測),兩故化(推行于一),此天之所以參也。兩不立則一不可見,一不可見則兩之用息。兩體者,虛實也,動靜也,聚散也,清濁也。其究一而已。有兩則有一,是太極也。若一則有兩,有兩亦一在,無兩亦一在。然無兩則安用一?不以太極,空虛而已,非天參也。"(《橫渠易說·說卦》)

這就是說,"天"之所以能造化萬物,"道"之所以會運行不止,其根源就在於"氣"自身是一個矛盾統一體。其矛盾的兩個方面("兩體"):"陰陽"、"動靜"、"屈伸"、"聚散"、"虛實"、"清濁"……互相作用,"推行于一",推動了整個宇宙"無有終始首尾",永恒向前發展。這裡,他突出強調了"兩"的"推行"作用:"有兩則有一"、"兩不立則一不可見"、"無兩則安用一",然其大指卻在"其究一而已"。

　　"一"之義有兩層，第一層指"湛然"的"太虛之氣"的統一體；第二層指"氣化"天地萬物過程中，矛盾兩方面的統一關係，如"天"是"陰與陽"的統一，"地"是"剛與柔"的統一，"人"是"仁與義"的統一。這種統一關係的"一"，也稱為"參"（"三"），如"天之所以參也"、"吾儒以參為性"、"人以參為性"，這個"參"，實際是比"太虛之氣"統一體的"一"，更進一層的"一"，也是"兩"而"一"的最佳狀態。因而，張載亦稱其為"中"，對"中"推崇備至。《易說》中，所謂"為上用中"、"中正不累"、"中不自亂"、"性順中位"、"守正居中"、"中行"、"時中"等等，比比皆是。這正是傳統儒學崇尚"中道"的哲學根據。

　　再說"感"。張載更為可貴的是提出了自然感應論，來說明"一"之"兩"為什麼能夠成為"參"和怎樣成為"參"的。他說：

"有兩則須有感。然天之感有何思慮？莫非自然。"（《橫渠易說·觀卦》）

"感而後有通，不有兩則無一。"（《橫渠易說·繫辭上》）

"物無孤立之理，非同異、屈信（伸）、終始以發明之，則雖物非物也。事有始卒乃成，非同異、有無相感則不見其成，不見其成，則雖物非物。故一屈一信相感而利生焉。"（《橫渠易說·繫辭下》）

"感如影響，無復先後，有動必感，咸感而應，故曰咸速也。"（《橫渠易說·咸卦》）

　　這裡所謂"感"，也有兩層意義。一指矛盾兩方面之間的相互感應、相互影響、相互作用，是"自然"的客觀存在。雖"感之道不一"，"或以同而感"，"或以異而應"，"或以相悅而感"，"或以相畏而感"，或"又如磁石引針，相應而感"（《橫渠易說 · 咸卦》），其方式不同，但凡"有兩則須有感"，卻是共同的規律。二指矛盾兩方面"相應而感"，必然引起事物變化，形成新的統一體（"參"）。儘管，有"變"（言其著）與"化"（言其漸）、"暴"與"漸"的不同形式，但"有動必感"，"感而後有通"，才可"見其成"，產生出新事物，確是"感"的必然結果。這兩層，同蘊涵於"感"中，使"感"這一範疇，既能說明天人萬物為什麼能夠統一於"一"，"其究一（氣）而已"；又能回答天人萬物"兩"的矛盾發展，"相感而利生"，怎樣成為新事物"參"的統一體的。這不正是現代唯物辯證法"同一性"思想的篳路藍縷嗎？它們共同構成的不正是一個"一兩"辯證法的範疇體系嗎！圖如：

"一"→"兩"→"感"→"參"（一）

這就是"一物兩體者，氣也"這個根本命題所包含的辯證邏輯。這是《橫渠易說》的思想精華，也是張載對人類理論思維作出的傑出貢獻，理所當然地為他爾後撰寫《正蒙》所大部採納，為王夫之進一步發揮。

然而，以上這些，並非張載本旨。十分清楚，在他的辯證邏輯中，說"兩"，其實是尚"一"，他所說的"兩"，是"一"之"兩"，是統一為"參"（一）之"兩"。這表明張載的"一

兩 ”辯證法，是從屬於他 “ 天人一氣 ”、“ 萬物一體 ” 的世界統
一性學說的，是他的宇宙本體論的支柱；而這一切又都是爲 “ 性
與天道合一 ” 的《 易說 》主題作證的。

　　所以，張載的《 易說 》，破的是 “ 天人二本 ” 論，立的是
“天人合一”論，其方法是 “ 原儒 ” 之《 易 》理，其旨歸卻在 “ 心
性之學 ” 。

㈢究“天人相與之際”的新階段

　　由上可知，張載所確立的和論證的關學主題，無論就其本身
的提出，還是就對其鞭辟入裏的論證來說，不僅在宋明理學史上，
而且在整個中國哲學思想史上，都具有獨特的 “ 新意 ” 。如果我
們稍將眼界從其所處的 “ 周 ” ——“ 張 ” ——“ 程 ” ——“ 朱 ”
的螺旋，移向中國哲學思想螺旋發展的總圓圈上，再就 “ 究天人
之際 ” 這個世界統一性問題，略加考察，其意義就更加分明。

　　“ 究天人之際，通古今之變 ” ，是中國古代哲學最重大的基
本問題；亦即整個人類全部哲學的 “ 最高問題 ” 在中國文化區域
內、尤其在中國古代這個特定時代裡所表現的獨特形式。儘管它
義蘊廣泛，不等同於 “ 最高問題 ” ，但它隨着中華民族理論思維
的發展，同 “ 最高問題 ” 一樣，也有一個產生、發展、逐漸獲得
它的 “ 完全意義 ” 的過程。張載確立和論證的 “ 天人一氣 ”、
“萬物一體”的宇宙本體論，正標誌着它開始獲得 “ 完全意義 ” 並
接近於科學解決的新階段。當然，這是經歷了周秦兩漢 “ 天人合
一 ”、“ 天人之分 ” 的宇宙生化論，和晉唐 “ 有無爲二 ”、“ 天

人二本"的宇宙體用論這一漫長而艱難的思維行程。

(甲)　周──漢"天人合一"的宇宙生化論

　　如果說在歐洲，"思維對存在、精神對自然界的關係問題"，只是當歐洲人從基督教統治中世紀的長期冬眠中覺醒以後，才被十分清楚地提了出來；那麼，在中國，早在殷虛卜辭裡，就十分尖銳地提出了"天"（"帝"）與"人"（"王"、"臣"、"衆"）的對立觀念。從混沌一體的宇宙中，能抽象出"天人之分"，這是人類思維的巨大飛躍，但"天"仍然被視爲主宰萬物的至上神和支配人事的宗祖神，是一種不可抗拒的異己力量。從這時起，人們不得不時時事事卜問於"天"，終於形成了初具哲學形態的《易經》卦爻體系，可稱之爲"天人合一"的天命論。然而，殷周以來的"古今之變"，卻使人們發現"天道遠，人道邇"，"天命靡常"，開始擺脫"天命"的統治，而轉向對"人"自身的尊崇，進一步思考："天"到底有無意志？怎樣化育萬物?"人"通過什麼途徑達到與"天"合一？於是，出現了先秦諸子的"百家爭鳴"。

　　孔子"不語怪力亂神"，"言性與天道，不可得而聞也"；但又相信"死生有命，富貴在天"，始終動搖於"天命"與自然"天道"之間，未找到"天人合一"的結合點。思孟學派卻在"人"的"心性"上，找到了通向"天"的橋樑。它一反殷周以來用"天"統"人"的立場，提出"天命之謂性，率性之謂道，修道之謂教"的命題，認爲"人性"與"天道"本來就是統一的，只要"放心"、"盡心"、"知性"，無限擴充"人"的主觀精神，自然就達到＂知天＂、＂立命＂，與＂天＂合一。此所謂＂天人合一＂的天才論。

天才論和天命論，都是以肯定＂天＂有心有意，能賞功罰惡，具有無窮主宰力這一點爲前提的。這就引起了老子、莊子和荀子、《易傳》從不同立場上的共同反對。老子肯定＂天地不仁＂的同時，由於否定了＂人＂的有知有爲，主張＂回眞反樸＂，與＂天＂同復歸於＂道＂，卻引出了＂天人合一＂於＂道＂的結論；莊子由此則走得更遠，乾脆主張＂天地與我並生，而萬物與我爲一＂，＂天人＂最好＂混沌＂不分。荀子、《易傳》既反對老莊蔽於＂天＂而不知＂人＂，又反對思孟蔽於＂人＂而不知＂天＂，明確提出了＂明于天人之分＂的論點。認爲：＂天行有常，不爲堯存，不爲桀亡＂，＂鼓萬物而不與聖人同憂＂。要求＂人＂順＂天＂而行，＂大天而思之＂，＂制天命而用之＂。荀子主觀上想要＂解＂老、莊、思、孟之＂蔽＂，但由於片面強調＂天人之分＂，居然引出了＂禮有三本＂的天地人＂三本＂論。

董仲舒抓住了這個理論弱點，提出了＂天人之際，合而爲一＂的觀點。他以陰陽五行爲骨架，吸收孟荀重＂人心＂、＂人力＂的特點，用＂王道＂作爲統攝＂天地人＂的最高範疇，集殷周以來各種＂天人合一＂論之大成。終於創立了＂天人感應＂的神學目的論體系，使＂天人合一＂論發展到極致。

但是，這些＂天人合一＂的天命論、天才論、神學目的論和老、莊、荀、《易》＂天人之分＂的自然天道觀一樣，皆不了解＂一＂與＂兩＂（天人）、＂一＂與＂參＂（天地人）之間的辯證關係，不可能認識到＂天人＂共同之本體。因此，周——漢哲

學的＂天人合一＂，至多只是表明＂天人＂在＂天祖＂生＂天子＂，
＂太極生兩儀，兩儀生四象，四象生八卦＂，＂道生一，一生二，
二生三，三生萬物＂等等宇宙生成演化的世界圖式中的排列＂組
合＂，僅屬宇宙的構成論，根本不可能實現＂天人＂的眞正＂合
一＂。從此，魏晉唐宋哲學在宇宙的本體論上，展開了新的矛盾
運動。

（乙） 晉──唐＂天人二本＂的宇宙＂體用＂論

晉唐哲學廣泛習用＂體用＂範疇，標誌着這一新探索的開始。

據關學學者李顒（二曲）和顧炎武諸學者的考察❹，＂體用＂
本諸佛道經典。魏伯陽《周易參同契》首卷，第一次將＂體＂
＂用＂二字並舉，概括出：＂春夏據內體＂，＂秋冬當外用＂；釋
僧藹＜十住經合注序＞，第一次把＂體＂＂用＂二字連用，提出：
＂然能要有資，用必有本＂，＂夫體用無方，則用實異本＂；禪
林六祖惠能，以＂金者性之體，剛者性之用＂來解《金剛經》，
視＂體用＂猶如＂燈光＂，相即不離；陶弘景《眞誥》逕直而謂：
＂非道無以成眞，非眞無以成道＂，＂成而謂之道，用而謂之性＂。
把＂成眞＂──＂成道＂視爲＂體＂，把＂性＂視爲＂用＂，主
張＂使性成眞（成道）＂，＂性道＂合一。但因二氏像所有宗教
一樣，宗旨是要把現實世界二重化，用虛幻的＂天國＂，否定現
實的＂人世＂，所以，運用＂體用＂範疇，僅僅是爲了證明：
＂眞如＂（＂佛性＂）是＂體＂，是實有；天地萬物是＂用＂，是
虛空。＂天人合一＂，不是以＂天人＂的客觀存在爲前提，結果
必然造成了＂有無爲二＂、＂天人二本＂之＂大蔽＂。

　　玄學和經學都是爲了力圖革除這個弊端而借用"體用"範疇
的。從王弼到郭象，皆以"天道自然"熔冶"禮法名教"，提出
了"有之所始，以無爲本"、"名教本于自然"的"天人合一"
論，而最後卻得出了天地萬物"自生"、"自死"，"外不資于
道，內不由于己，掘然自得而獨化"的結論，仍然是"天人二本"
論，孔穎達《周易正義》提出："天者，定體之名；乾者，體用
之稱。"雖用二氏"體用"不離的觀點，說明了"天""乾"如
一的關係，卻沒有沿着道教、玄學"有生于無"的思路，找到
"天人"、"有無"的本體。

　　劉禹錫著＜天論＞三篇，繼承屈原＜天問＞、荀子＜天論＞、
王充＜談天＞、柳宗元＜天對＞＜天說＞等天道"自然之說"的
唯物論傳統，借用"體用"範疇，提出了"天人合一"於"物"
的思想，觸及到了"有無"的難題。他解釋"空"、"無"是
"形之希微者也"，"爲體也，不妨乎物，而爲用也，恒資乎有，
必依于物而後形焉"。"有形"與"無形"均一於"物"，這比
老子"有無"一於"道"，顯然是個巨大的進步。那麼，"物"
爲什麼會產生"有無"、"高卑"、"大小"之多樣性呢？他提
出了"惡能逃乎數而越乎勢"的規律性思想，這固然非常可貴，
但由於當世歷史賦予他的哲學使命是反對董仲舒以來各類"君權
神授"的"陰騭之說"，借"體用"範疇，旨在論證"天人之分"、
"天人交相勝"、"還相用"而已矣。因此，他不可能從理論上
進而揭示"物"自身的內在矛盾，以解決"物"的統一性和多樣
性的辯證關係。加之，他過分地、片面地強調了"天人之分"，
勢必作繭自縛，妨礙自己從本體論上對"天人合一"的思考。結

果，和佛、道、玄、儒諸學同歸一途，均可謂＂天人二本＂的宇宙＂體用＂論。這是向張載宇宙本體論發展的過渡形態。

（丙） 張載＂天人一氣＂的宇宙本體論

如果說＂體用＂範疇被晉唐哲學普遍習尚而＂演之爲論＂，這是中國哲學走向思辨之所需，是對周秦兩漢宇宙生化論的＂否定＂，那麼，張載首創＂天人一氣＂的宇宙本體論，就是對其＂否定之否定＂。

諸如前述，北宋諸子拯救儒學理論危機的過程，實際也就是他們在宇宙本體論上＂究天人之際＂的哲學矛盾運動過程。邵雍明確聲言：＂學不際天人，不足以謂之學＂，表示必須窮究＂天地之所以爲天地＂；周敦頤說：＂二氣五行，化生萬物。五殊二實，二本則一。是萬爲一，一實萬分。＂似乎想起來糾正劉禹錫之失。但如前說，他們均未從道教裡脫胎換骨，徹底撥開《易圖》、象數的迷霧，只能像老、莊、道教用＂道＂或＂無極＂、＂太極＂貫通＂天人＂，因而，還是＂有無爲二＂，＂體用殊絕＂。

張載則不同，他一面繼承劉禹錫＂天人之分＂論，肯定天人萬物都是＂客感客形＂的客觀存在，爲確立＂天人合一＂的世界統一性提供了前提；另一面，又克服了劉禹錫沒有深究＂天人＂如何＂合一＂於＂物＂的理論弱點，論證了＂太虛之氣＂即＂有無混一＂、＂天人合一＂的唯一本體。尤其將＂一＂、＂兩＂、＂感＂、＂參＂的矛盾辯證法範疇和佛教＂理一分殊＂的＂一多＂思想，引入＂氣本＂、＂氣化＂論中，提出了＂一物兩體者，氣也＂的命題，這就從根本上避免了外因論，在解決世界統一性與多樣性之辯證關係這一哲學難題上，大大進了一步。

所以，他所論證的"天人合一"或"性與天道合一"，既不同於周——漢的"天人合一"，也有異於荀——劉的"天人之分"，而是"天人一氣"，實即"氣"自身的對立統一。他究"天人相與之際"的氣本論，既不同於孟子所說的"天之生物也，使之一本"的本原論❺，更不同於晉——唐二氏、玄學"以無為本"、"真如"即"體"的體用論，而是關於世界統一於物質（"氣"）的宇宙本體論。

這標誌着中國哲學在探索"世界的真正的統一性是在於它的物質性"這個宇宙論問題上的最新階段，也表明中國哲學的基本問題，自周秦兩漢的"天人"、"形神"關係，經晉唐的"有無"、"體用"關係，到宋明的"理氣"、"心物"關係，已初步獲得了"完全的意義"，接近於整個人類全部哲學的"最高問題"。而這一歷史過程，我們從張載確立和論證關學主題的思辨邏輯裡，都可窺其縮影。這不正是他哲學博大精深之所在嗎？

總而言之，張載通過《易說》確立、論證的關學主題，在中國哲學宇宙論發展史上，頗有劃時代的意義。但談"天"論"氣"，窮究"本體"，絕非張載的根本用意。張載同周、程、朱諸子大旨相同：推本於天道，而實之以心性❻，是要為後期封建社會精心製作一種"心性義理"之學，用以調節現實社會與個人理想之間的矛盾，以達到如《西銘》、〈誠明〉所標幟的那種所謂"極高明而道中庸"的最高精神境界——"孔顏樂處"。這才是張載關學主題乃至整個宋明理學主題之真諦！

二　張載《西銘》理想論

在北宋五子中，惟張載敢開一代風氣，首立關學主題，奠定了宋明理學格局。但張載不僅是一位"苦心"創造"天人一氣，萬物同體"的宇宙本體論哲學的理學家，還是一位"巍巍只爲蒼生事"的最富有政治理想的思想家。他遠紹洙泗正統，近闢佛道異學，深發儒學大義，將中國傳統儒學從道德經驗論中，推向較邏輯的哲學思辨，進而給"秦弊于今未息肩"的關中士人，指明了精神追求及其所要達到眞善美統一的"孔顏樂處"之理想境界，爲"生無定業田疆壞"的北宋社會，安置了一個合理而不現實的"民胞物與"的封建烏托邦。此即《西銘》理想。

張載的《西銘》理想，既是當世坎坷艱難的"變法"現實的哲學折光，也是《橫渠易說》主題邏輯發展的必然結論，更是張載之所以深得歷代不同哲學傾向的各派賢哲推崇讚譽的實質所在。它足以構成張子關學思想辯證進展的重要環節，又同時下所謂"張載哲學的內在矛盾"云云干係甚大。因此，本篇"浚而求之"，先考其理學地位，再辨其理學旨趣，最後揭示其所追求的理想境界。

㈠《西銘》的理學地位

《西銘》是張載繼《橫渠易說》之後爲"救時俗之蔽"而作

的哲學論綱。史稱其"言純而思備"，"深發聖人之微意"（《河南程氏粹言》卷一＜論書篇＞），"而闢佛、老之邪迷，挽人心之橫流，眞孟子以後所未有也"。"其立言之奧"、"其立義之精"，可謂"橫渠文之粹者"（王夫之《張子正蒙注》卷九＜乾稱上＞和朱熹《伊洛淵源錄》卷六＜橫渠遺事＞)。是以程門專以《西銘》開示學者，二程之後的理學家，甚至反理學的哲學家，幾乎無不推崇備至，輒取以教門人。可是現代一些肯定張載爲唯物主義哲學家而否定張載屬宋明理學家的中國哲學史家，卻只重視研釋《正蒙》而瞧不起《西銘》。

這種對同一《西銘》的一褒一貶、是彼非此的做法，不僅割離了《易說》——《西銘》——《正蒙》這一邏輯過程的內在聯繫，而且抹煞了《西銘》在"張子學之全體"中的獨特地位。

(甲) 《西銘》專爲"開示學者"而作

《西銘》是一篇獨立著作，成於《正蒙》之前。朱熹《西銘解》指出了《西銘》寫成的時間、地點和名稱：二銘爲張載同書於"（橫渠）學堂雙牖"，"同出于一時之作"。"橫渠學堂"在郿縣橫渠鎮張載所居，是張子一生中專門著書講學之地，建於張載在故居專門著書講學之時。又據二程所見："子厚爲二銘，以啓學者，其一曰＜訂頑＞。"(《河南程氏粹言》卷一＜論書篇＞）張載自己說："＜訂頑＞之作，只爲學者而言，是所以訂頑。"(《張子語錄》)可以推定，張載熙寧三年（ 1070 年）退居故居後，爲了教授關中學者而作二銘，並書於"學堂雙牖"。

誠然，二銘被張載編入《正蒙》第十七篇＜乾稱＞之首尾❼，但《西銘》仍不失其獨立的特定地位,而且被理學家們越抬越高。因為照范育＜正蒙序＞云,張載"七年而道益明,德益尊",才"著《正蒙》書數萬言",但至熙寧丁巳歲(1077年)一直"未出也",只能從"間因問答之言"裡,"窺其一二"。而《西銘》和《正蒙》不同,它同《東銘》公開書於"學堂雙牖"之上,張載明確聲言是專"為學者"而作,"只欲學者心于天道"(《張子語錄》), 可謂讓學者銘刻於心的教學大綱。所以張子在世時,其影響就已勝過《正蒙》。

張載死後,《西銘》立即引起二程及其弟子們的議論,被洛學奉為圭臬, 產生了張子難以預料的理學效應。神宗元豐己未(1079年)"橫渠弟子,埒于洛中"(《宋元學案》卷三十一＜呂范諸儒學案＞),呂大忠、呂大臨、呂大均兄弟三人,東入洛陽,師事二程,二程首先以《西銘》開示其學。大程說:

> "《訂頑》一篇,意極完備,乃仁之體也。學者其體此意,令有諸己,其地位已高。到此地位,自別有見處,不可窮高極遠,恐于道無補也。"
> "《西銘》某得此意,只是須得他子厚有如此筆力,他人無緣做得。孟子以後,未有人及此。得此文字,省多少言語。"(《河南程氏遺書》卷二上＜元豐己未呂與叔東見二先生語＞)

小程說:

　　"《訂頑》之言，極純無雜，秦、漢以來學者所未到。"

　　"孟子而後，卻只有＜原道＞一篇，其間語固多病，然要
　　之大意盡近理。若《西銘》，則是＜原道＞之宗祖也。＜原
　　道＞卻只說到道，原未到得《西銘》意思。據子厚之文，
　　醇然無出此文也，自孟子後，蓋未見此書。"（同上）

二程如此看重《西銘》，不能不引起弟子們的強烈反響。元豐初
年，建州游酢、蔡州謝良佐、南劍州楊時輩數人先後"入太學"、
見二程，以師禮事。起初，"不惟議論須異，且動作亦必有異，
故爲學中以異類待之，又皆學《春秋》，愈駭俗矣"（同上）。
後來，二程用《西銘》開導，游酢"讀之已能不逆于心"（《河
南程氏外書》卷十＜大全集拾遺＞），大程稱其能"求之言語之
外"。楊時讀之，卻"疑《西銘》言體而不及用，恐其流于兼愛"，
與小程往還致書，辯"《西銘》之書，其幾于過乎"（《羅忠節
公西銘講義》引）。小程肯定"橫渠立言，誠有過者，乃在《正
蒙》。《西銘》之爲書，推理以存義，擴前聖所未發，與孟子性
善養氣之論同功，豈墨氏（兼愛）之比哉？"（《河南程氏文集》
卷九＜答楊時論西銘書＞）楊時得程啓迪，"始豁然無疑，由是浸
淫經書，推廣師說"，深受二程賞識，"遂爲南渡洛學大宗"
（《宋元學案》卷二十五 ＜龜山學案＞）。哲宗元祐二年丁卯
（1087 年），程門中"天資最魯，而用志最專"的尹焞，因張載
弟子蘇昞引見，從學於程頤，半年之後，"方得《大學》、《西
銘》看"，尹終生"不觀他書"，居然由此"解《論語》以進"，
足爲洛學"後學矜式"（同上書卷二十七＜和靖學案＞）。可見，

《西銘》經程門表彰，實際已和《論》、《孟》、《學》、《庸》具有同等地位，成爲洛、閩學者認識"聖門蹊徑"的"初學入道之門"。

（乙） 《西銘》理學地位的論定

二程之後，洛學經歷"完顏之亂"，向南三傳，至孝宗乾（道）、淳（熙）之世（ 1165 — 1189 年 ），百川會歸，"總爲朱、陸二派"，以葉（適）、陳（亮）爲首的永嘉、永康之學，"斷斷其間"，遂成鼎足。而《西銘》卻被各派相互發明，同聲共奉，幾乎成了理學家、心學家，以及反理學、反心學的哲學家、思想家們共同關切的問題。

首先在理學（道學）內部引起了朱陸之辯。朱熹幼學"得統"於南劍"傳河洛之學"的李侗（延平），"即認得《西銘》意旨，所見路脈甚正"（《宋元學案》卷三十九＜豫章學案＞）；乾道八年壬辰（ 1172 年 ），爲了進一步發明"年高德盛"的楊時＜答伊川先生＜論西銘書＞＞的"不盡"之意，"始作《太極》、《西銘》二解"，但 "未嘗敢出以示人"。淳熙十五年戊申（ 1188 年 ），朱熹以江西提刑召爲兵部郎官，還未上任就職，與生性"強介"而瞧不起 " 名儒 "的兵部侍郎林栗相見， 便 " 論《易》與《西銘》不合 "，被林劾之爲："本無學術，徒竊張載、程頤之緒餘，爲浮誕宗主，謂之'道學'。"（《宋史》卷三九四＜林栗傳＞）與此同時，江西陸九韶、陸九淵兄弟，多議"《太極》、《西銘》之失 "，指斥其與《易》義相違，和朱熹往還致辯，爭論不休。這才迫使朱子特作《西銘論》，並與《太極》、

《西銘》二解一起出示學徒，"使廣其傳"，讓朝廷內外各方讀者"由辭以得意，而知其未可以輕議也"（見《陸九淵集》與《張載集》之"附錄"）。

其次，在朱林、朱陸之爭中，理學之外，主張"事功經制之學"的葉、陳，其哲學傾向雖與朱陸迥然不同，但卻站在朱子一邊，贊助《西銘》"道學"。當林栗因"嘗與熹論《易》、《西銘》不合"，舉劾朱熹，大臣們畏而"莫敢深論"之際，唯葉適敢於為朱"上封事辯之"，指責林語"無一實者"，尤其"更襲鄭丙、陳賈密相傳授之說"，見"稍務潔修"之士，輒以"道學"帽子歸罪之的伎倆，"欺罔"、"無實"更甚（《宋史》卷三九四＜林栗傳＞、卷四二九＜道學三＞）。陳亮雖視程朱儒者皆為"風痹不知疼癢之人"，與朱熹"往復辯論，每書輒傾竭浩蕩，河奔海聚"，但"其于理學"，竟同朱子一樣，"則以程氏為本"，尤尊張子《西銘》，他撰《西銘說》，先稱道："《西銘》之書，先生之言，昭如日星"。再從"世之學者窮究其理，淺則失體，深則無用"的《西銘》研究現狀出發，以小程"理一而分殊"之說為本，主張只有"極吾之力，至于無所用吾力"，處處"以身體之"，然後方能真正領會"《西銘》之書，先生之言，昭乎其如日星也"（《陳亮集》卷十四＜序說引＞）。他這樣"辯析《西銘》"，正如劉壎所說，真是"平易朗徹，見者蘇醒"（同上書附錄＜劉壎隱通議論陳龍川二則＞）。

陳亮還採集程氏遺言為一書，題曰《伊洛正源書》，"以備日覽"，並作＜序＞云："《西銘》之書，明道（程顥）以為'某得此意，要非子厚（張載）筆力，不能成也'。伊川（程頤）

之敍《易》、《春秋》，蓋其晚歲之立言以垂後者。”斷定宋代
理學“其源流之可考者如此”（同上書卷十四＜序說引＞）。伊
川將《西銘》與《大學》一併示學者，以與《六經》、《語》、
《孟》相表裡；朱子把《西銘》與《太極圖說》相提並論，章解
詞釋，“嘆其廣大宏博”，特收入他纂集的《近思錄》中，作為
理學入門；陳亮又以《西銘》與＜易傳序＞、＜春秋傳序＞同為
理學“正源”。所以史稱“宋有四篇文字，《太極圖》、《西銘》、
＜易傳序＞、＜春秋傳序＞是也”（《性理大全輯要》卷二《西
銘》總論引）。程、朱、葉、陳諸派，均把《西銘》視為與儒家
經書相表裡的理學經典，這是對《西銘》理學地位的最高論定。

　　今張子故居尚存的元代＜橫渠祠堂記＞碑所云，“宋時之議
橫渠者，不少得程朱表彰，久而論定，程朱之為功於橫渠大矣”❽。
顯然這是囿於程朱“一曲”而無視葉陳“正求”的一孔之見，
其不知《西銘》理學地位的“久而論定”，也有反程朱的葉陳之
功。

　　元明至清，《西銘》的理學地位更確定無移。元人修《宋史》，
在＜道學・張載傳＞中特引《西銘》全文，指明張子“著書號
《正蒙》，又作《西銘》”。明永樂年間，《西銘》、《正蒙》
並朱注俱被刊入《性理大全》。清初又收入《御纂性理精義》，
《西銘》被稱作“有宋理學之宗祖”，“《學》、《庸》、《語》、
《孟》以後僅見之書”。明嘉靖五年（1526年），呂柟編著《張
子抄釋》，在序文中說：“橫渠張子書甚多，今其存者止《二
銘》、《正蒙》……”，並將《西銘》冠之書首。自萬曆年間沈
自彰始編《張子全書》，至清代各種《全書》刊本，均依《抄釋》

置《西銘》於卷首。清末湖南湘鄉羅澤南"究心濂洛關閩之旨"，編纂《西銘講義》（見清光緒十七年涇陽柏經正堂重刊本），可謂集歷代理學家《西銘》"論"、"說"、"解"之大成。在此期間，不但朱學、王學共奉《西銘》，就連掀起明清之際理學自我批判思潮的王夫之、黃宗義諸哲，也同尊《西銘》，"頗欲有爲于世，以寄民胞物與之志"（《明儒學案》卷三十二＜泰州學案＞序）。王夫之固然尤重《正蒙》，特撰《張子正蒙注》，雖按張子門人蘇、范《正蒙》先例，不把《西銘》從"乾稱篇"中摘出別行，但仍像朱子一樣，認爲張載《西銘》是繼《太極圖說》之旨，"此篇不容不作"，將其作爲《正蒙注》卷九的＜乾稱篇上＞。實際使《西銘》仍不失其相對獨立的理學地位。

這正表明《西銘》也是張載承周敦頤《太極圖說》"二本"之弊，爲進而發明《橫渠易說》之主題而精心創造的一篇理學論綱。歷史上各種不同哲學傾向的人，幾乎都依各自不同的理論需要而不同程度地尊崇《西銘》；後人將它無論編入《正蒙》之內，放在一書卷末，還是置於《正蒙》之外，作爲《全書》卷首，均絲毫無損於其客觀的理學地位。無論理學家何等褒《西銘》、貶《正蒙》，反理學的哲學家如何既尊《正蒙》、又贊《西銘》，還是今日時賢怎樣地重《正蒙》、輕《西銘》，蓋失之偏頗。其不知《西銘》與《正蒙》，不但書名義蘊毫無二致❾，理學旨趣也一脈相承。

㈡《西銘》的理學旨趣

《西銘》僅僅三百餘言，竟能被宋明理學家和反理學的哲學家，幾乎同尊共奉近千載，這雖說可算張載的幸運，卻無疑爲我們帶來了如何正確辨明其思想旨歸的難題。　如果說二程以前，"《西銘》之旨，隱奧難知"，是難在"前聖所未發也"，無有所本（《西銘講義》引楊時覆程子書）；那麼二程以後，便是難在後學"講論"、"究詰不已"，難以適從。他們或者以"理一而分殊"、"分立而推理一"贊之，或者以"仁孝之理"、"求仁之學"稱道，或者以"補天人相繼之理"明義，但多屬借題發揮，"以我解張"，未必盡合《西銘》本旨，而其影響甚至不下《西銘》。所以我們只有在辨析諸說中窮究張子眞意。

(甲)　"理一而分殊"非《西銘》本旨

在歷代各家論究《西銘》之旨中，最權威的說法莫過於程朱理學家的"理一而分殊"，這是必須主要辨析的問題。

《西銘》全文如下：

> "乾稱父，坤稱母；予茲藐焉，乃渾然中處。故天地之塞，吾其體；天地之帥，吾其性。民吾同胞，物吾與也。大君者，吾父母宗子；其大臣，宗子之家相也。尊高年，所以長其長；慈孤弱，所以幼吾幼。聖其合德，賢其秀也。凡天下疲癃殘疾、煢獨鰥寡，皆吾兄弟之顚連而無告者也。于時保之，子之翼也；樂且不憂，純乎孝者也。違曰悖德，害仁曰賊；濟惡者不才，其踐形，惟肖者也。知化則善述其事，窮神則善繼其志。不愧屋漏爲無忝，存心養性爲匪

懈。惡旨酒，崇伯子之顧養；育英才，頴封人之錫類。不
弛勞而底豫，舜其功也；無所逃而待亨，申生其恭也。體
其受而歸全者，參乎！勇于從而順令者，伯奇也。富貴福
澤，將厚吾之生也；貧賤憂戚，庸玉汝于成也。存，吾順
事；沒，吾寧也。"

《西銘》的確言簡意約，"至爲深切"。字字句句"各有來
處"，"大抵皆古人說集來"（《朱子語類》卷九八），以《六
經》孔孟之言爲依據，而"擴前聖所未發"之大義，概括表明了
張載的宇宙論、人性論、政治論、道德論、人生論及其相互的邏
輯聯繫。全文大體可分上下兩段，五個層次，自"乾稱父，坤稱
母"至"皆吾兄弟之顚連而無告者也"爲上段，包括宇宙觀、人
性論、政治論三個層次。自"于時保之，子之翼也"至"存，吾
順事；沒，吾寧也"爲下段，包括道德論、人生論。上下五層，
渾然一體，張載關學的理想旨趣，徹上徹下，隱然其中，並由上
段首句流行而出。

首句"乾稱父，坤稱母；予兹藐焉，乃渾然中處"，是《西
銘》全部立說的哲學前提，也是歷代各家究詰《西銘》微旨的焦
點，尤其"乾父坤母"之說，最引人生疑。楊時首先懷疑：張子
所謂"天是人的父親，地是人的母親；人十分藐小，與萬物一樣，
生存于天地之間"，如此立言，會產生兩個弊端，一曰"言體而
不及用"，二曰"迷兼愛而無父"。他看到關中學者對《西銘》
"共守而謹行之"，擔心其只知"父天、母地"，以"天地萬物
爲一體"，"而不及用"，會流於連自己生身父母也"無分"、

"無別"的"兼愛"之途,特上書程子,要程子另立新說,"推明其用,與《西銘》並行,庶乎體用兼明,使學者免于流蕩",以免爾後"歸罪于橫渠"。表面看來,楊時希望自己的老師出來糾正《西銘》之過,這似乎是好心一片。其實,過失不在《西銘》,而在於他自己對《西銘》"乾父坤母"之說的表相理解和淺陋妄釋。

程頤深知弟子的弱點,針對楊時"妄意"的《西銘》兩失,在<答楊時論西銘書>中明確指出:

> "《西銘》明理一而分殊,墨氏則二本而無分。分殊之蔽,私勝而失仁;無分之罪,兼愛而無義。分立而推理一,以止私勝之流,仁之方也。無別而迷兼愛,至于無父之極,義之賊也。子比而同之,過矣。且謂言體而不及用。彼欲使人推而行之,本為用也,反謂不及,不亦異乎?"

這就是說,墨氏雖主張不分等級差別的"兼愛",但他視"父母"是"父母","天地"是"天地","天人"是"二本",這同張子"乾父坤母"的"天人一本"論,絕然不同,兩者不能相比。

楊時雖淺,但他畢竟看出了《西銘》"乾父坤母"之說不同於孔孟"求仁之方"的"仁義"道德論,而講的是"仁之體",要"只于仁體上求得一個真實"(《張子語錄》),即為"仁義"道德論求得一個宇宙本體。這一點無疑是正確的。只是他不理解"無分"、"無別"的宇宙本體與有分有別的父母萬物到底是何關係,更不明白宇宙本體究竟是什麼。所以程子用"理一而分殊"

之旨開諭他，朱子更加具體地說服他，認爲：“《西銘》自首至末，皆是理一而分殊。乾父坤母，固是一理，分而言之，便見乾坤自乾坤，父母自父母。”“乾稱父，坤稱母”是“天”、“地”、“人”三個，但“渾然中處”則“便是一個”，因之，“《西銘》大綱是理一，而分自爾殊”。若“自天地言之，其中固自有分別”；若“自萬殊觀之，其中亦自有分別”。所以“乾則稱父，坤則稱母”，並不是讓人“棄了自家父母，把乾坤做自家父母看”，而“龜山（楊時）疑其兼愛，想亦未深曉《西銘》之意”（《朱子語類》卷九八）。

朱子所以如此反覆申說所謂《西銘》的“理一而分殊”之旨，並不完全是針對楊時的“疑惑”和“妄意”，主要還同陸氏心學“以膠固斥之”《西銘》相關。因按程朱“理一而分殊”的觀點說，楊時疑《西銘》爲“兼愛”，是未深曉“乾父坤母”自有“分殊”，而不是否認其“理一”之本體，這是符合程朱客觀唯心主義理學的基本立場的。但陸氏兄弟斥《西銘》，極論其失，則是從“宇宙便是吾心，吾心即是宇宙”的主觀唯心主義立場出發，根本否認宇宙“理一”之本體的存在，認爲“橫渠之言不當謂乾坤實爲父母”，“人物只是父母所生”，“實無所資于天地”，“更與乾坤都無干涉”（《陸九淵集》附錄二＜朱熹答陸九韶書＞）。因此，朱子答陸氏書、作＜西銘解＞、著＜西銘論＞，特“以首句論之”，其略曰：

> “蓋以乾爲父，以坤爲母，有生之類，無物不然，所謂理一也。而人物之生，血脈之屬，各親其親，各子其子，則其

分亦安得而不殊哉！一統而萬殊，則雖天下一家，中國一
人，而不流于兼愛之弊；萬殊而一貫，則雖親疏異情，貴
賤異等，而不牿于我之私。此《西銘》之大指也。”

“人之一身固是父母所生，然父母之所以為父母者，即是乾
坤。若以父母而言，則一物各一父母；若以乾坤而言，則
萬物同一父母矣。”

這裡，朱子為了駁斥陸氏心學“以己見輕肆抵排”《西銘》的宇
宙本體思想，把程子的“理一而分殊”破釋為：天地間凡“有生
之類”，無物不是“父母所生”，它們“各親其親，各子其子”，
顯出宇宙萬物“分殊”的多樣性；但萬物歸根到底又是“乾坤”
這個“同一父母”所生，又表明宇宙本體“理一”的統一性。朱
子始終強調宇宙是“理一本”，這雖不失程朱理學的基本立場，
又有效地說服了楊時和陸氏兄弟。但作為宇宙本體的“理”究竟
為何物？它是怎樣生出天地萬物呢？

朱子完全蹈襲了周敦頤《太極圖說》的說法。他說：

“天地之間，理一而已。然乾道成男，坤道成女，二氣交
感，化生萬物，則其大小之分，親疏之等，至于十百千萬
而不能齊也。不有聖賢者出，孰能合其異而反其同哉！
《西銘》之作，意蓋如此，程子以為‘明理一而分殊’，可
謂一言以蔽之矣。”

這就是說，天地萬物的生生化化，其實就是“理一”而“乾坤”、

"乾坤"而"男女"、"男女"而"萬物"、"萬物"變化而無
窮的過程。可見,"理一"實即《太極圖說》首句的"無極"
(或太極)⑩,"理一而分殊"實即周子"自無極而為太極"的程
朱新版。朱子辯說得如此精詳,卻掩蓋不住周子"有生于無"的
"有無二本"論⑪,竟是他們洛閩二學"理一本"論的哲學淵源。
正如王夫之所說:"自太極分為兩儀,運為五行,而乾道成男,
坤道成女,皆乾坤之大德,資生資始;則人皆天地之生,而父母
特其所禪之幾,則人可以不父其父而父天,不母其母而母地,與
《六經》、《語》、《孟》之言相為蹠戾,而與釋氏真如緣起之
說雖異而同。"(《張子正蒙注》卷九<乾稱篇上>)這就是程
朱"明理一而分殊"的理論實質。

　　"理一而分殊"(或"分立而推理一"),非為張子《西銘》
本旨,而是程朱理學的宇宙"理本論"在《西銘》機體上絕妙的
附會,其本質始終不可能脫開《太極圖說》所標識的"三教歸一"、
"天人合一"的新儒學路徑,儘管程子"以《西銘》教學者而秘
《太極圖說》"終生不提(《御纂性理精義·凡例》)。如果說
它對於後學認識張載"乾父坤母"之說及其整個《西銘》之旨,
曾有過不可忽視的啓迪作用,那僅僅只在於:它首次明確肯定了
《西銘》的宇宙本體論意義,尤其"一本之說",較科學地解決
了世界統一性與多樣性的關係,是誠得張子"立言之奧而釋學者
之疑"的,王夫之也正是在這個意義上,肯定程子有"為辨明其
理一分殊"之功的。誠如此,那也不是張載立說的旨意。

(乙)　"民胞物與"的大同理想

　　要辨明張載《西銘》的理學旨趣，最根本的是要糾正程朱以
《太極》解《西銘》的偏見，堅持“以張解張”的原則，按照
《西銘》本文，旁及《西銘》前後的《易說》、《正蒙》等有關言
論，來剖析《西銘》的“立言之奧”。只能求其大端，不宜過分
細碎。

　　先說“乾父坤母”。這本是張子《易說》“天人一氣”的世
界統一性學說的通俗表述，不是《西銘》的新意。只因楊時、二
陸從字面表意上，把“乾稱父，坤稱母”理解成“天是人的父親，
地是人的母親”，才引起了以上程楊、朱陸的往還致辯，最後導
致出“理一而分殊”的絕對論斷。其癥結，看起來在一個“稱”
字，實質卻在對“乾坤”範疇涵義的如何規定上。

　　張載早就聲明，他之所以撰《西銘》而首言“乾父坤母”，
是和他著《易說》而確立關學主題的理論宗旨完全一致的。都是
“只欲學者心于天道”，為儒學建立“性與天道合一”的宇宙本
體論，以訂正佛道“異學”長期造成的蒙昧、愚頑狀態（“訂頑”、
“正蒙”）。但“天地更分甚父母”？只是因《西銘》之作的直
接用意不同於《易說》，它“只為學者而言”，為了讓學者較容
易地接受和理解儒家“正學”和“天道”宇宙本體論，他才以
“父母”比喻“乾坤”。倘若像《易說》那樣，為了自己弄清問題，
直接論“天道”，“則不須如是言”（《張子語錄》）。所以稱
父稱母，僅僅是取其“資生資始”之意來比喻乾坤，而“乾坤”
才是化生萬物的“天道”宇宙本體論範疇，同《易說》確立的最
高哲學範疇——“氣”處在同一個層次。《易說》裡早有規定，
其略云：

"天地雖一物,惟運動一氣。迎之不見其首,隨之不見其後,然推本而言,當父母萬物。以其兼體也,故曰'一陰一陽';語其推行,故曰'道';語其不測,故曰'神';語其生生,故曰'易',其實一物,指事而異名爾。"

"物物象天地,不曰'天地'而曰'乾坤'者,言其用也。乾坤亦何形?猶言'神'也。人鮮識天,天竟不可方體,姑指日月星辰處,視以爲天。'陰陽'言其實,'乾坤'言其用,如言剛柔也。'乾坤'則所包者廣。不曰'天地'而曰'乾坤',言'天地'則有體,言'乾坤'則無形,故性也者,雖乾坤亦在其中。"

《西銘》所說的"乾坤",正是這種無形無體,無前無後,猶如"陰陽"、"剛柔"互相對立統一而變化不測、永恒運動的"太虛之氣"。張載之所以不曰"天地",不曰"陰陽",而曰"乾坤",就是要突出強調"乾坤"是一個"無形"、"無體(實)"而又"一物兩體"、具有"父母萬物"本性的"太虛之氣",其"散則萬殊,人莫知其一也;合則混然,人不見其殊也"(《橫渠易說・繫辭上》)。這種"混一"而"萬殊"的"太虛之氣",就是宇宙本體。顯然,這種作爲本體"太虛之氣"的"乾坤"和作爲《太極圖說》中自"無極"本體,經"太極"、"陰陽"、"五行"而演化成"男女"的"乾坤",是名雖同而義相悖的。所以,"乾父坤母"之旨,不是"理一而分殊",而是"天人一氣,萬物同體",亦即關於世界統一性的"天道"宇宙本體論學說。

但張載"只欲學者心于天道"的目的卻在"人道"。程頤早就覺察到這一點，他正是以張論"天道"是"欲使人推而行之，本爲用也"，來反駁楊時懷疑《西銘》"言體而不及用"的。朱熹在＜答陸九韶書＞中，甚而把張子《西銘》之說，看作"以救時俗之弊者"的"古之聖賢"所"立言"。張載在《西銘》裡，通篇以"吾"爲主語更是明證。他接"乾父坤母"之後說："故天地之塞，吾其體；天地之帥，吾其性。民吾同胞，物吾與也。"句句說"吾"，這正表明，他是站在"人道"的立場上，講"乾父坤母"之"天道"；"只欲學者心于天道"，實際是要學者眞正認識統一性的宇宙本體，特別是人在其中與天地萬物"渾然中處"的地位，以便說"人道"。

張載怎樣從"天道"的宇宙本體論轉向"人道"的政治論、道德論和人生論呢？關鍵環節是他"性帥天地"的人性論。

次說"性帥天地"。這是張載依據《易傳》"乾道變化，各正性命"、《中庸》"天命之謂性，率性之謂道"等傳統儒學的性稟思想，從以上"乾父坤母"——"天人一氣"的世界統一性學說中必然推出的新論，也是"天人合一"的《易說》主題中應有之義。但《易說》、《正蒙》僅僅只說到"天道即性也"，"性即天道也"，"性與天道合一"，"知人知天，與窮理盡性以至于命同意"，而《西銘》竟以一個"帥"字，表現出"性"的新意。

陳亮在＜西銘說＞裡將"天地之塞，吾其體；天地之帥，吾其性"引作："塞天地者，吾之體也；帥天地者，吾之性也"。比原文似更明白。這就是說，既然人與天地萬物的本體都是"太

虛之氣”，氣如“野馬、絪縕”，充塞天地之間，氣聚而形成天
地萬物，同時也構成了人的身體，那麼，統帥天地萬物之性，也
就是人的本性。顯然，這裡所說的“性”，是“人性”，也是
“天性”、“物性”，是天、地、人、物的共性。即早在天地萬物
和人形成以前，就在“太虛之氣”中包涵的那種“浮沈、升降、
動靜、相感之性”（《正蒙・太和篇》），亦即“善反之”的
“天地之性”（《正蒙・誠明篇》）。這種“性”不是獨立的，是
在“氣”之中，從屬於“氣”的範疇，“合虛與氣”才“有性之
名”。它存在於無形的“乾坤”、“太虛”、“太和”之中，使
其始生“絪縕、相蕩、勝負、屈伸”的矛盾推動力（《正蒙・太
和篇》），產生出天地萬物和人。正是在這個前提下，張載才得
出“性帥天地”，“性者，萬物之源”的結論。這似乎有“氣性”
二本之嫌，其實同他的“氣本論”是相輔相成的。

　　至於人“形而後”產生的“氣質之性”，當然是同稟賦於
“氣”的“天地之性”相矛盾的。但張載對此非常清楚，他認為，
從嚴格的意義上講，只有“天地之性”才算“性”，而“氣質之
性，君子有弗性者焉”（《正蒙・誠明篇》），有理由否認它是
“性”，何況人通過道德修養，完全有能力、有可能克服掉這種
“性”的。他以“仁孝”為核心的道德論，就專為此而發。按張
載的邏輯，這也是不矛盾的：“氣質之性”不是人的本性，人的
本性只有一個“天地之性”，人“能保全天之所稟賦”，“本得
乎天者今復在天”，天地之體（“氣”），是人共同的本體；天
地之性（“合虛與氣”之“性”），是人共同的本性。“民胞物
與”，理所當然是人共同追求的政治理想。

再說"民胞物與"。這是張載直接擷取秦漢儒學＜禮運＞、《周禮》的"大同"、"宗法"思想，通過"性帥天地"這一"緊要血脈"和"關紐"(《朱子語類》卷九八)，在他氣一元的宇宙本體論前提下，經過本體化了的政治論。

同以往所有古代樸素形態的氣一元論者一樣，張載把自然史和人類史看作彼此密不可分的同一氣化過程。他肯定人是物質發展("氣化")的最高產物，渾然與天地中處，雖"予茲藐焉"，但"得其秀而最靈"。所以，人一旦產生，便以"天地之性"主宰天地，"周乎萬物而道濟天下"，成為整個自然、社會之主。那麼，人究竟怎樣主乎天地而"存存"、"生生"呢？張載特為之精心設計了一個"大同"世界。

在這個世界裡，人民既與我同生於天地，當然皆是我的同胞兄弟，萬物既與我同處於天地，當然皆為我同伴黨與。人人都是天地的兒子，君主是天地的長子("宗子")，而大臣是協助其管天地之業的"家相"。老年長輩，先我而生，我尊敬他們，就是尊敬天地之長；孤兒幼子，後我而生，我慈愛他們，就是慈愛天地之幼。聖人，是與天地合德者；賢人，也是天地之秀者。凡天下病苦、殘疾、鰥、寡、孤、獨之輩，也應像我顛沛流離而有苦無告的同胞兄弟一樣，給予同情、撫育。

張載構想的社會何等美妙。土地"均平"，物價平穩，既無壓迫，也無"爭訟"，人人互相親愛，大家和睦相處，連君主也只是天地之子中的一員，這就是張載"為天地立心，為生民立命，為往聖繼絕學，為萬世開太平"的"太平"、"大同"世界。這種思想，在當時無疑有進步意義，對後世也有積極影響。難怪楊時疑其近於墨氏"兼愛",近世改良派、甚至革命先驅也拿它作爲"訓詞",感奮志士❷。但這畢竟不是《西銘》理想的眞諦。

與其說張載幻想的是"太平"、"大同"世界,倒不如說他本旨是要鞏固封建"大一統"的宗法制度。因爲他所設計的"太平"、"大同"之世,不同於<禮運>所謂"天下爲公"的"大同世界",他的"太平"、"大同"是以肯定"大君者,吾父母宗子;其大臣,宗子之家相"和"富貴福澤將厚吾之生;貧賤憂戚,庸玉汝于成"這一等級差別存在的合理性爲先決條件的。這個理想世界,實際就是"天下一家,中國一人","自有等級之別"的、宗法的封建專制主義社會,張載《經學理窟》中的<周禮>、<宗法>即其明注。陳亮<西銘說>更說得明白,他說:

"此之謂定分,定其分于一體也。……故理一所以為分殊也,非理一而分殊也。苟能使吾生之所固有者各當其定分而不亂,是其所以為理一也。至于此,則栗栗危懼而已爾,心廣體胖而已爾。栗栗危懼,畏天也,敬親也;心廣體胖,樂天也,寧親也。違父者,自絕也;害仁者,自喪也;濟惡者,自暴也;惟踐形者為能盡其道也。"(《陳亮集》卷十四)

怎樣才能使社會每個成員"各當其定分而不亂"呢?張載別無良方,只有落脚到道德修養論。他認爲,最要緊的是"純乎孝"、不"害仁",以管攝天下人心,使人人像古代禹舜諸賢那樣地事親、敬親、"顧養"、"順令",永不忘本。因此,他句句隱涵

"事親"即"事天"之旨，"切言君子修身立命、存心養性之功"，
要人們"止惡于幾微，存誠于不息"（《張子正蒙注》卷九＜乾
稱篇上＞）。只有如此，人們也就達到了認識世界（"窮神知化"）、
掌握世界（"善述其事，善繼其志"）的自由王國，樂天安命，
復歸於天，返回本體。

因此，《西銘》最後襲用道教"天地之性，獨貴自然，各順
其事，毋敢逆焉"之義❸，以"存，吾順事；沒，吾寧也"的人
生論作結。把人的生死、貧富，社會的治亂、安危，統統歸之於
不逆"天志"，順乎"天道"。這表明張載《西銘》所理想的
"大同"世界，其實不正是高懸在"天理"雲彩中的現實社會嗎？

㈢《西銘》創現的理想境界

至此，我們可將以上論辯集中一點，就《西銘》以"吾"爲
主，從本體出發所創現的理想境界，作如下小結：

一《西銘》之所以被理學家目爲"有功于聖門"、"有補于
後學"的理學經典，主要不在於它首句提出的氣一元本體論，而
在於它由此出發，通過"性帥天地"的人性論"關鈕"，把宗法
封建等級秩序，本體化爲"民胞物與"的"均平"、"大同"理
想。這一政治理想，對張載來說，是他爲維護北宋朝綱，從"六
年無限詩書樂，一種難忘是本朝"、"萬事不思溫飽外，漫然清
世一閑人"（＜文集佚存·雜詩＞）的學術生涯中，凝思出來的
"宇宙意識"和"性命情調"，標誌他從《易說》本體論的研究，
已進入直接對社會政治、倫理、人性、生死的全面探求；對整個

封建統治階級來說，正是它爲鞏固中央集權制的封建專制統治，長期求之不得的哲學根據和精神支柱；對所有理學家來說，正符合他們爲粉飾自己長期鍛造的"理本論"、"心本論"所需要的所謂"極高明而道中庸"、"數點梅花天地心"、"四時佳興與人同"、"聖人氣象"、"孔顏樂處"等等虛幻花環。因此，這是《西銘》的理學旨趣，也是張載這位"渾然與萬物同體"的"吾"所創現的真正自由的理想人格境界，而且這也是整個宋明理學家的共同心境，所以本書最後擬作專論。

二但是，《西銘》談到的全部問題，終究是在張載氣一元本體論的哲學基地上派生的。張載從"乾父坤母"的"太虛之氣"中，首先引出了"合虛與氣"的"天地之性"，作爲人的本性，構成他本體化的人性論；接着以這個與天地同體同性的"人"爲主體，推演出"民胞物與"而守其"定分"的大同、一統社會，構成他本體化的政治論；同時，爲了使人人能自覺守其"定分"而不亂，他又以"存心養性"之功，"事親事天"之"孝"，構成他本體化的道德論；最後必然導入"貧富"、"生死"皆"吾順事"的人生論。其辯證法就在本體論之中；其認識論就在道德修養之內。這就是《西銘》哲學論綱的邏輯結構，整個宋明理學的基本格局。《正蒙》與此一脈相承，不過是這一邏輯結構的展開形式罷了。

張載的哲學體系，總體是氣一元論，不存在所謂"內在矛盾"。"天人一氣"的宇宙本體論，是他全部理論的哲學前提、邏輯起點，與程朱"理一"之說絕然迴異；但當他把這一自然史觀應用於人類史之後，卻得出了與程朱幾乎相同的結論，同程朱"分殊"

之旨毫無二致。這種唯物主義的不徹底性，是中國古代所有論者難以避免的歷史局限，並非張載體系所特有的"內在矛盾"。

三 張載《正蒙》邏輯範疇結構論

任何哲學無不是運用邏輯範疇。張載哲學實即一系列概念範疇的矛盾運動，它以“氣”範疇為樞紐，以“性與天道合一”為結構，是按“一物兩體”、“體用不二”的辯證方法論草就的一個邏輯範疇體系。其中每一範疇都同其他所有範疇處於一定層次的關係或聯繫之中，並且毫無例外地相互依賴，相互轉化。《正蒙》一書便是明證。

儘管《正蒙》和《易說》、《西銘》及其他一切著作一樣，既未能創造出一個新的範疇，也沒有“純化”所使用的傳統範疇，更不可能自覺地形成嚴密、完備的辯證邏輯結構。但在當時自然科學發展和新儒學思潮的有力推動下，仍以較邏輯的思辯特點，基本改變了傳統儒學道德經驗論的思維方式，開了宋儒新風，這畢竟是不可否認的事實。

張載哲學的範疇體系，不是隨心所欲的單純概念推演，而是對天道人事的主觀反映、總體認識。客觀的“天人”世界，是其哲學研究的對象；“天人一氣”的世界統一性學說，是其研究得出的結論、確立的關學主題。這就決定了他必然要以“天人合一”或“性與天道合一”作為構成範疇體系的邏輯結構。他“歷年致思之所得”的《正蒙》，正是這樣作的範本。因此，本篇主要依據《正蒙》就此論之。旨在舉其認識之網上的粗綱，以示理學家構築範疇體系的共同思路與方法。

㈠《正蒙》的外在形式

《正蒙》不是張載親手編定的一部完整著作,已爲人所共知。其實,這一外在形式,與其思想內容大體吻合,並同《西銘》這個哲學論綱的內在邏輯一脈相承。這一點,雖不甚受人注意,卻和我們探尋的邏輯範疇結構直接相關。

(甲)　《正蒙》之編定

據張子親炙弟子呂大臨＜橫渠先生行狀＞和蘇昞、范育＜正蒙序＞記載,張載自神宗熙寧三年（ 1070 年 ）"謁告西歸"之後,七年間,"終日危坐一室,左右簡編,俯而讀,仰而思,有得則識之,或中夜起坐,取燭以書,其志道精思,未始須臾息,亦未嘗須臾忘"。至熙寧九年（ 1076 ）秋,因"感異夢",似覺生年不長,於是,"忽以書屬門人,乃集所立言",將七年間的苦心精思之作,彙集成册,命名《正蒙》,特"出示門人"說:

> "此書予歷年致思之所得,其言殆于前聖合與！大要發端
> 示人而已,其觸類廣之,則吾將有待于學者,正如老木之
> 株,枝別固多,所少者潤澤華葉爾。"(《張載集》附錄呂大
> 臨＜橫渠 先生行狀＞)

門人蘇昞對老師的這段話心領神會,請示老師,想將數萬言的《正蒙》區別分篇,以便"成誦"。張子表示贊同,回答說:

"吾之作是書也，譬之枯株，根本枝葉，莫不悉備，充榮之者，其在人功而已。又如晬盤示兒，百物具在，顧取者如何爾。"（《正蒙·蘇昞序》，以下凡引《正蒙》，只注篇名。）

於是，蘇昞"輒就其編，會歸義例，略效《論語》、《孟子》，篇次章句，以類相從"，爲今日所見的十七篇。

熙寧十年（ 1077 ），大約在蘇昞得到張子首肯、開始着手對《正蒙》進行編次釐定的前後，張載二次應詔至京師，范育即"始受其書而質問"於老師。同年秋，張子二次西歸途中，"歿于驪山之下"後，蘇、范諸門人"遂出其書"，其書才"傳者浸廣"。但這時書僅流傳於關中，而且肯定是未經蘇昞釐定，難以"成誦"的張子親手"集所立言"的《正蒙》原本，所以，范育才有"其疑義獨無從取正，十有三年"之嘆，楊時才有"其徒未嘗輕以示人"之譏（《楊龜山集》卷二十）。

哲宗元祐二年（ 1087 ）， 蘇昞將他最後釐定爲十七篇的《正蒙》，出示友人范育 ，並書囑其爲之作"敍"。時值范育正"居太夫人憂"，"泣血受書"，三年去喪後，才寫成了今日可見的＜正蒙序＞。這距張子去世"門人遂出其書"之時，恰恰"十有三年"。從此以後，范作的＜正蒙序＞連同蘇釐定的《正蒙》十七篇，可能隨着呂、蘇、范諸門人投奔河南二程門下而廣傳全國，留存至今。這便是《正蒙》在北宋成書的過程。

這清楚地表明，《正蒙》是張載生前爲了"立標以明道"而親手所集一生立言之精華，從書名到內容，均爲他自己所定，先

由他出示於門人，再由門人待他死後"浸廣"於關中，"關中學
者尊信之與《論語》等"，"未嘗輕以示人"。蘇昞為了讓讀者
便於"成誦"其書，"以推明夫子之道，質萬世之傳"，特將
《正蒙》原本釐定為十七篇的世傳本，但絲毫沒有改變張子原本的
內容和本義。儘管張子有"枯株晬盤"之說，但絕非讓後世"好
之者充且擇"，隨意"加損"，而實際上後世誰也沒有這樣做過。
正像王植所說："竊意原書係張子所手著，篇分十七則因蘇氏
之請而為之，所謂'輒就其編，會歸義例，以類相從,為十七篇'
者是也。"（《正蒙初義·臆說》）所以，從呂柟的《張子抄釋》
到王夫之的《張子正蒙注》，從劉璣的《正蒙會稿》到王植的
《正蒙初義》，所有明清時代的張載研究者，為《正蒙》作注，為
各篇提要，幾乎都把《正蒙》十七篇視作較有系統的張載哲學代
表作，儘管它不可能像近世哲學論著那樣嚴整。

(乙) 《正蒙》之系統

那麼，這十七篇之間究竟有無系統？這一外在形式是否隱涵
着張載哲學的內在邏輯？我們不妨先將這十七篇的主要內容列舉
如下，再作綜析。

<太和篇第一>：總論天人萬物皆本一氣之旨。

<參兩篇第二>：從"一物兩體"之氣，論宇宙天體演化之
理。

<天道篇第三>：從"天道"推出"聖德"，申明"性與天
道合一"即"聖人之學"。

<神化篇第四>：論證"陰陽之氣"的運動變化與人的"窮

神知化 ”。

＜動物篇第五＞：統論人、物（動植）生化之理。

＜誠明篇第六＞：專論人性與 “ 盡性窮理 ” 問題。

＜大心篇第七＞：分析盡心致知之要。

＜中正篇第八＞：博引《論》、《孟》，論學者 “ 中道而立 ”
　　　　　　　　的篤行功夫。

＜至當篇第九＞：申論前篇 “ 修己安人 ”、“ 下學上達 ” 之
　　　　　　　　旨。

＜作者篇第十＞：釋《論》、《孟》聖賢治國安民、“ 制法
　　　　　　　　與王 ” 之道。

＜三十篇第十一＞：釋《論》、《孟》有關孔顏爲學之路。

＜有德篇第十二＞：釋《論》、《孟》有關先啓 “ 行修言道 ”
　　　　　　　　　之方。

＜有司篇第十三＞：釋《論》、《孟》有關先王 “ 足民 ”、
　　　　　　　　　“ 節用 ” 的爲政之法。

＜大易篇第十四＞：釋《周易》 “ 一物兩體 ” 而 “ 合三才 ”
　　　　　　　　　之道。

＜樂器篇第十五＞：釋《詩》、《書》諷喻 “ 善敎 ” 之義。

＜王禘篇第十六＞：釋《三禮》三代禮儀之實。

＜乾稱篇第十七＞：總結全書。集中批判佛道 “ 天人二本 ”
　　　　　　　　　之失，申論其學 “ 天人一氣 ”、“ 萬物
　　　　　　　　　本一 ” 之得。

　雖說每篇的論述並不是嚴格地始終討論一個問題，對每一問
題的論證也並不十分完整；但就其主要之點看，各篇前後相次，

卻遵循着一定的系統。

　　<太和篇>作爲全書的總論，開宗明義：“太和所謂道，中涵浮沈、升降、動靜、相感之性，是生絪縕、相蕩、勝負、屈伸之始。”首明道、性、天、人、萬物通爲一體，皆本於“太虛之氣”，其聚其散，實即“客感客形與無感無形”通一無二的客觀世界，這就是張載創立的宇宙氣本論，即張載哲學的邏輯起點。

　　由此出發，自<參兩篇>至<動物篇>，先依次分論了天地人物的“氣化”過程。從天地日月星的運行，直推說到動植物與人的生成，用“氣化”論證“氣本”，展現了宇宙“一物兩體”的辯證運動本質。如果說這基本是就“天道”而論的宇宙本體論；那麼，自<誠明篇>至<王禘篇>，便專就“人道”而言，再依次分論了人的本性、人的心知、人的道德修養及其爲學、爲政、守禮等問題，並廣釋博引《四書》、《五經》文義，以自重其言。這種關於“人道”的人性論、致知論、道德論、政治論，雖爲張載關學所推崇的所謂“盡心窮理”的篤行之實和精義之功，是屬“下學”，而非“上達”，但究其旨歸，卻依然是要上達“知天”，“盡其性然後能至于命”（<誠明篇>）。

　　所以，最後<乾稱篇>必然又要將“人道”合於“天道”，一滾論之，得出“萬物本一”、“天人一氣”的結論，同佛老哲學二本殊歸，劃清了界限。尤其是將《西銘》、《東銘》全文編入該篇首尾，表明作爲理學家張載所追求的“天人合一”之旨，其實就是這種“乾父坤母”、“民胞物與”的理想境界。這無疑合乎張載思想發展的邏輯，自然成爲《正蒙》全書的總結。

　　由此可見，《正蒙》十七篇的外在形式雖不盡完善，卻始終堅守着"天人一氣"的思想系統。它從天人萬物"一于氣"的宇宙本論出發,經過"天道"的氣化萬物和"人道"的"盡心"、"窮理"等矛盾運動過程,最後達到"天人合一"的《西銘》境界。這種以"太虛之氣"爲起點的"天──人──合一"格局,完全符合《西銘》哲學論綱的邏輯。所以,這無疑是《正蒙》外在形式中所隱涵着的張載哲學邏輯範疇的總體結構。

㈡《正蒙》的範疇系列

拋開《正蒙》的外在形式和次要內容,我們看到的張載哲學,乃是一個有一定先後次序、有機統一的範疇系列。所有概念範疇,都在"天──人──合一"的總體結構中被規定、被運用,並按其"天人一氣"、"一物兩體"的內在邏輯,互相聯結,辯證運動。這個範疇系列,是張載哲學思維所要把握的唯一目標,因而,體現着他安排範疇的基本原則。要眞正理解和認識張載邏輯範疇矛盾發展的層次、線索和結構,那就不能不顧及這個範疇系列,特別是張子對其所做的自我說明。

(甲)　張載關於範疇系列的自我表述

張載從邏輯上直接表達自己範疇系列的話雖不多,但絕非無有。＜太和篇＞說:

> "由太虛,有天之名;由氣化,有道之名;合虛與氣,有性之名;合性與知覺,有心之名。"

　　＜誠明篇＞又說：

　　　　　"義命合一存乎理，仁智合一存乎聖，動靜合一存乎神，
　　　　陰陽合一存乎道，性與天道合一存乎誠。"

　　將這兩段合而論之，最足說明張載有一個自我表達的範疇系列粗
綱，其始於"太虛"而終於"誠"。

　　"太虛無形，氣之本體"。"太虛之氣"不但是張載整個範
疇系列的起端，也是張載全部哲學內容歷史開展的根據。張載認
為，宇宙本體即"太虛"，即"虛空"，"太虛即氣"，"虛空
即氣"，"氣"塊然聚散於"太虛"，清通無礙，無形無感，升
降飛揚，未嘗止息，雖無心、無意、莫之為，而實為萬物之資始
者。正因此，"陰陽氣也，謂之天"，產生了"天"這個範疇。
而"陰陽之氣"對立統一於太虛絪縕之中，推動"太虛之氣"本
身運動變化，以資生萬物，形成了"氣化"過程，派生出"道"
這個範疇。"天"、"道"範疇，表明"太虛"尚處在陰陽二氣
未分，而萬物並育其中，是包孕"浮沈、升降、動靜、相感之性"
而"散入無形"、"至靜無感"，猶如"太和"狀態的物質實
體。這種"太虛"之"虛"與"氣化"之"氣"的合一，決定了
"太虛之氣"必然"聚為有象"，"不能不聚而為萬物"，不能
不成乎人之秉彝，使自身蘊涵着的"浮沈、升降、動靜、相感"
之"天性"，變為"物性"與"人性"，形成了"性"這一範疇。
而人有其性，便能感知萬物，認識周圍世界，產生知覺，從而
"以性生知，以知知性"，性、知統之於一心，涵之於一心，由此

形成了"心"這一範疇。"性"、"心"範疇，表明"太虛之氣"
經過"氣化"過程，不但已聚而爲萬物（動植），而且產生了
"得天地之最靈"、具有物質最高發展屬性——能感覺、心知周圍
事物的人。

可見，"心、性、道、天一物也"（呂柟《張子抄釋·正蒙
太和第三》），本只是一個"太虛"。由"太虛"形成"天"、
"道"、"性"、"心"諸範疇的過程，其實也就是"太虛之氣"
聚散氣化而爲天地萬物（動植）與人的過程。所以王夫之解釋說：

> "順而言之，則惟天有道，以道成性，性發知道；逆而推
> 之，則以心盡性，以性合道，以道事天。惟其理本一原，
> 故人心卽天；而盡心知性，則存順沒寧，死而全歸于太虛
> 之本體，不以客感雜滯遺造化以疵纇，聖學所以天人合一，
> 而非異端之所可溷也。"（《張子正蒙注》卷一）

那麼，如何"以心盡性，以性合道，以道事天"，認識"天人合
一"的"太虛之本體"，達到"天人合一"的理學精神境界呢？

張載提出了"理"、"聖"、"神"、"誠"的範疇系列。
他首先強調："天人異用，不足以言誠，天人異知，不足以盡明。"
（《誠明篇》）如果僅僅只看到"天大無外"、"太虛之氣"必
然演出"天"——"人"的自然歷程，而忽視了人雖小，但能保
全天之氣稟，"知性知天"與"天地參"的主觀能動精神，那就
失去了他所謂"誠明"的理學追求，也就不是他主張的哲學認識；
只有深刻領悟"天與人，有交勝之理"（<太和篇>），"性與

天道，不見乎小大之別"（＜誠明篇＞），親身躬行，"由窮理而盡性"，"由盡性而窮理"，那才是他所繼承往聖的"天人合一"的"聖學"。

為此，他自"人道"溯之"天道"，自人之德性心知溯之"天德良能"，認為："人之事在行"（《張子語錄》），只要在人倫日用中，克己行義，順天之命，存心養性，力盡"人道"，就等於順乎"天道"之"理"（"義命合一存乎理"）；既仁又智，就可成聖（"仁智合一存乎聖"）；"聖猶天也"，"聖人之至"位乎"天德"，動而不離乎靜，靜而兼備其動，陰而不離乎陽，陽而依存乎陰，因而，能成性存神("動靜合一存乎神")，順乎天道("陰陽合一存乎道")；如此，"則是全與天地一體"（《橫渠易說·乾卦》），"性與天道合一"，就自然達到了既"誠"又"明"的"孔顏樂處"，完成了他作為理學家的哲學認識（"性與天道合一存乎誠"）。所以，呂柟《張子抄釋》云"理、聖、神、誠一也"（《正蒙·誠明第八》）。其實一於"誠"，"誠"是"太虛之氣"經過"天"、"道"、"性"、"理"、"聖"、"神"的矛盾運動所達到的邏輯終點，亦即張載邏輯所把握的"天所以長久不已之道"（＜誠明篇＞）。

(乙) 張載邏輯範疇體系的構成原則

從《正蒙》這個範疇系列中，我們可以清楚地看到，張載所有範疇概念是以一定的結構形式組成的邏輯體系，對外表現出特定的性質與功能，對內顯示出必然的邏輯聯繫。其體系的性質，不僅取決於構成它的範疇，而且取決於範疇之間的結構關係。從

這一結構關係中，我們得知張載邏輯範疇體系的構成始終遵循着
"有無混一"、"天人合一"和"體用不二"的原則。

首先，他把"氣之本體"的"太虛"確定爲哲學範疇邏輯發
展的開端。"太虛"旣具有宇宙本體上的最初實在性，又具有宇
宙發展上的最初創造性；旣是最一般、最抽象的規定，又蘊涵着
最具體、最現實的發展。其意義，或以未形之體言者，或以流行
之用言者，或以究極之歸言者，蓋不外上而推之於天地人物之先，
指其湛然無形而足以形形的"氣本之虛"，中而推之於萬物有生
之初，指其"野馬絪縕"而陰陽氣化的"天地之氣"，極而推之
於人物旣生以後，指其"形潰反原"而不能不化有形爲無形的
"太虛之氣"。從天地人物之先，生萬物有生之初，到天地人物旣
生之後，始終不離太虛之本體。張載所謂："太虛者，氣之體"、
"天之實"、"天地之祖"，"萬物取足于太虛，人亦出于太虛"
（《張子語錄》）；"太虛不能無氣，氣不能不聚而爲萬物，萬
物不能不散而爲太虛"，"聚亦吾體，散亦吾體"，"循是出入，
是皆不得已而然也"（＜太和篇＞）。程頤所謂：橫渠初云"淸
虛一大"，後云"淸兼濁，虛兼實，一兼二，大兼小"，旣說
"形而上"，又兼"形而下"（《張子語錄》），這都是就此針對
二氏"體虛空爲性"之絕對"虛無"立說。這表明"太虛"是有
無、虛實、動靜"通一無二"的統一實體，它不僅是張載範疇體
系的起點，而且也是其終點。

這種"有無混一"的範疇結構原則，使張載哲學邏輯範疇體
系的性質旣是樸素唯物的，又是辯證的；旣能正確地把握宇宙
"有無混一之常"這一客觀實在及其運動變化形態，又爲他"修其

辭命"而"辭無差"地正確把握宇宙發展規律,提供了邏輯根據。所以,王植《正蒙初義》說:"太虛二字是看《正蒙》入手關頭,於此得解,以下迎刃而解矣。"(＜臆說＞)

其次,他將"太虛之氣"以後的範疇,按照從"氣本"到"氣化"、從"天道"到"人道"、從客觀到主觀的原則,進行排列。這一安排,實際形成了三個層次:"太虛"與"天",屬"氣本"範疇,是作為宇宙本體的第一層次;"道"、"理"和"神",屬"氣化"範疇,是作為宇宙生化的第二層次,同第一層次共同構成了客觀的"天道"範疇系統;"性"、"心"、"聖"、"誠",基本歸屬於"人道"範疇,是作為人對客觀宇宙本體和生化過程進行主觀認識的第三層次。這三個層次,顯然形成了一個"天——人——合一"的邏輯結構。

這種"天人合一"的範疇結構原則,就使《正蒙》比較確切地展現出張轉哲學內容的歷史開展與其邏輯範疇的辯證開展,在相互出入中而大致趨向一致。同時,既使其《易說》主題得以邏輯展開,又讓其《西銘》理想得以理論再現。因此,范育＜正蒙序＞說:"《正蒙》之言,高者抑之,卑者舉之,虛者實之,礙者通之,衆者一之,合者散之,要之立乎大中至正之矩。"

第三,張載之所以將其哲學範疇按照從"氣本"到"氣化"、從"天道"到"人道"必然形成的三個層次進行排列,這不單純是邏輯推演的結果,而主要是以"天人一氣"的世界統一性和"一物兩體"之氣的辯證性為客觀依據的。氣自身首先是一個對立統一的物質實體,所謂"一物兩體,氣也。一故神(自注:兩在故不測),兩故化(自注:推行于一)"(＜參兩篇＞),"神,天德，化，天道。德，其體，道，其用，一于氣而已 ”（＜神化篇＞ ）。就體而言，氣是一而二的宇宙本體，它 “ 至虛之實，實而不固 ”，神妙莫測，所以 “ 由太虛，有天之名 ”；依用而說，氣又是二而一的宇宙運動過程，它 “ 至靜之動，動而不窮 ”，變化莫止，所以 “ 由氣化，有道之名 ”。其實均指客觀存在與其辯證發展統一的 “ 體用不二 ”之氣，只是 “ 指事而異名 ”罷了。

這種 “ 體用不二 ”的範疇結構原則，就使 “ 氣 ”必然成爲貫穿整個邏輯體系的中心範疇，並且有層次地派生出其他範疇，推動着上述三個層次範疇的辯證運動，從而形成了 “ 氣——道——性——心——誠 ”的邏輯範疇體系。

四　張載哲學邏輯範疇體系論

要理清張載範疇體系的內在邏輯，最重要的問題，首先是要分析他的邏輯起點及其必然形成的層次進程。正猶如《正蒙》外在形式所隱涵的內在邏輯與其範疇系列大致相合一樣，張載範疇體系的邏輯起點與其所表達的哲學的起點，也是完全一致的。其哲學，從"天人一氣"的世界統一性出發，展開了宇宙自然史與人類社會史同一"氣化"的辯證過程；其邏輯，則從對"氣"範疇的直接規定開始，用"氣化"論證"氣本"，層層展開了"道"——"性"——"心"——"誠"的階梯進程。這兩個過程，其實是一個過程，皆從論證宇宙本體的"太虛之氣"發端。

㈠"氣本"、"氣化"的層次進程

張載哲學範疇體系的內在邏輯，是從"氣"範疇的直接規定開始，是通過論證"太虛即氣"、"氣之爲物"的命題，在"太虛"、"太和"與"天地"、"萬物"的關係中進行的。

(甲)　"氣"的規定與層次

(1)"太虛"

"太虛"與"太和"在張載"氣"範疇中，處於同一層次，是一個外延最大，內涵最小的最抽象的規定。是氣存在的原始狀態。張載以 " 氣 " 爲邏輯起點，實即從 " 太虛 " 開始。

　　" 太虛 " 一詞，" 《 六經 》、孔、孟無是言也 "（《 孟子字義疏證 》卷上＜理＞）。本來，《 六經 》、孔、孟重立 " 人道 "，不重 " 天道 "，很少講 " 氣 " ❹，更不言 " 虛 " 或 " 太虛 "；" 氣 "、" 虛 " 或 " 太虛 "，最早見於先秦道論諸書 ，《 管子 》＜心術＞、＜內業＞中，有所謂 " 氣者，身之充也 "、" 精也者，氣之精者也 " 的精氣之說，《 老 》《 莊 》有 " 致虛極，守靜篤 "（《 老子・十六章 》）、" 游乎太虛 "、" 通天下一氣 "（《 莊子・知北游 》）之論，但講 " 氣 "、" 虛 " 或 " 太虛 " 最多的，還要算《 黃帝內經 》。《 內經 》引《 太始天元玉冊・運氣微旨篇 》文云：" 太虛寥廓，肇其化元，虛皇轉運，變易淵玄，萬物資始，五運終天，布氣眞靈，總統坤元，九星懸朗，七曜周旋，曰陰曰陽，曰柔曰剛，幽顯旣位，寒暑馳張，生生化化 ，品物咸章 "（ 見《 素問・天元紀大論 》）；《 素問 》、《 靈樞 》中所謂 " 太虛埃昏 "、" 太虛蒼埃 "、" 氣虛 "、" 氣實 "、" 天氣 "、" 地氣 "、" 人氣 "、" 大氣 "、" 心氣 "、" 血氣 "、" 骨氣 "、" 胃氣 "、" 陰陽之氣 "、" 天地之氣 "、" 蒼天之氣 "，幾乎篇篇皆有，貫通全書。這對於熟知醫學 ❺，深研《 六經 》，而又曾 " 訪諸釋老之書 " 的張載來說，肯定全然明白這個事實：" 太虛 " 一詞，" 《 六經 》之所未載；聖人之所不言 "，而佛道又以 " 無 " 爲 " 虛 "，用 " 虛 " 否定客觀世界的存在。爲了 " 與浮屠老子辯 "，以弄清 " 是非曲直 "，他自然要從《 老 》《 莊 》道書、尤其是《 黃帝內經 》中 ，汲取概念範疇 ，將 " 太虛 " 作爲規定 " 氣 " 的重要範疇，賦予它以新的哲學規定。

　　首先，他針對佛道"幻化"、"虛無"之說，斷定"太虛即氣則無無"，把"太虛"規定爲"無形"、"無體"、"至靜無感"、"清通而不可象"的"氣之本體"，即陰陽未分如"野馬、絪縕"之"太和"的宇宙原始狀態。張載認眞仔細地分析了《老》、《莊》、《內經》以來，由於人們不可能科學地認識"虛"、"氣"、"物"的辯證統一關係，而必然產生出"有無"、"虛實"、"動靜"的哲學難題，認爲："太虛"與"氣"之間，僅僅只有存在形態的不同，"散殊而可象爲氣，清通而不可象爲神"，"神者，太虛妙應之目"；除此之外，它們兩者毫無本質區別，並非絕然不同的兩個東西，而是同一個宇宙本體，就像"冰凝釋于水"一樣，"太虛不能無氣"，"氣之聚散于太虛"(＜太和篇＞)，"氣之性本虛而神，則神與性(疑作"虛")乃氣所固有"(＜乾稱篇＞)。即然"太虛"乃"氣所固有"，而"凡可狀，皆有也；凡有，皆象也；凡象也；凡象，皆氣也"(同上)。"氣"是"有"，那麼"氣所固有"的"太虛"，當然不是"無"。

　　至於它存在形態的"無形"、"無體"、不可狀、不可象，那只是表明，它這種"太虛之氣"比"可狀"、"可象"的"陰陽之氣"與"天地之氣"，更爲宇宙之本根，天地之始祖，正如張子所說："天地以虛爲德，至善者虛也。虛者天地之祖，天地從虛中來。"(《張子語錄》中)"太虛"與"陰陽"、"天地"之間，僅只有在同一"氣"範疇中的層次差異，或者說，它們同作爲宇宙本體，只有程度的不同罷了，而根本不存在絕對的"有無"之別。

　　接着，張載進而分析了之所以會產生"虛"與"氣""物"

不相資、"有"與"無"絕然對立的哲學認識根源。他說：

> "太虛無形，氣之本體，其聚其散，變化之客形爾；至靜
> 無感，性之淵源，有識有知，物交之客感爾。客感客形與
> 無感無形，惟盡性者一之。"（＜太和篇＞）

這就是說，人們通常所謂的"有無"，並不全然以客觀事物的眞
實存在與否爲根據，而主要是以客觀事物的"有形"或"無形"
和人們主觀"見聞之知"的"有感"或"無感"爲直接依據。
"太虛無形"，人們目窮於視，耳窮於聽，"離明不得施"而"無
感"，所以謂之"無"；"氣聚則離明得施而有形"有象，人們
視之而見，聽之而聞，所以謂之"有"；凡"有"，功效可居，
亦謂之"實"；凡"無"頑然寂靜，亦謂之"虛"（參見《張子
正蒙注》卷九）。佛道二氏正是利用人們這種"物交而知"的感
性認識之局限，熾傳所謂"虛能生氣"、"有生于無"的"自然
之論"和"以山河大地爲見病之說"。佛教"以人生爲幻妄，以
有爲爲疣贅，以世界爲陰濁"，明確否定人們"見聞之知"的現
實世界（"有"），"直語太虛，不以晝夜、陰陽（氣）累其心"，
旨在"銷礦入空"，滅"有"以歸於"無"（＜乾稱篇＞）；老、
莊、道教"徇生執有"，表面上不否定人們"見聞之知"的現實
世界（"有"），但以"虛無"爲本，旨從"無"中生"有"。
這同佛教一樣，看起來是"以滅聞見爲用"，其實"皆以聞見爲
心故也"（《張子正蒙注》卷九），均與常人俗流相同，以"見
聞之知"爲唯一根據，將"太虛"與"氣"、"有"與"無"割

裂開來，將"太虛"（"無"）置於"氣"（"有"）之外，只知"有"之有而不知"無"之有，只知虛之"虛"而不知虛之"實"。結果，導致了"虛無窮，氣有限，體用殊絕"的理論錯誤。

　　所以，張載特別強調，對"太虛"的規定，絕不能單靠見聞直觀的"有無"進行表面的直接規定，而必須憑借自然科學和理性思辨，作科學抽象的間接規定。他說："有無一，內外合（庸聖同），此人心之所自來也。若聖人則不專以聞見爲心，故能不專以聞見爲用"（＜乾稱篇＞）；"氣無內外，假有形而言爾"（＜誠明篇＞），"所謂氣也者，非待其蒸鬱凝聚，接于目而後知之；苟健、須、動、止、浩然、湛然之得言，皆可名之象爾"（＜神化篇＞）。由此，便可以肯定"太虛即氣"、"虛空即氣"，"太虛"，實即不依賴任何主觀感覺而存在的"所謂有無混一之常"的客觀實在（"太虛者，天之實也"）。並且認爲："至靜無感（即"太虛"），性之淵源"（＜太和篇＞），無論人們主觀上對它"客感"還是"無感"，都無以改變其本性，"惟盡性者一之"。

　　(2)"天性"

　　"太虛之氣"，究竟爲什麼會產生"有無"、"虛實"的存在形態而使人們主觀"有感"或"無感"呢？張載針對佛教離"物"而言"性"所以淪於"空寂"、道教舍"氣"（"器"）而言"道"所以溺於"虛無"的過失，進一步分析了"太虛"、"太和"本體內"中涵浮沈、升降、動靜、相感"的能動性問題。由此，深入到"氣"範疇的"陰陽"與"萬物"兩個層次。

　　如果說，以上是張載在"太虛"與"氣"的關係中，確定

"太虛之氣"的本質屬性爲"實有";那麼,這裡則是張載在"太虛"與"物"的關係中,確定"太虛之氣"的本質屬性爲"能動"。張載認爲,"至靜無感"的"太虛"是"性之淵源","性通極于無,氣其一物爾";正因"太虛"中涵"性","太虛"才能"至虛之實,實而不固;至靜之動,動而不窮。實而不固,則一而散;動而不窮,則往且來"(〈乾稱篇〉);正因"太虛之氣"自身具有這種"屈伸、動靜、終始之能",才使"無形"、"無象"的自身,聚而爲"有象"、"可狀"的"陰陽之氣","陰陽之氣","則循環迭至,聚散相蕩,升降相求,絪縕相揉"(〈參兩篇〉),不能不聚而爲"有形"的"萬物",而"萬物"最終又"不能不散而爲太虛"。這種"形聚爲物,形潰反原","循是出入,是皆不得已而然也"(〈太和篇〉),是"太虛之氣"自身能動性的必然過程,因而,決定其自身必然居於統一天地萬物的宇宙本體地位。

可見,張載對"太虛之氣"自身能動性的這一規定,其哲學價值是不可低估的。其一,由於規定了"太虛"自身的永恒運動,"游魂爲變","散則萬殊,人莫知其一也;合則混然,人不見其殊也"(〈乾稱篇〉),這就使哲學家長期爭論的"有無"、"虛實"的哲學難題,得以正確說明;而且糾正了《內經》以來,以"有者爲實,無者爲虛",謂"氣去曰虛"(《素問》卷五〈調經論〉),將"虛"——"氣"——"物"絕然割裂、對立的形而上學觀念。其二,由於規定了"太虛"自身的永恒運動,散入無形,適得其體,聚爲有象,不失其常,"其聚其散"而其體"死之不亡",永不消滅,這就從根本上駁倒了二氏"寂滅"、

"虛無"的謬說，並爲解決三教普遍關注的"一多"關係問題，提供了可能和條件。總之，由於張載把"太虛之氣"規定爲：不依賴任何主觀感覺而存在，永恒運動，"死而不亡"，所謂"淸虛一大"，能統天人萬物於一體的客觀實在，這就使他的全部哲學，立於唯物辯證的理論基礎之上，從而在整個理學思潮中，與程朱陸王諸學派迥然異趣，獨樹一幟，《伊洛淵源錄》裡，關於"淸虛一大"之辯⓰，就是證件。

然而，很值得注意的是，"太虛之氣"自身固有的這種能動本性，張載稱之爲"天性"，與"太虛"、"太和"均處於"氣"範疇的同一層次，因其能動的本性，推動着"氣"範疇朝縱深方向展開。他的思路是，先把"性"解作"能"；"天能謂性，人謀謂能"（＜誠明篇＞），然後說：

　　"天性，乾坤、陰陽也，二端故有感，本一故能合。天地
　　生萬物，所受雖不同，皆無須臾之不感，所謂性卽天道也。
　　感者性之神，性者感之體。（自注：在天在人，其究一也。）
　　惟屈伸、動靜、終始之能一也，故所以妙萬物而謂之神，
　　通萬物而謂之道，體萬物而謂之性。"（＜乾稱篇＞）

顯而易見，張載在這裡"強索精思"，從"太虛之氣"與其自身運動的不可分割性出發，公然改造了以往以"天"、以"氣"而就天言"命"，以"生"、以"成"、以"形"而近人言"性"，僅僅把"性"範疇限定於"凡旣生以後所有之事，所具之能，所全之德"（《孟子字義疏證》卷中＜性＞）的傳統規定，諸如：

"成之者性也"（《易傳・繫辭上》），"生之所以然者謂之性"（《荀子・正名》），"天命之謂性"（《中庸》），"形于一謂之性"（《大戴禮記》），"生之謂性"（《孟子・告子上》），"性，生而然者也"（《論衡・初稟篇》）等等，而首先明確規定："未嘗無之謂體，體之謂性"，"性其總，合兩也"，"性天德"（＜誠明篇＞），"德其體"，"性"與"太虛"、"太和"，同為"氣之本體"，"萬物之一源"，並非人之"得私也"。"氣"是宇宙本體，"性"也是宇宙本體；"氣無內外"，可通乎天地人物，"性乃氣所固有"，理所當然地同氣一起，無所不在，真可堪稱為："有無虛實通為一物者，性也。"（＜乾稱篇＞）這就確立了"天性"與"氣"不可分割的宇宙本體地位。

緊接着，張載依此前提，由"性"之"能動"的規定性，推論出"感"、"神"、"道"、"一兩"諸範疇。他認為，動必有感，"有感必通"（＜天道篇＞），"感"乃性之陰陽二端相感相應、相依相蕩，產生"氣化"；其"氣化"形式，不外"聚散"兩種，"陰性凝聚，陽性發散"（＜參兩篇＞）；其"氣化"之速，人莫能測，"清通而不可象"，妙應萬物而人不知，可謂"神"矣；其"氣化"之行程，"運于無形之謂道"（＜天道篇＞）；但"道"與"神"之間，又是體用關係，"神，天德；化，天道。德其體，道其用，一于氣而已"（＜神化篇＞）。而"一物兩體，氣也"（＜參兩篇＞）。因之，"性即天道"，"天道"的這一切運行變化，都是氣自身能動本性的表現，而氣自身的"一兩"矛盾，才是它之所以"能動"的根據。

總而言之，"有天德，然後天地之道可一言而盡"（＜天道篇＞)。正由於"天德"、"天性"這種爲"氣所固有"而"非自外也"的能動本義，導致"氣"從"本體"的客觀存在，進入"氣化"的辯證運動。

(乙)　氣化過程的諸範疇

現在，我們就來具體分析以上關於氣化過程中的幾個主要範疇。

(1)"天道"與"神化"

"道"是中國傳統哲學廣泛應用的一個最基本範疇，也是宋明理學中一個最主要的範疇。理學家把"性"與"天道"作爲論證的中心，張載把"性與天道合一"作爲構築理論體系的骨架；但"道"在張載哲學中，既不完全同於以往各派哲學之"道"義，又與程朱理學之"道"，迥然有別，其焦點還是在"道"與"氣"、"道"與"神"的關係問題上。

先說"道即氣化"。古人最初命"道"字，着眼於日用人事，是從人所通行共由的"行"上起意。《詩》三百篇，每每所云"女子喜懷，亦各有行"，"女子有行，遠父母兄弟"，多以"行"字當"道"字；＜洪範＞言"初一曰五行"，"行"亦"道"之通稱；《說文》云："所行，道也。從辵從首。"而"辵"乃"乍行乍止也"，"首"乃"古文頁也"，"頁，頭也"，象行走之人的側面頭。所以，"䢔"、"衜"皆古"道"字（《晉書音義》），"古人稱名，道也，行也，路也，三名而一實"（戴震《緒言》卷上），均近取人之所行，就人倫日用上立義。偏重於運用"近取遠及"的道德經驗論思維方式的秦漢儒家所謂："天

下有道"、"吾道一以貫之"、"本立而道生"（《論語》）、
"達不離道"（《孟子》）、"率性之謂道"、"極高明而道中
庸"（《中庸》）、"道也者，治之經理也"（《荀子》）、
"道，三德三行也"、"道謂仁義也"（《禮記》注）……皆依此
多言人道。若要推原來歷，其根源卻是從"天"而來。但道家、
道教和玄學皆以"無"為"道"❶，以"寂然無體"之"道"為
"生萬物"之本，離"氣"而言"道"，甚而將"道"神化為超
萬物的絕對；《易傳》作者，雖肯定"形而上者謂之道"，贊同
道家的"道體無形"說，卻認為"一陰一陽之謂道"，明確提出
"道即陰陽"說。張載正是沿着佛道囂然攻擊的這種"儒者言道，
陰陽而已矣"（《周易外傳》卷五）的易傳思想，吸收道、玄
"道體無形"的合理成分，將"所行，道也"的本義，推原於陰陽
之氣化，提出了"氣化即道"的命題，給"道"以新義。

他承認"道，行也，所行即道"的古義（《橫渠易說·乾卦》），
但認為，"道"的本原，絕不限於人倫日用之"行"，更不能將
"語‘道'斷自仲尼"，孔子以前所語之"道"，"雖文字不能
傳，然義理不滅"，一定"有此言語，不到得絕"，雖"不知仲
尼以前更有古可稽"（《經學理窟·義理》），但"《易》亦言
‘天行健'"，"天行"即"天道也"（《橫渠易說·乾卦》），
而世人只知老、莊"道之自然"，卻"未始"追究"自然之為體
爾"，不識"太虛者"即"自然之道"（《張子語錄》中）。其
實，"太虛"、"太和"、"陰陽"之氣，是"道"範疇的淵源，
也是"道"範疇的內涵。如張載所說："由太虛，有天之名；由
氣化，有道之名"，"太和所謂道"，"陰陽者，天之氣也（自

注：亦可謂道）"（《張載語錄》中）。顯然，正因"太虛"、
"太和"自身的陰陽矛盾運動，推動着氣化流行，品彙萬物，才
有"生生進進"的天地變化之道；"道所以可久可大，以其肖天
地而不雜也"，若與氣化天地不盡同一，那"其違道也遠矣"
（＜性理拾遺＞）。可見，"氣"是"道"的實體，"道"是"氣"
的妙用，有"太虛"即有"氣"，有"氣化"即有"道"，"道"
不離"氣"，離"氣"非"道"矣。

張載"道氣"不離的這一思想，爾後被王廷相、王夫之和戴
震繼承發揮，並一步一步明確化爲："元氣即道體"、"氣即道，
道即氣，不得以離合論者"（《雅述》上篇）、"氣外無理(道)"、
"無其器則無其道"（《周易外傳》卷五）、"陰陽五行，道之
實體也"（《孟子字義疏證》卷中＜天道＞）等等哲學命題。然
而，程頤、朱熹卻借釋《易傳》"形而上者謂之道，形而下者謂
之器"，有意製造"道氣"的形而上下之分，使"道氣"體用殊
絕，上下分離，導引出"道即理"、"道"爲"生物之本"的理
本論。因此，正確說明"形而上下"問題，就直接關係到能否正
確規定"道"的內涵與外延。張載當時似乎已意識到了這一難點，
他解釋說：

> "運于無形之謂道，形而下者不足以言之。"（＜天道篇＞）
> "'形而上者'，是無形體者，故形而上者謂之道也；
> '形而下者'，是有形體者，故形而下者謂之器。無形跡者
> 卽道也，如大德敦化是也；有形跡者卽器也，見于事實卽
> 禮義是也。凡不形以上者，皆謂之道，惟是有無相接與形

> 不形處知之為難。須知氣從此首，蓋為氣能一有無，無則氣自然生，氣之生即是道是易。"（《橫渠易說・繫辭上》）

這就是說，"形而上者"即"無形體者"，"形而下者"即"有形體者"，兩者一氣貫通；"太虛之氣"，無形無感，太和絪縕，"氣自然生"，"氣生即是道"；"道"的外延同"氣"一樣大，即在"有形體"的天地事物運動之中，也在"有狀有象"的陰陽氣化之內，更不能離開"無形體"的"太虛"、"太和"這個"氣之本體"。"道"是氣化流行，生生不息的全部過程，氣無始無終，其道也無首無尾，若僅以氣化"形而下者"論"道"，是"不足以言之"的。何況，氣化過程並無絕對分明的"有無相接與形不形處"，在人們認識這一過程裡，說"形而上者"，實已"得意斯得名，得名斯得象"；否則，"語道至于不能象，則名言亡矣"（〈天道篇〉），那何談什麼"形而上下"呢？

因此，張載肯定的"形而上者"，是指無形跡的"太虛之氣"為形而上；"道"的形而上，只是表明"太虛之氣"本身運行變化之"不測"，可謂"天道神化"、"神之道與"！而二程批評張載說："子厚以清虛一大名天道，是以器言，非形而上者。"（《濂洛關閩書・天地》）卻正說明，張載主張"氣"是本，"道"其屬，"道"不離"氣"；二程主張"道"為體，"氣"是末，"道"離"氣"而獨立存在。這就是關學、洛學的根本分歧，也正是宋代理學從氣本論向理本論轉化的重要契機，這可按下不說。

再說"神化"。"神化"與"天性"處於同一層次，是"天

之良能 ”，表示氣化動因的範疇。儘管張載有各種說法，但這一
特定義蘊，卻十分清楚。張載依據《易傳》和《內經》所謂 “ 陰
陽不測之謂神 ”，首先斷言：

> “ 神化者，天之良能，非人能。”
> “ 惟神為能變化，以其一天下之動也。人能知變化之道，
> 其必知神之為也。”（≪神化篇≫）
> “ 鼓天下之動者存乎神。天下之動，神鼓之也，神則主乎
> 動，故天下之動，皆神之為也。”（≪橫渠易說・繫辭上≫）

這就是說，“ 神 ” 不是 “ 屬人而言 ”，也不是就 “ 地 ” 而說
（“ 地，物也；天，神也 ”），而是以 “ 天 ” 之所以 “ 能動 ”、“ 氣 ”
之所以 “ 變化 ” 為其內涵。這就從根本上排除了宗教意義上的各
類有意志的人格神，和主觀精神意義上的鬼魂神靈。他批評 “ 莊
生繆妄，又謂有神人焉 ”（＜神化篇＞），是 “ 不識義理也 ”，
“ 又謂至人真人，其辭陋窄，皆無可取 ”（《橫渠易說・乾卦》），
就是對傳統有神論的否定。雖說他還保留着 “ 鬼神 ” 的概念，但
這不過只是表示陰陽氣化之 “ 良能 ” 及 “ 其伸其歸 ”、“ 往來、
屈伸之義 ” 罷了。

然而，“ 神化 ” 畢竟不完全等同於 “ 天性 ”。如果說 “ 天性 ”
內涵的能動本性，還是 “ 氣 ” 一種潛在的本能，那麼，“ 神化 ”
內涵的 “ 能動 ”、“ 變化 ”，實際就是 “ 太虛之氣 ” 潛在本能在
氣化萬物過程中的奇妙應用（“ 妙萬物而謂之神 ”），其顯著特
點是：神而 “ 不測 ”，化而 “ 難知 ”，“ 鼓舞萬物 ”，“ 用之不

窮＂，＂無心之妙，非有心所及也＂！其所以如此，乃因"神化"、
"天性"同"太虛"、"太和"是不可分割的同一層次的範疇，
"太虛之氣"的無形無感、"清通無礙"，決定了"神之充塞無
間"，"虛明照鑒"。誠然，"化"還不同於"神"，"氣有陰
陽，推行有漸為化，合一不測為神"（＜神化篇＞）。"神"是
"氣之本體（太虛）"陰陽合一的妙用（"一故神"），"化"
是其陰陽分二，互相推蕩的妙用（"兩故化"），但二者都是氣
化的微妙形式（不同於"變"的顯著形式），都是氣本身"一物
兩體"的內在矛盾運動，不越乎氣之"二端而已矣"！

（2）"一兩"與"仇和"

"一物兩體"是張載規定整個世界及其一切具體事物本質自
身中對立統一關係的辯證論題，也是張載初步探求氣化流行的根
源及其規律的重要範疇。這一範疇，既是如上"太虛"——"陰
陽"——"天性"——"天道"——"神化"邏輯過程的必然一
環，也是對如上宇宙"氣本"、"氣化"實質的精確概括。

早在《易說》裡，張載就用"陰陽之合"的"太和"，改造
了《易傳》"是生兩儀"的"太極"，提出："一物而兩體者，
其太極之謂與"，"有兩則有一，是太極也。若一則有兩，有兩
亦一在，無兩亦一在。然無兩則安用一？不以太極，空虛而已，
非天參也"。他所說的"一物兩體"，既指作為宇宙本體的"氣"，
也泛言氣化萬物中的每一具體事物都是一個對立統一體；"一物"
或"一"，是包涵、統攝陰陽"兩"的統一體（"太和"、"太
虛"之氣）；"兩體"或"兩"，是統一於這個統一體的兩個對
立面。"一兩"，實指對立面的統一體或統一體的對立面，以及

統一體與對立面之間的依存關係。在《正蒙》中，張載充分發揮了這一辯證思想，把它貫徹在各個方面。

他突出強調的是，"不有兩則無一"，"乾坤毀則無以見易"，"兩"的存在是普遍的、絕對的。從"無感無形"的宇宙本體到"客感客形"的天地人物，處處都是"對"和"兩"，氣有"陰陽"、"虛實"、"清濁"、"有無"、"動靜"、"聚散"、"浮沈"、"升降"、"勝負"的矛盾，物有"剛柔"、"先後"、"大小"、"高下"、"左右"的矛盾，人有"男女"、"君臣"、"長幼"、"父子"、"夫婦"的矛盾，整個世界就是"乾坤"、"天地"、"動植"、"人物"的對立統一。所以，"聖人以剛柔立本"（＜太和篇＞），立足於事物的矛盾，認識事物的本質。

但是，張載強調"兩"的主旨，卻是爲了進一步肯定"一"。他凡講到"兩"時，無不是爲了論"一"，爲了更突出強調"兩"與"一"的依賴關係，特別指明"其究一而已"。他說："兩不立，則一不可見；一不可見，則兩之用息。"（同上）如果沒有對立面，就不能構成統一體；反之，如果沒有統一體，對立面失去了互相聯繫、共同依存的根據，也就失去了對立面的作用。他認爲，對立面（"兩"）之間的對立作用，主要表現爲"相蕩"、"相揉"、"相感"、"相兼"、"相制"、"互藏"而相互"合異"，"通一無二"。他說："陰陽之精，互藏其宅，則各得其所安。"（＜參兩篇＞）又說："感即合也，咸也，以萬物本一，故一能合異；以其能合異，故謂之感；若非有異則無合。天性，乾坤、陰陽也，二端故有感，本一故能合。"（＜乾稱篇＞）"兩"之所以能"互藏"、"感"而"合異"，歸根到底，還是由"湛一，氣之本"（＜誠明篇＞）這個宇宙統一本體決定的。

正是在這個意義下，張載建立了世界統一性學說，發見到宇宙萬物"對——反——仇——和"的內在規律。他所肯定的"物無孤立之理，非同異、屈伸、終始以發明之，則雖物非物也"（＜動物篇＞）；"《易》一物而合三才；陰陽氣也，而謂之天；剛柔質也，而謂之地；仁義德也，而謂之人"（＜大易篇＞）。"天人一氣"，"萬物本一"，這就是張載規定"一兩"範疇，特別強調對立面之間和對立面與統一體之間相互依存關係的邏輯結論。儘管，他沒有深入到"一"之"兩"的內部，具體分析"兩"的矛盾轉化關係，以真正闡明"動非自外"的內在動因，但他從"一"之"兩"的交感、推蕩、"合而成質"、"推行于一"的"天道神化"過程裡，已清醒地認識到："氣本之虛，則湛一無形；感而生，則聚而有象。有象斯有對，對必反其為；有反斯有仇，仇必和而解。"這種由"陰陽兩端，循環不已"的"感"、"對"、"反"、"仇"、"和"的辯證運動，實即"立天地之大義"（＜太和篇＞），是氣化天人萬物的總規律。

沿着這個規律，張載展開了"人道"諸範疇的邏輯層次。

㈡"性"、"心"、"禮(*理*)"、"誠"的邏輯展開

張載將同一"氣化"過程，從宇宙自然史推向人類社會史之後，沒有像爾後潛心繼承他的王夫之那樣着重去考察"為人之獨"的社會歷史規律；更多注意到的卻是"天人之本無二"，人與天的"異"中之"同"，精思力索的是，人如何以"躬行禮教為本"，

通過"盡心"、"窮理"、"知天"，"上達反天理"的社會道德規範。對"性"、"心"的規定，自然成了他由"天道"轉入"人道"的中介環節。

(甲)　"性"、"心"的二重規定性

按照"天人一氣"的邏輯思路，張載把人視為"與天地同流，異行而已"的社會主體。這個主體地位，就決定了人性、心知所固有的本質特性。

(1)"人性"

"性"在張載哲學裡，是一個"合兩""極總之要"的總概念，大範疇。它至少有三種含義：一曰"天性"，即如前說及的"能動"性；二曰"物性"，即各種物質屬性，諸如：氣之"陰性陽性"、天體之"七政之性"（＜參兩篇＞）、"金性剛，火性熱，牛之性，馬之性"（＜性理拾遺＞）等等；三曰"人性"，即人的道德屬性、生理本能和心知天人萬物的認識本性，這是張載性論的重點，在其著作中大量出現，具有不同以前各種人性論的顯著特色，"其有功性教，夫豈淺小哉"（張伯行＜康熙四十七年本張橫渠集序＞）！這裡，主要先說人的道德屬性和生理本能。"知"性，容後於"心"範疇中再表。

首先，他考察了"人性"與"天性"、"物性"的統一關係。一方面認為"天性"即"人性"，"天性在人,正猶水性之在冰,凝釋雖異,為物一也；受光有大小、昏明，其照納不二也"，"天良能本吾良能"，天的能動性也是人的能動性；另一方面又認

為"盡人之性"即"盡物之性","性其總，合兩也"，性是"人性"與"物性"的總合，"盡其性能盡人物之性，至于命者亦能至人物之命"，人與物"莫不性諸道，命諸天。我體物未嘗遺，物體我知其不遺也"，人、物均為"天所自不能已"的必然之"命"，"人物之性"理所當然的共同根源於"天性"，實即氣的"太虛"本然之性與氣化過程中"陰陽"二性的結合、統一。所以，張載說：

> "性其總，合兩也；命其受，有則也；不極總之要，則不至受之分，盡性窮理而不可變，乃吾則也。天所自不能已者謂命，物所不能無感者謂性。"
>
> "君子所性，與天地同流，異行而已焉。"(＜誠明篇＞)

這就是"合虛與氣，有性之名"的實際內容。

繼此，他從人物共具的"太虛"本性出發，把"天地之性"與"氣質之性"規定為"人性"的兩大內涵。所謂"天地之性"，《周髀算經》解作"天地陰陽"的"自然"之性，即其古義❸；漢儒董仲舒始將其道德化。董在＜天人三策＞裡引《孝經》載孔子言"天地之性人為貴"，說："故孔子曰：'天地之性人為貴'。明于天性，知自貴于物；知自貴于物，然後知仁誼；知仁誼，然後重禮節；重禮節，然後安處善；安處善，然後樂循理；樂循理，然後謂之君子。故孔子曰'不知命，亡以為君子'，此之謂也。"（《漢書》卷五六＜董仲舒傳＞）很明顯，董仲舒將孔子以"生"、以"命"謂"性"的"天地之性"，已變換成了神靈的"天性"、

“天命”賦予人的“仁義”、“禮節”等道德屬性。王充機智地否定了董仲舒這種神靈的“天地之性”，恢復了“天地之性”“自然也”的古義，從“自然”的“天地之性”所涵“上中下之差”中，推導出了人性的善惡差別，認爲：“天地之性，上古有之。”（《論衡·書虛篇》）“人稟天地之性，懷五常之氣，或仁或義，性術乖也；動作趨翔，或重或輕，性識詭也；面色或白或黑，身形或長或短，至老極死不可變易，天性然也。”（《論衡·本性篇》）張載正是沿着王充這種天性自然之差決定人性善惡不同的思路，爲了反對佛教的本體“眞性”與見聞“自性”之分，而提出了“天地之性”，與“氣質之性”對立統一的人性論。

張載雖然沒有展開論證“天地之性”，但從他對“天地之性”與“氣質之性”的並列敍說中，足見其不同於“氣質之性”的義蘊。

> “形而後有氣質之性，善反之則天地之性存焉。故氣質之性，君子有弗性者焉。”
> “性于人無不善，繫其善反不善反而已，過天地之化，不善反者也。”
> “天地之性，久大而已矣。”（＜誠明篇＞）
> “飲食男女皆性也，是烏可滅？”（＜乾稱篇＞）

這就是說，“天地之性”是一種“久大”永恒的善性，它本“不言而四時行”（＜天道篇＞），它“本無心”而能“生成萬物”（《經學理窟·氣質》）。此“天地之仁”，就是仁人君子所氣稟的"無不善"之性，是仁義禮智道德之本，正如王夫之所說：
它"固無惡而一于善"，因爲"陰陽健順之德本善也"（《張子
正蒙注》卷三）。由於陰陽氣化，自無形而有形，成乎其人，人
形而後，耳目口鼻身必然產生"飲食男女"、聲色臭味等生理之
欲，從而使人同時具有這種"氣質之性"。"天地之性"，永久
長存，"氣質之性"亦永"烏可滅"。

　　對人性的這種二重性規定，表面看來，確乎是個矛盾。但若
按照張載的總體思路，排除其諸如"性未成則善惡混"的個別說
法，其實，這個二重規定是可以並存不悖，"相待而不相害"的。
因爲：第一，"天地之性"與"氣質之性"是同一氣化過程的兩
種屬性。"天性"是人未成形以前的"太虛之氣"的本性，它清
澈純一，潔而無瑕，實際無所謂"善惡"的。人經"氣化"成形
以後，便猶如有形之冰涵水性一樣，而人人具有"天地之性"，
"天地之性"就賦予每個人以"無不善"的天賦道德屬性。同時，
每個人因"耳目口腹之欲"，產生了"飲食男女"的後天生理本
能。這兩種不同性質的屬性，對人來說，都是不可須臾離棄的永
恒人性，"天地之性原存而未去，氣質之性亦初不相悖害"（《張
子正蒙注》卷三），兩者統一於同一氣化過程。

　　第二，在現實的道德屬性中，的確存在着善與惡的矛盾，但
這不是"天地之性"與"氣質之性"的矛盾，而是由於人稟氣之
偏全不同而有"才與不才"、"賢與不肖"的差異所造成的矛盾。
"天本參和不偏"，"人之剛柔、緩急、有才與不才"，乃得
"氣之偏也"，得"氣之偏"者，必"不才"、"不肖"，不能節
制"耳目口腹之欲"以"變化氣質"，導致了道德品質的"惡"。

與此相反，仁人君子既得氣之 " 不偏 "，又不將 " 氣質之性 " 據
爲己性；既能保全 " 天地之性 "，又能自覺 " 變化氣質 "，製之
有節；即使萬一 " 徇人欲 " 而無節，又時時 " 善反之 "，" 纖惡
必除 "，自省 " 天地之性 "。因而，君子 " 上達反天理，下達徇
人欲 "（＜誠明篇＞），卻永葆善性，不存在善惡矛盾，只存在
稟氣之 " 偏 " 與 " 不偏 " 和人 " 才與不才 " 所帶來的 " 理 "、
" 欲 " 分馳。

　　由此可見，張載試圖用 " 氣 " 說明歷來聚訟莫解的人性善惡
難題，把人僅僅看作自然界的一部分，" 天地之塞，吾其體；天
地之帥，吾其性 "（＜乾稱篇＞），用人與物共同的自然性，說
明人不同於物的社會道德、階級屬性，不知人的本質屬性，只能
從現實社會關係的總和中去理解、作規定，最終必然陷入唯心主
義泥潭，這是往日一切人性論者的共同命運。儘管，結論是一樣
的唯心，但張載如上對人性的精心論證和規定，畢竟是中國古代
人性論研究的一個進步。他同孟子一樣，主張先天性善說，但他
糾正了孟子唯心的先驗論，把 " 天地之性 " 看作 " 太虛之氣 " 的
本性；他同王充一樣，用 " 氣 " 說明人性，但他已開始意識到從
王充到二程的許多哲人，以 " 才 " 之用，當 " 性 " 之體，混淆
" 才 "、" 性 " 的認識錯誤，改造了王充諸儒以人稟 " 氣 " 的多少、
清濁、厚薄，決定 " 性有賢愚 " 的粗淺提法；他同二程一樣主張
人性內涵 " 天地之性 " 與 " 氣質之性 "，但二程將兩者直接視作
善惡，對立爲二，導引出 " 性即理 " 和 " 存天理，去人欲 " 的結
論，張載卻把兩者規定爲人的社會道德屬性和生理自然屬性的有
機統一，覺得在這個意義下，" 上達反天理，下達徇人欲 " 是合

理不悖的，關鍵只要"盡心"、"盡性"、"窮理"、"自求變
化氣質"。總之，他似乎想分清"才"、"性"之別，從人稟氣
之"偏與不偏"，找出人心之官"才與不才"和理欲、善惡的內
在聯繫，雖說終歸未能辨明，但其"辨性之功"可謂"大矣哉"
（《張子正蒙注》卷三）！

　　⑵"心（知）"

　　"盡心"、"窮理"是張載"變化氣質"，以保"天地之性"
與"氣質之性"統一的根本途徑和方法。由此出發，張載對傳統
的"心"、"理"範疇，重新做了規定。這裡先說"心"。

　　"心"字，自古先哲雖有"人心"、"道心"之分，畢竟還
是主要說"人心"。《說文》云："心，人心。土藏也，在身之
中。象形"；《管子》云："心也者，智之舍也"（＜心術上＞）；
《孟子》云："心之官則思"（＜告子上＞）；《荀子》云：
"心生而有知"，"心者，形之君也而神明之主也"（＜解蔽＞）。
張載尊從"人心"主"思"、生"知"的本義，不談"道心"，
更否定天有"心"（儘管保留着"天心"概念），而着重從"心"、
"性"、"知"的關係中，考察了"心"所潛在的"知性"、"盡
性"、"窮理"、"能體天下之物"的無限認識能力及其道德屬
性。

　　首先，張載肯定："合性與知覺，有心之名"，"性"和
"知"是作為認識主體之"心"所固有而尚待實現的思維能動本性。
他認為，人要自覺發揮"心"認識外物的能動性（"盡心"），
就必知"心所從來"，"知"所從來，始終不要忘記人"以性成
身"之所自。

"人病其以耳目見聞累其心而不務盡其心，故思盡其心者，
必知心所從來而後能。"

"成吾身者，天之神也。不知以性成身而自謂因身發智，
貪天功為己力，吾不知其知也。民何知哉？因物同異相形，
萬變相感，耳目內外之合，貪天功而自謂己知爾。"（＜大
心篇＞）

"不知以性成身"，必不會知"心所從來而後能（知）"。"太
虛之氣"自身固有的能動本性（"天性"）使陰陽氣化，而合五
行之秀以成乎人身，"天性"從而凝於"人性"；人本原於"太
虛"而順乎"氣化"，這決定了人憑藉身之耳目，無不可知：
"天之明莫大於日，故有目接之"，"天之聲莫大於雷霆，故有耳
屬之"；但耳目的"知覺"是十分有限的，目接之日，卻"不知
其幾萬里之高也"，耳屬之雷霆，卻"莫知其幾萬里之遠也"。
因此，便自然產生了"人心"（實即大腦）這個高度發展起來的、
具有特殊功能的思維器官。"天之不禦莫大於太虛，故必知廓之，
莫究其極也"（＜大心篇＞），只有"心"才有這樣的能動作用。
人"心"的這種"良能"，實即"天能（性）"的表現，那世人
為何還要"貪天功而自謂己知"呢？

張載沒有進一步回答這個問題。當然，他同世人一樣，不可
能理解人"心"（腦）與"心思"是物質發展的最高產物，是高
度完善的物質──大腦的屬性和機能，但他立足於"天人一氣"，
強調"以性成身"、由"性"生"知"、"盡心則知性知天"，
把"心"歸結為形氣之人"知覺"的最高發展，既從根本上駁倒

了釋氏 " 妄意天性而不知範圍天用 "、" 以心法起滅天地 " 的唯
心謬說，又糾正了世人 " 因身發智 "、由 " 心 " 生 " 知 " 的俗淺
觀念。這不正表現了他在探索人類思維奧秘中的可貴努力嗎？只
有王夫之對此心領神契，他引申說：

> " 故由性生知，以知知性，交涵于聚，而有間之中統于一
> 心，由此言之則謂之心。"（《張子正蒙注》卷一）

" 由性生知 "，性、知 " 統于一心 "，這正是張載對 " 心 " 的基
本規定。也是他 " 以心盡性 " 的理論前提。

其次，張載從這個前提出發，論證了 " 知 " 的來源，揭示了
交涵於 " 心 " 的 " 有識有知 " 的能動性如何變為現實的問題。他
說：

> " 人本無心,因物為心。"（《張子語錄》下）
> " 有識有知,物交之客感爾。"（＜太和篇＞）
> " 人謂己有知，由耳目有受也；人之有受,由內外之合也。
> 知合內外于耳目之外，則其知也過人遠矣。"
> " 耳目雖為性累，然合內外之德，知其為啓之之要也。"
> （＜大心篇＞）

如果說，前面張載從 " 心所從來 "，規定 " 心 " 特殊的能 " 知 "
本性時，是把認識主體的 " 人 "、" 心 " 同宇宙客體的 " 天 "、
" 物 "，看作同一氣化過程，一滾論之；那麼，這裡張載實際已

把認識主體和客觀存在、主觀和客觀即"心"和"物",開始"內外"對置起來,展開了耳、目、心的主觀認識活動。他認為,人"心"雖有"知"的本能,但"知"的內容卻不是人"心"固有的,而是通過人的耳目接觸外物,實現"合內外"之後獲得的,倘若沒有"耳目見聞"在"合內外"中的開啓作用,那就不會產生認識。正是在這個意義下,他看到了"聞見不足以盡物,然又須要他。耳目不得則是木石,要他便合得內外之道,若不聞不見又何驗"(《張子語錄》上)?他絲毫不否認"聞見"在認識中的地位,這無疑是唯物的反映論。

但是,張載沒有看到只有人的實踐活動,才能實現"合內外",主客觀才能由分而合,這才真正是耳目見聞"合內外"的"啓之之要"!而且,當他由認識來源問題上,開始觸及認識辯證過程問題時,卻因看到"聞見之狹",又不明白"心禦見聞"、"心統性情"的真實關係,結果,不僅沒有沿着人類認識的正確途徑,使感性"見聞"通向理性"心思",反而合乎邏輯的走進了"德性所知"的道德殿堂。正如他說:

> "世人之心,止于聞見之狹。聖人盡性,不以見聞梏其心,其視天下無一物非我,孟子謂盡心則知性知天以此。天大無外,故有外之心不足以合天心。見聞之知,乃物交而知,非德性所知;德性所知,不萌于見聞。"(<大心篇>)

張載面對世人"以見聞梏其心"之蔽,尤其面對佛教"以六根之微,因緣天地","不知窮理而自謂之性"(<中正篇>)的嚴重錯誤，把由耳目感官所獲得的感性認識，稱之爲"見聞之知"，分析了"見聞之知"的局限性。認爲，周圍世界的萬事萬物，無窮無盡，"今盈天地間者皆物也，如只據己之聞見，所接幾何？安能盡天下之物"（《張子語錄》下）？個人有限的感官，不能窮盡無限的客觀事物（"聞見安能盡物"），這個矛盾只有靠"盡心"去解決。"今所言盡物，蓋欲盡心耳。"（同上）"盡心"所獲得的知識，方是他追求的"德性所知"。

那麼，何謂"盡心"？怎樣"盡心"呢？按照張載的意思，一要"大其心"，二要"立心"（即立"中正"之心），三要"存心"、"養心"，以至"實到"。張載認爲，"心大則百物皆通，心小則百物皆病"（《經學理窟·氣質》），只有"大其心"，將人"心"的思維擴展到與無限的"天心"一樣大，才能"盡物"、"窮理"，"體天下之物"；只要認識盡"天下之物"，也才能掌握其規律，"盡其細理"（《張子語錄》下），"燭天理如向明，萬象無所隱"（＜中正篇＞）。一切包攝於"心"，這正如他所直言不諱的：和孟子"萬物皆備于我矣"（《張子語錄》下）的"盡心"說，一脈相承！但他指出，"大其心"並非隨心妄想，夢游荒遠，而是要立"中正"之心，"極其大而後中可求，止其中而後大可有"，爲此，就得"存心"、"養心"，既像孔子那樣，做到"絕四"（"毋意，毋必，毋固，毋我。"），"四者盡去"，則"直養而無害"，"心"若"太虛"，"明知天德"；又要像孟子那樣，"既知之，又行之惟艱"，"萬物皆備于我矣，又卻要強恕而行，求仁爲近"（同上）。

顯而易見，張載所謂"盡心"、"窮理"的"德性所知"，其實質不過是一種超現實的道德修養。它並非爾後王夫之所說的那種"立名"（概念）、"起義"（判斷）、"習其故"（推理）、"以理馭心"的理性認識，而至多只是一種"以心循理"的知性能力而已。這不正是在探索人類認識辯證過程的科學長河上，一次令人惋惜的偏航嗎？它不只爲程朱"理"學、而且爲陸王"心"學，留下了必然有機銜接的隙縫。然而，卻使張載合乎邏輯地通過"德性所知"，把交涵於"心"的認識能動本性，進一層擴展到非常現實的社會政治道德規範之中。

（乙）　從"禮（理）"到"誠"的致思趨向

　　張載的修養之道，是由他所規定"心"的"盡物"致知論中派生的。當他面向現實社會的政治道德領域，具體規定"禮"這一人倫準則時，他沒有像爾後王夫之那樣，踏進歷史辯證法的門檻，而卻把自己的致知思路，終結在"性與天道合一存乎誠"的理想境界。

　　⑴"禮（理）"

　　世人皆知，張子之學"以立禮爲本"，"尊禮貴德"，平生用心莫過於"復三代之禮"。據歷史記載❿，他曾"知太常禮院"，做過禮官，明庶物，察人倫，"冠婚喪祭之禮"，無所不精；學者有問，"多告以知禮成性變化氣質之道"；退居橫渠後，親自"正經界、分宅里，立斂法，廣儲蓄，與學校，成禮俗，救災恤患，敦本抑末"，"以推先王之遺法，明當今之可行"。眞可謂："好禮效古人，勿爲時俗牽"！

　　但是，人們往往容易忽略張載對"禮"的本質規定，卻與三代不盡相同。《左傳》記載孔子的一段話云："君子之行也，度于禮"，"禮"是君子行爲的準則（"度"），即"周公之典"（卷二九＜哀公十一年＞），是周公總結三代所實行的一些具體典章制度；從《孟》、《荀》到《三禮》，雖肯定"禮"是典章制度，卻認爲它不直接等同於強權政令和刑罰，而把它放在"仁義智禮"或"禮樂刑政"的儒學"人道"結構中加以規定。或者說："仁之實，事親是也；義之實，從兄是也；智之實，知斯二者弗去是也；禮之實，節文斯二者是也。"（《孟子·離婁上》）或者說："禮以道（導）其志，樂以和其聲，政以一其行，刑以防其奸，禮樂刑政，其極一也。"（《禮記·樂記》）均認爲"禮"是連接"仁義"道德與"政刑"政治之間的中介環節，其社會功能是，運用傳統習俗和宗教信仰，通過一系列數不清的戒律信條、禮節儀式和煩瑣說教 ⑳，使每個社會成員各守其"分"，以維護"貴賤有等，衣服有別，朝廷有位"（《禮記·坊民》）的社會秩序。這無疑比孔子以前人們對"禮"的認識，前進了一步。

這樣，自然由"禮"的社會作用上，提出了一個關於"禮"的本質問題。荀子已從哲學角度看到："制禮反本成末，然後禮也"，"禮以順人心爲本，故亡於《禮經》而順人心者，皆禮也。"（《荀子·大略》）但他沒有從"人心"之外，去追究"禮"的本原。張載沿革荀子的思路，不再將"禮"置於仁義禮"三者皆通"的原始儒學體系中，而是把它放在"性與天道合一"的理學結構裡，從"禮"與"性"、"理"的關係上，重新加以規定。

首先，他不贊成傳統儒學"專以禮出于人"的觀點，認爲"禮本天之自然"，"禮即天地之德也"。

"禮不必皆出于人，至如無人，天地之禮自然而有，何假于人？天之生物便有尊卑大小之象，人順之而已，此所以為禮也。"(《經學理窟·禮樂》)

張載熟知經典，明明知道："人道曰禮"，"禮"之本義為"人之所履也"，是人"所以事神致福也"，是謂"人所服行也"，成為"國之紀"、"政之本"、"法之大分，群類之綱紀"、"尊卑之差，上下之制也"❷；但他依據《禮記·禮器》"禮反其所自生"之說，覺得"禮"之所以能對社會起"別異"定"分"的作用，因為它"不忘本"，"禮天生自有分別，人須推原其自然"，而後才"能推本為之節文"(《經學理窟·禮樂》)，作為每個社會成員行為的準則。"不忘本"，就必然能使每個社會成員，從根本上明白"知禮成性而道義出"，猶如"天地位定而易行乎其中"一樣的道理，做到"知及之"而"禮性之"(〈至當篇〉)。這樣，人們自覺遵守社會上"尊卑上下"之分的"禮"，也就等於保持了自己的本性，所以他說：

"禮所以持性，蓋本出于性，持性，反本也。凡未成性，須禮以持之，能守禮已不畔道矣。"(《經學理窟·禮樂》)

既然，"守禮"能"持性"，"知禮以成性，性乃存，然後道義從此出"；那麼，天地本然之性，理所當然便是"禮"。雖然各種具體的"典禮"，可依"時措之宜"、"時中之義"而隨時適應，隨地變通，但"禮"的這一本質，卻"如天敘天秩之類，如何可變"（《橫渠易說·繫辭上》）！這種"可變"或"不須變"的"禮"，其實就是他所說的"能悅諸心，能通天下之志"、"時義而已"的"天理"。

接着，張載便將"禮"歸結爲"理"。認爲："蓋禮者理也，須是學窮理，禮則所以行其義，知理則能制禮，然則禮出于理之後"，如果不先"窮理"，不認識天道運行的規律，就難以"制禮"。至於現實社會通行的封建禮制，他主張凡"合此理者，即是聖人之制"，應堅決照辦；凡"不合者，即是諸儒添入，可以去取"（《張子語錄》下）。而他所說的"理"，諸如"交勝之理"、"性命之理"、"自然之理"、"知之之理"、"易簡之理"、"天下之理"、"物無逾神之理"等等，或者指"義理"，或者指"條理"，或者指"所以然"的道理，無論何者，均具有客觀規律之義蘊。的確，這不同於後來程朱作爲精神本體的"理"；但由於張載用"理"把作爲當世社會政治經濟制度和道德風俗的"禮"，從本質上規定爲永恒不變的天道運行的客觀規律，卻和程朱一樣，殊途同歸，均達到了使封建倫常本體化、永恒化的理學目的。

最後，張載進而提出了如何"順理"而"行禮"的問題。認爲，"至誠則順理而利，僞則不循理而害"（＜誠明篇＞）；"成就其身者須在禮，而成就禮則須至誠"，誠心苟息，"則禮不備，文不當"。因此，"修持之道，既須虛心，又須得禮，內外發明，此合內外之道也"（《經學理窟·氣質》）。以"變化氣質"爲出發點的"盡心"、"窮理"、"行禮"，就這樣，落脚到"合內外之道"的"誠"了。

(2)"誠"

　　"誠"本是《中庸》的中心範疇，"信也"、"實也"、"成也"、"敬也"、"一也"，即其古義❷。南宋陳惇以爲："誠字後世多說差了"，只有"到伊川（程頤）方云'無妄之謂誠'，字義始明；至晦翁（朱熹）又增兩字，曰'眞實無妄之謂誠'，道理尤見分曉"（《北溪字義》卷上＜誠＞）。其不知，程朱之前，張載利用《中庸》"誠者，天之道也；誠之者，人之道也"、"誠者自成"、"物之終始"、"合外內之道也"諸古老命題，早給"誠"作了"天之實"、"行實事"、"性與天道合一"的新規定。從而爲他自己的邏輯範疇體系，找到了歸宿。

　　他先就"天道"而論：

　　　"誠則實也，太虛者天之實也。萬物取足于太虛，人亦出于太虛，太虛者心之實也。"

　　　"天地之道無非以至虛為實，人須于虛中求出實。……金鐵有時而腐，山岳有時而摧，凡有形之物即易壞，惟太虛無動搖，故為至實。"（《張子語錄》中）

　　　"天所以長久不已之道，乃所謂誠。"（＜誠明篇＞）

按照張載在這裡的推論："誠則實也"，"實"是"誠"最根本的內涵；而宇宙"至實"者，莫過於"氣之本體"——"太虛"；"太虛"是不"腐"無"摧"而"長久不已"的"天之實"、"心之實"、"萬物"與"人"之實。因此，"誠"即"太虛"，便是他必然推出的結論。這似乎是用"太虛"規定"誠"，其實是以"誠"所涵"至實"的客觀實在性，來進一步規定"太虛"，說明天人萬物統一的"太虛"本體，實即名曰"誠"的客觀實有。這表明"太虛"範疇，由抽象上升到具體，開始一步一步地接近於後人對"物質"的科學抽象。

他再就"人道"而論：

> "人生固有天道。人之事在行，不行則無誠，不誠則無物，故須行實事。惟聖人踐形為實之至，得人之形，可離非道也。"（《張子語錄》）

"誠"字就人來說，在於"行實事"、能"踐形"。張載由此本應像爾後王夫之那樣，引出"實踐"範疇，進一步將人的客觀實在性（"誠"），規定為人的社會實踐及其在實踐中的自我認識，但由於他過分傾心於"變化氣質"的修養之道，竟把自己的致思，由"行實事"轉向"自明誠"和"自誠明"的精神追求。他認為，"行之要在思"（同上），只要"思誠"，"由窮理而盡性"，"由盡性而窮理"，無限擴充自己的"天德良知"，使人心"足以合天心"，使天人無"異用"、無"異知"，"性與天道不見乎小大之別"，就自然達到了"性與天道合一存乎誠"的理學境界（＜誠明篇＞）。

這便是張載"歷年致思之所得"的最後結論，也是它整個範疇體系的邏輯終點。

㈢結　語

綜上所述，我們可以比較清楚地看到，張載關學，實即北宋關中學者在新儒學運動中獨創的哲學。這個哲學，力闢二氏，"精思力踐"，"從雜博中過來"，最富有邏輯思辯，因而，形成了自己的邏輯範疇體系和運用範疇的辯證方法。

張載的範疇體系，是他"天人一氣"的世界統一性學說的邏輯形式，但不是空洞的外殼。他從拯救北宋理論危機的現實鬥爭中，確立了"天人合一"而"一于氣"的《易說》主題，並把它當作自己哲學所追求的最高《西銘》理想。這種表現北宋時代精神之精華的統一性學說，必然要求有一個與之相適應的邏輯表達形式，和足以統攝一切思想的中心範疇，因而，張載晚年在《正蒙》裡，才最後凝結出"氣──道──性──心──誠"的範疇系列。

在這個範疇系列裡，"氣"是最高的中心範疇，既是邏輯起點，亦是終點。"氣之本體"，首先是一個"至虛之實"、"至靜之動"、"一物兩體"的規定，它固有能動的"天性"，推動着自身聚散，氣化不息，形成"天道神化"，產生動植萬物；"得天地之最靈爲人"，人稟"天地之氣"，得"天地之性"，以"性"成身，特具"心思"，能動地認識到"天秩天序"即人倫禮制，"天性"即"人性"，自覺地"變化氣質"，"盡心"、"窮理"、"滅欲"，最後達到"性與天道合一"，進入"孔顏樂處"的"誠明"境界。這一切，乃是"氣"範疇中的應有之義，這一切範疇，實際也皆是對＂氣＂的各種規定。

這種尋求哲學理論的統一性與邏輯範疇的簡單性，正是人類科學思維進化的內在動力。 正是從這個意義上說 ， 無論張載以＂氣＂為中心範疇的關學，程朱以＂理＂為中心範疇的洛學、閩學，還是陸王以＂心＂為中心範疇的心學，都不同程度地表現出中華民族理論思維發展的進步。

然而，也正是這種進步，給張載帶來了難以避免的失足。由於他處處着眼於＂天人一氣＂，追求＂合＂、＂同＂，使＂人道＂等同＂天道＂，把社會規律歸結為自然規律，讓＂ 人性 ＂本於＂天性＂，視人＂心之實＂同於太虛＂天之實＂，最後，不能不使自己的＂氣＂一本論，打上＂氣性＂二本之烙印，使二程只須用一個＂性即理也＂的簡單論斷，就順理成章的推導出＂理＂一本的結論。張子死後，其弟子諸呂、蘇、范，實際也就是這樣，使關學＂洛學＂化的。這是張載歷年致思於就其＂異＂而謀其＂同＂、察其＂兩＂而求其＂一＂的必然結果，在他自己的總體邏輯裡，並不存在什麼根本的＂內在矛盾＂。

張載之所以能如此以＂氣本＂、＂氣化＂的世界統一性學說，成為中國傳統哲學螺旋發展的一個必然環節，除了他始終堅守自己＂為天地立心，為生民立命，為往聖繼絕學，為萬世開太平＂的關學價值觀之外，主要還同他構築邏輯範疇體系的辯證方法，直接相關。他沒有創造出一個新範疇，但把每一個範疇，都置於與其他範疇的不同層次和序列的特定關係中，重新加以規定，＂新故相資而新其故＂。他從＂氣＂與＂太虛＂、＂太虛＂與＂物＂的內在聯繫中，規定了＂ 氣 ＂的客觀實在性與永恒能動性；從

"氣道"、"道神"的體用關係裡，揭示出"一兩"、"仇和"的規律性；從"人性"與"天性"、"物性"的同異關係中，看到了"人性"的雙重性及其統一性。這種動態分析法，正是他"一物兩體"的辯證法在範疇體系中的生動應用，也正是這個辯證的邏輯範疇論，使以後同他"難肯向風"的程朱理學，得以長足的發展。

五　張載關學"洛學化"論

宋明理學有濂、洛、關、閩之分派，關學以張載（橫渠）為宗，其盛不下洛學，但"再傳何其寥寥"，卻是後世學人一直思考着的一個問題。《宋元學案》編纂者最早提出"亦由完顏之亂，儒術並為之中絕乎"的推測，而認為張載死後，其親炙弟子藍田三呂（呂大忠、呂大鈞、呂大臨）與武功蘇昞（季明）"以其曾及程門而進之"，所以朱熹《伊洛淵源錄》略於關學，只記三呂與蘇氏，"餘皆亡矣"（《宋元學案》首卷〈序錄〉）。朱熹"略於關學"，張載弟子未能在關中發揚師說，誠然這都同後世洛學盛而關學衰直接相關，在此我們可以不論；但問題的實質在於所謂"三呂之與蘇氏，以其曾及程門而進之"，或"洛學之入秦也以三呂"（同上），是否即表明關學因再傳入洛師程而導致自身已完全"洛學化"呢？二程並不這樣認為，他們多次明確指出：

> 關中學者，以今日觀之，師死而遂倍之，卻未見其人，只是更不復講。（《遺書》卷第二下〈附東見錄後〉，《二程集》中華書局一九八一年第一版，第五〇頁。以下凡引此書，只注書篇名與頁碼。）
>
> 呂與叔（大臨）守橫渠學甚固，每橫渠無說處皆相從，纔有說了，便不肯回。（《遺書》卷第十九楊遵道錄〈伊川先生語五〉，《二程集》第二六五頁。）

這一史實表明，三呂雖師事二程，但仍堅守張載關學傳統，只是還未"學成德尊"，不能獨立在關中開講授徒而已。然而，三呂究竟如何堅守關學宗旨而不變，是怎樣具體抉擇與衡定於關洛之間的，前賢幾乎無說，多半從略。因之，要真正探明關洛兩派的真實關係，及關學發展的終極趨向，就必須從分析三呂、尤其是呂大臨的思想史料出發。爲此，我斷斷續續幾乎花去了五年的時光，已校理出一部《藍田呂氏遺著輯校》，收集了至今可以見到的三呂的全部理學著作，現從中特選出我認爲足以體現呂大臨全部立說理論基礎的《易章句》，作典型剖析，發其微義，以探求張載關學的發展趨向。

㈠從"思與叔之不幸早死"說起

呂大臨，字與叔，號芸閣，其先汲郡（今河南汲縣）人，因祖太常博士呂通葬藍田，遂以藍田（今陝西藍田縣）爲家焉。父比部郎中呂蕡共六子，其"五登科"❷，今有史可考者，只有大忠（晉伯）、大防（微仲）、大鈞（和叔）和大臨四兄弟，大臨爲幼。其三兄俱登第入官，大防官至尙書右丞、左僕射，有"相王室"之位（《宋史》卷三四〇＜呂大防傳＞），惟大臨以"不敢掩祖宗之德"而不復應舉，雖借門蔭入爲太學博士，遷秘書省正字，但畢生"修身好學，行如古人"，無意仕進擢用。元祐七年壬申（一〇九二年），范內翰祖禹以其學行薦可充講官，以備勸學，未及用而卒，年僅四十七歲❷。史稱其學"通《六經》，尤深於《禮》"（《東都事略》卷八十九），"學於程頤，與謝良佐、游酢、楊時在程門，號‘四先生’”（《宋史》卷三四〇）。

朱熹於程子門人中最取呂大臨，以爲他“高於諸公，大段有筋骨”，特惜乎其“壽不永”。《語類》云：

> 呂與叔惜乎壽不永！如天假之年，必所見又別。程子稱其“深潛縝密”，可見他資質好，又能涵養。某若只如呂年，亦不見得到此田地矣。“五福”說壽爲先者，此也。（《朱子語類》卷第一〇一〈程子門人〉）

朱子如此看重呂大臨，把他同程頤相比，而且認爲他自己倘若“只如呂年”，也不見得能達到爾後那樣高的理學程度，這同程頤對呂大臨的看法，大體相合。《伊洛淵源錄》卷八載有一篇關於呂大臨的〈祭文〉，未署作者姓名，《宋名臣言行錄外集》卷六引作呂大防所爲，其全文如下：

> 嗚呼！吾十有四年而子始生。其幼也，吾撫之；其長也，吾誨之；以至宦學之成，莫不見其始，終于其亡也。得無慟乎？得無慟乎？子之學，博及群書，妙達義理，如不出諸口；子之行，以聖賢爲法；其臨政事，愛民利物，若無能者；子之文章，幾及古人，薄而不爲。四者皆有以過人，而其命乃不偶於世，登科者二十年而始改一官，居文學之職者七年而逝，茲可哀也已！茲可痛也已！
> 子之婦翁張天祺嘗謂人曰：“吾得顏回爲壻矣。”其爲人所重如此。子于窮達死生之際，固已了然于胸中矣，然吾

獨不知子之亡也，將與物為伍邪？將與天為徒邪？將無所
通而不可邪？是未可知也。子之才皆可以知此，固不待吾
之喋喋也。

今獨以喪事為告，子之柩以方暑之始，將卜辰歸祔于先塋，
乃擇明日遷於西郊之僧舍以待時焉。嗣子省山實為喪祭之
主，將行一奠，終天永訣，哀哉！

直到宋哲宗紹聖二年乙亥（一〇九五年），大臨死後已三年，程
頤"因閱故編（＜雍行錄＞）"，乃至"思與叔之不幸早死，為
之泣下"（《文集》卷八＜雍行錄＞，《二程集》第五八七頁）。
蘇軾也作＜呂與叔學士挽詞＞云：

> 言中謀猷行中經，關西人物數清英。
>
> 欲過叔度留終日，未識魯山空此生。
>
> 論議凋零三益友，功名分付二難兄。
>
> 老來尚有憂時歎，此涕無從何處傾。（宋施元之《施註蘇詩》
> 卷三十三）

同樣是哀悼大臨之不幸早死，但程朱不同於大防與蘇軾，自
有一層深意。朱熹說得比較清楚，他說：

> 呂與叔《文集》煞有好處，他文字極是實，說得好處，如
> 千兵萬馬，飽滿伉壯。
>
> 呂與叔本是個剛底氣質，涵養得到，所以如此。故聖人以

剛之德爲君子，柔爲小人。若有其剛矣，須除去那剛之病，
全其與剛之德，相次可以爲學。若不剛，終是不能成。
呂與叔後來亦看佛書，朋友以書責之，呂云："某只是要
看他道理如何。"其《文集》上雜記亦多不純。想後來見
二程了，卻好。（《朱子語類》卷第一○一＜程子門人＞及《文
獻通考·經籍考》、《宋元學案》卷三十一＜呂范諸儒學案＞附錄所
引。）

很顯然，這就是說，呂大臨東見二程子以前，同大忠、大鈞、蘇
昞、范育等張載門下的關中學者一樣，氣質剛強，任道擔當，出
入佛老，學"未精也"，甚而"才見些理，便如此行去，又說出
時，其他又無人曉"（同上）；只有東見二程以後，才開始"妙
達義理"，涵養深醇。但恰恰在這時其命"不偶於世"，這怎能
不使程朱"爲之泣下"，婉惜其不幸早死？

　　由此可見，人誰不死，程頤之所以特哀大臨之"不幸早死"，
不單是師生"游從之情"，亦"豈特交朋之情而已"，而主要在
於其門下"同志共學之人"如呂大鈞、劉質夫、李端伯、范育、
楊應之和呂大臨一樣，"不幸七八年之間"，先後"相繼而逝"，
這不能不使他"憂事道者鮮，悲傳學之難"，深慮"道學之寡助"
（《文集》卷第十一＜祭文＞，《二程集》第六四三──六四四
頁）。朱子之所以尤惜乎大臨"壽不永"，無疑是有意表彰程頤
授業傳道之聖功。雖然，他們均有揚洛抑關之嫌，但他們認爲：
藍田三呂，應首推呂大臨理學最高；三呂自游學張載到卒業於二
程，其學都經歷了一個由"雜博"而至"深醇"的過程，這畢竟

是符合史實的。正如明代世推"南鄒（元標）北馮"的關中理學
名儒馮從吾（少墟）在《關學編》中所說：

> 始先生（大臨）博極群書，能文章；已涵養深醇，若無能
> 者。賦詩云："學如元凱方成癖，文似相如始類俳。獨立
> 孔門無一事，只翰顏子得心齋。"（卷一＜與叔呂先生＞）

呂大臨的學術經歷，史書記載不詳，按照上引＜祭文＞，並
參照有關史料，我們大體可知：

一宋仁宗慶曆六年丙戌（一〇四六年），大臨始生。

二宋神宗熙寧三年庚戌（一〇七〇年），張載移疾歸居橫渠
故居以後，大臨兄弟"遂執弟子禮"，游學張門。大鈞"於橫渠
為同年友"（《關學編》卷一＜和叔呂先生＞），大忠自然年長
於張載，大臨約二十五、六歲。

三宋神宗熙寧十年丁巳（一〇七七年），張載自洛陽和二程
"洛陽議論"後，行至臨潼館舍，不幸病卒。大臨撰＜橫渠先生
行狀＞，有記嘉祐初（一〇五六年）張載"見二程盡棄其學"之
語，程頤批評指出："表叔平生議論，謂頤兄弟有同處則可，若
謂學於頤兄弟則無是事。傾年屬與叔刪去，不謂尚存斯言，幾於
無忌憚。"（《外書》卷第十一，《二程集》第四一四——四一
五頁）大臨時年三十一歲。

四宋神宗元豐二年己未（一〇七九年），大臨兄弟與蘇昞等
關中學者，先後入洛，東見二程師事焉。大臨常"患思慮多，不
能驅除"，以"防檢窮索"為學，程顥（明道）教其"須先識仁"；

二程所語，大臨記錄整理爲＜東見錄＞(見《二程集》第一三——
四八頁)。次年（一〇八〇），大臨陪同程頤西行至關中雍、華
間，"關西學者相從者六七人"，程頤一路所講，經關中學者記
述爲＜入關語錄＞，程頤特作＜雍行錄＞（亦即＜遺金閑志＞），
以誌大臨關於"有體而無用"之說（《二程集》第五八七頁）。
大臨時年三十三、四歲。

五宋哲宗元祐元年丙寅（一〇八六年），大鈞已卒㉕，大忠
以直龍圖閣知秦州，與程頤"相別累年"，惟大臨經常過從於程
頤，"所欲道者，非面不盡"，與程頤往復數論"未發"之中說，
並編錄爲著名的＜論中書＞（見《二程集》第六〇四——六〇九
頁），成爲爾後理學各派共同關注的題目。是年，正值哲宗即位，
"日以進學爲急"（《宋史》卷三四〇），大臨剛四十歲，始
"居文學之職"，不幸"七年而逝"。

總之，呂大臨從神宗熙寧三年到十年，即二十五、六至三十
一歲的六、七年間，他就學於張載門下，"博及羣書"，亦看佛
典，"通《六經》，尤深於《禮》"；自神宗元豐二年至哲宗元
祐七年，即三十三至四十七歲的十五年間，他師事卒業於二程，
從與二程諸如"識仁"、"論中"的切磋論道中，已"涵養深醇"，
達到了"獨立孔門無一事，只輸顏子得心齋"的理學境界。這便
是呂大臨爲學進德的兩個階段。他理學思想的發展和成熟，他對
關洛二學的抉擇與衡定，就是在這兩個階段中進行的。因此，我
們必須由此論起。

㈡關於呂氏遺著及其《易章句》之輯校

呂大臨兄弟畢生在游學張程的兩個階段中，究竟有何著作佚存？《易》說、《禮》論在大臨全部遺著與整體思想裏，究竟佔據何等地位？這是首先需要進行考察和說明的問題。

（甲）　呂氏遺著的佚存情況

儘管，今天能看到的藍田呂氏著作甚少，但依據宋明史書記載，大臨兄弟的著作，不僅數量很多，而且涉及範圍較廣，有著有述，有詩有文，且有古籍考釋與整理，的確表現出其“博及群書”而又“能文章”的關學學者之所長。《伊洛淵源錄》卷八＜藍田呂氏兄弟＞“正字”條下云：

> （大臨）有《易》《詩》《禮》《中庸》說、《文集》等行世。

《朱子語類》卷一〇一《程子門人》“呂與叔”條下云：

> 呂與叔《中庸》義，典實好看，又有《春秋》、《周易》解。

晁公武《郡齋讀書志》 ❷所著錄的呂大臨著作有《易章句》十卷（袁州刊本作“《芸閣先生易解》一卷”）、《書傳》十三卷、

《芸閣禮記解》四卷、《編禮》三卷、《論語解》十卷、《考古圖》十卷、《老子注》二卷、《玉溪集》二十五卷、《玉溪別集》十卷,所著錄的呂大忠著作有《前漢論》三十卷、《輞川集》五卷、《奏議》十卷,所著錄的呂大防著作有《周易古經》二卷、《呂汲公文錄》二十卷、《文錄掇遺》一卷,所著錄的呂大鈞著作有《誠德集》三十卷。趙希弁《郡齋讀書志附志》所著錄的呂氏著作,除呂大鈞《呂氏鄉約》一卷、《鄉儀》一卷之外,呂大臨和呂大防的著作,還分別或一併收錄在朱熹編集的《論語精義》、《孟子精義》以及未著編者的《二十先生西銘解義》、《國朝二百家名臣文粹》之中。

陳振孫《直齋書錄解題》㉗所著錄的呂大臨著作有《芸閣禮記解》十六卷、《呂氏家祭禮》一卷(與呂大防合撰)、《考古圖》十卷,所著錄其他呂氏兄弟的著作有呂大防《周易古經》十二卷、呂大鈞《呂氏鄉約》一卷、《鄉儀》一卷。此外,在著錄的朱熹《語孟集義》、石子重《中庸集解》、趙師俠《西銘集解》、呂祖謙《皇朝文鑑》中,也收錄有呂大臨及其三兄的著作。

尤袤《遂初堂書目》所著錄的藍田呂氏著作有呂氏《古周易》,呂與叔《易傳》、《禮記解》、《中庸再解》、《論語解》,《呂氏鄉約·鄉儀》、呂汲公《奏議》等。這些都是宋代藏書家關於呂大臨兄弟著作的記述,是可信無疑的史實,正如梁啓超所說:"晁《志》、陳《錄》、尤《目》所載,皆手藏目睹之書。研究宋代載籍者,當視爲主要資料,視史志尤足重也。"(參見〈遂初堂書目序〉所引。)

宋代經"靖康之難"以後,公私藏書備受損壞,"宣和、館

閣之儲 ”，幾乎 “蕩然靡遺 ”（《宋史》卷二○二＜藝文一＞），
藍田呂氏遺著之散失，萬難幸免。據《宋志》記載，呂大臨的著
作尚有《易章句》一卷、《大學》一卷、《中庸》一卷、《禮記
傳》十六卷、《（論語）解》十卷，《考古圖》十卷、《孟子講
義》十四卷、《家祭儀》一卷（與呂大防合撰）、《玉溪先生集》
二十八卷，而其餘諸呂的著作，只存呂大鈞的《藍田呂氏祭說》
一卷、《呂氏鄉約儀》一卷、呂大防的《周易古經》一卷。元代
馬端臨在《文獻通考·經籍考》中所列的藍田呂氏著作，與《宋
志》大體略同而稍有出入，計呂大臨的遺著尚有《易章句》一卷、
《禮記解》十六卷、《大學解》、《論語解》十卷、《考古圖》
十卷、《呂氏家祭禮》一卷（與呂大防合撰）、《老子注》二卷、
《玉溪集》二十五卷、《玉溪別集》十卷，而呂大鈞的著作有
《呂氏鄉約》一卷、《鄉儀》一卷、《誠德集》三十卷，呂大防的
著作有《周易古經》二卷、《文錄》二十卷、《文錄掇遺》一卷，
呂大忠的著作有《前漢論》三十卷、《網川集》五卷、《奏議》
十卷。這是元人關於藍田呂氏著作有 “存於近世而可考 ”者的記
載，這同晁《志》、陳《錄》、尤《目》共同表明，在藍田呂氏
中，惟有呂大臨著作最富，學術貢獻最大。

　　但是，宋元以後，幾經戰亂，至清及近代，呂大臨兄弟的著
作已所存無幾。依據朱彝尊《經義考》、羅振玉《經義考目錄·
校記》和張驥《關學宗傳》所載，除《編禮》、《芸閣禮記解》、
《禮記傳》和《大學解》列入 “未見 ”外，所存者只有呂大防整
理的《周易古經》、呂大臨考釋的《考古圖》和呂大鈞的《呂氏
鄉約·鄉儀》，而直接論述理學思想方面的著作，除呂大臨《中

庸解》一卷"疑即《二程全書》中所載本"之外，其他專著、文
集皆佚矣。這不能不給後世學者的呂氏思想研究，帶來史料不足
的極大困難。然而，誠如羅振玉《目錄》序所說："（朱彝尊）
當時未見之書，厥後《四庫全書》及《存目》與諸藏書家恒有著
錄者；其注闕者，亦往往人間尚有足本。"呂大臨兄弟之書，當
不會例外，世間也可能還有別本佚存；況且朱氏"未見"的《編
禮》、《芸閣禮記解》和《禮記傳》，到底屬一書，還是二書、
三書，至今誰也說不清楚。這自然提出了一個急需搜集整理藍田
呂氏遺著的任務。

　　所謂藍田呂氏遺著，是指曾游學張程門下的藍田三呂之遺著，
而主要是指呂大臨之遺著。從現存的藍田呂氏遺著看，大體有兩
種情況：一種是全書完整地流行於世者，其數量不多，僅有明泊
如齋、傳是樓、清天都黃氏等先後刊行的呂大臨《考古圖》十卷，
《說郛》、《關中叢書》、《隨盦徐氏叢書續編》等刊載的呂大
鈞《呂氏鄉約·鄉儀》，上海涵芬樓借南海潘氏藏宋刊本《分門
集注杜工部詩》刊載的呂大防《杜工部年譜》，共計三部；另一
種是全書已不復見，而其部分或大部、全部被蒐集條疏於宋人詩
文集及各類總集、類編者，其數量最多，可散見於宋代的《二程
全書》、《張子全書》、李幼武《宋名臣言行錄外集》、王稱
《東都事略》、朱熹《論語精義》、《孟子精義》、《中庸輯略》、
《伊洛淵源錄》、衛湜《禮記集說》、呂祖謙《皇朝文鑑》，明
清至近世的《合訂刪補大易集義粹言》、《性理大全書》、《金
石萃編》、《關學宗傳》、《清麓叢書續編》、《宋元學案》及
其《補遺》、《宋詩紀事》及其《補遺》等。這些散見的和完整

的遺著，按其內容和性質，可分爲三類：一類是呂氏對古籍器物
的整理考釋，對當朝的有關奏章及對前人所做的年譜，如呂大防
的《周易古經》、《杜工部年譜》和呂大臨的《考古圖》等，它
們同理學思想無直接關涉，可按下不論；二類是呂氏與二程的答
問及關於二程談話的述錄，如《程氏遺書》中的＜東見錄＞、
《程氏文集》中的＜與呂大臨論中書＞等；三類是呂氏自寫的專著
與詩文，如《呂氏鄉約·鄉儀》、《禮記傳》、《易章句》、
《論語解》、《孟子講義》、《中庸解》、＜克己銘＞、＜春靜＞
詩等。這兩類專著、詩文和述錄，除《呂氏鄉約·鄉儀》和少數
詩文之外，多屬呂大臨佚存的重要理學著作，是研究呂大臨在張
程之間如何進行理學抉擇的直接史料，而又幾乎全散見於如上宋
人詩文集及各種總集類書之中。因此，這就確定了《呂氏遺著》
輯校所涉及的主要範圍，及其以呂大臨著作爲主體的編排宗旨。

（乙） 呂氏遺著及其《易章句》的輯校工作

《呂氏遺著》的輯校整理工作，可分爲考辨、輯佚、標點、校勘、
編排等五個環節。現就呂大臨主要理學遺著之校理，簡述於後。

(1)《易章句》

晁《志》袁州刊本作“芸閣先生《易解》一卷”，王先謙校
刊本作“呂氏《易章句》十卷”，但兩本或云：“呂大臨與叔撰。
有統論數篇，無詮次，未完也。”或云：“呂大臨與叔撰。其解
甚略，有統論數篇。”均肯定爲呂大臨未完成之書；又依《通考》、
《宋志》均載“呂氏《易章句》一卷”，今可定書名爲《易章句》，
不分卷次。

《易章句》雖屬 "未完" 之作，但在南宋時已有私家刊刻。
曾遊學朱子門下的度正（周卿）撰＜跋呂與叔易章句＞云：

> 余家舊藏呂與叔《文集》、《禮記解》、《詩傳》，而未
> 見《易章句》，豫章羅（從彥）傳之，堅甫得之，刻之陽
> 安之學宮。（《性善堂稿》卷十四）

這是今天唯一能見到的關於《易章句》刊刻流傳情況的最早記載。
羅從彥是 "南劍三先生" 之一，曾往洛見程頤，歸而從學於楊時
（龜山）門下，"嘗與龜山講《易》"（《宋元學案》卷三九
＜豫章學案＞)，所傳給堅甫的《易章句》，很可能是從程楊處得
到的呂氏自寫本或傳抄本，而堅甫的陽安學宮刻本，也許即該書
的初刻本，書後載有度正跋文，可惜此本全書已佚無傳。清康熙
年間，招集一時名流刊刻《通志堂經解》一百三十八種，內有署
名納蘭成德編撰的《合訂刪補大易集義粹言》八十卷，所疏引的
呂大臨《易》解，是否依據此本，亦難稽考。因爲，是書乃取宋
陳友文《大易集義》和曾穜《大易粹言》二書合輯而成。《集義》
六十四卷，所集諸儒《易》說 "凡十八家，又失姓名兩家"，
《粹言》七十卷，"所集諸儒之說凡七家，以二書相校復重外，《集
義》視《粹言》實多得十一家，惟《粹言》有＜繫辭＞、＜說
卦＞、＜序卦＞、＜雜卦＞，而《集義》止於上下經，故所引未
能賅備，性德（即納蘭成德）因於十一家書中擇其講論＜繫辭＞
以下相發明者，一一採集，與《粹言》合編，都爲一書，又爲之
刪其繁蕪、補其闕漏，勒成八十卷，刊入《通志堂經解》之末"

（《四庫全書總目》卷六經部一<合訂刪補大易集義粹言提要>）。
今《粹言》尚有傳本，所集七家有程顥、程頤、張載、游酢、楊
時、郭忠孝、敦雍，而無呂大臨，依此可以肯定納蘭成德所引呂
大臨之說，是探集於南宋陳友文《大易集義》一書。但《集義》
流播甚稀，史無著錄，陳友文所引呂說，究竟探自何本，是否得
之陽安學宮刻本，已無從考；今惟藉《合訂刪補大易集義粹言》
以獲見其概，可謂成德之功。

因此，《易章句》之輯佚校理，只能以成德《合訂刪補大易
集義粹言》爲根據。今考該書所引呂說，卦各有解，爻各有注，
上下經解共三百三十九條：<乾卦>六條、<坤卦>五條、<屯
卦>三條、<蒙卦>七條、<需卦>三條、<訟卦>三條、<師
卦>四條、<比卦>七條、<小畜卦>五條、<履卦>四條、
<泰卦>四條、<否卦>六條、<同人卦>五條、<大有卦>五條、
<謙卦>七條、<豫卦>五條、<隨卦>五條、<蠱卦>八條、
<臨卦>五條、<觀卦>五條、<噬嗑卦>二條、<賁卦>九條、
<剝卦>二條、<復卦>七條、<无妄卦>八條、<大畜卦>六
條、<頤卦>二條、<大過卦>五條、<習坎卦>三條、<離卦>
五條、<咸卦>六條、<恆卦>四條、<遯卦>四條、<大壯卦>
八條、<晉卦>六條、<明夷卦>七條、<家人卦>六條、<暌
卦>一條、<蹇卦>四條、<解卦>五條、<損卦>七條、<益
卦>四條、<夬卦>五條、<姤卦>八條、<萃卦>五條、<升
卦>六條、<困卦>七條、<井卦>四條、<革卦>六條、<鼎
卦>五條、<震卦>五條、<艮卦>六條、<漸卦>八條、<歸
妹卦>六條、<豐卦>七條、<旅卦>八條、<巽卦>七條、<兌

卦＞四條、＜渙卦＞八條、＜節卦＞五條、＜中孚卦＞八條、
＜小過卦＞六條、＜旣濟卦＞四條、＜未濟卦＞八條。現將其全
部輯出，依次分繫於各卦爻辭之下，以復其舊。並以《通志堂經
解》原刊本爲底本，以《四庫全書》重刊本作校本，進行勘校標點
，改正了個別刊誤。又因該書＜繫辭＞以下皆無呂注，乃從南宋
呂祖謙編撰的《晦庵先生校正周易繫辭精義》(以下簡稱《精義》)
中輯出所引呂注，除去重復者外，共二十九條：＜繫辭上＞十七條、
＜繫辭下＞六條、＜說卦＞六條，加以標點，連同＜繫辭＞、＜說卦＞
有關文字，一並續入經注之後，便形成了這個《易章句》的輯校本。

　　細閱此本，其中理數兼陳，重釋義理，簡潔易曉，不涉玄虛，
雖間引經史，亦略不過數言，確如朱子所云："呂與叔《易》說，
精約可看。"（轉引自《經義考》卷二十一）似非晁《志》所謂
"未完"之殘本。但《精義》和《合訂刪補大易集義粹言》二書
所引，均未見晁《志》所謂有"統論數篇"者，陳友文、呂祖謙、
度正、朱熹和晁公武所處時代相近，而所引著錄何以不盡相同，
大概因他們所見《易章句》係不同版本之故。然而，陳友文《集
義》所引，只是經注；朱呂《精義》所採傳注，又似不全，且數
條是引自《大學解》、《中庸解》。可見，他們所見的不同版本，
又與晁氏所見相同，都是呂大臨的"未完"之作。因而，這個輯
校本同樣屬"未完也"；又將度正＜跋呂與叔易章句＞附之最後，
這雖不能說就是《易章句》之復原，但畢竟可見其概矣。

　　(2)《禮記解》

　　晁《志》作"《芸閣禮記解》四卷"，尤《目》作《禮記解》，
不記卷數，陳《錄》、《通考》均作"《芸閣禮記解》十六卷"，

《宋志》作"《禮記傳》十六卷"。今可定書名爲《禮記解》，不分卷次。

關於《禮記解》的板刻流傳情況，《經義考》記載最詳。其云：

> 呂氏大臨《芸閣禮記解》：《通考》十卷（陳案：實爲十六卷），《中興書目》一卷。未見。
>
> 晁公武曰：《芸閣禮記解》十卷，呂大臨與叔撰。與叔師事程正叔，禮學甚精博，《中庸》、《大學》尤所致意也。
>
> 陳振孫曰：按《館閣書目》作一卷，止有〈表記〉、〈冠〉、〈昏〉、〈鄉射〉、〈燕〉、〈聘義〉、〈喪服〉、〈四制〉凡八篇。今又有〈曲禮〉上下、〈中庸〉、〈緇衣〉、〈大學〉、〈儒林〉、〈深衣〉、〈投壺〉八篇，此晦庵朱氏所傳本，刻之臨漳射垛書坊，稱《芸閣禮記解》，即其書也。
>
> 衛湜曰：藍田呂與叔《禮記解》，《中興館閣書目》止一卷，今書坊所刊十卷，有〈曲禮〉上下，〈孔子閒居〉、〈中庸〉、〈緇衣〉、〈深衣〉、〈儒行〉、〈大學〉八篇。

又云：

> 《禮記傳》：《宋志》十六卷，未見。
>
> 張萱曰：呂氏《禮記傳》十六卷，今闕第三卷，宋淳熙中，

朱晦庵刻之臨漳學宮。

由此可見，南宋孝宗淳熙年間（一一七五———一一八九年），朱熹於臨漳射垛書坊所刻的《禮記解》，可能即該書的初刻本。度正家藏的《禮記解》，亦可能爲此本。衛湜於南宋寧宗開禧、嘉定年間（一二〇五———一二二四）編《禮記集說》所採呂解，亦擴取此本無疑。

因爲，在宋代，除陳《錄》記載朱熹曾鋟板此書之外，尚無其他板刻記載。自元迄清，直到朱彝尊作《經義考》時，一直未見此書再有他本流行。乾隆四十三年（一七七八），紀昀校閱《禮記集說》時亦云：

> 《禮記集說》一百六十卷，宋衛湜撰。湜字正叔，吳郡人。其書始作於開禧、嘉定間，自序言"日編月削，幾二十餘載而後成"。……紹定辛卯，趙善湘爲鋟板於江東漕院。越九年，湜復加校訂，定爲此本，自作前序、後序，又自作跋尾，述其始末甚詳。蓋首尾閱三十餘載，故採摭羣言最爲賅博，去取亦最爲精審。自《鄭注》而下，所取凡一百四十四家，其他書之涉於《禮記》者，所採錄不在此數焉。今自《鄭注》、《孔疏》而外，原書無一存者。朱彝尊《經義考》採摭最爲繁富，而不知其書與不知其人者，凡四十九家，皆賴此書以傳，亦可云禮家之淵海矣！（《四庫全書》經部四〈禮記集說提要〉）

既然"採摭最爲繁富"的《經義考》、搜羅天下羣書的《四庫全書》編纂者，均"未見"世間再有《禮記解》刊行，而且斷定《禮記集說》所取包括呂大臨《禮記解》在內的一百四十四家，除《鄭注》、《孔疏》而外，"原書無一存者"。因此，清末西京《清麓叢書續編》所刊載行世的《禮記傳》十六卷，其實就是宣統三年（一九一一年）藍田牛兆濂"積十餘年"之工，從《通志堂經解》本衞氏《禮記集說》中輯錄呂解而成，後藏版於藍田芸閣學舍的《藍田呂氏禮記傳》十六卷。

所以，《禮記解》的校理，仍以《禮記集說》爲依據。今考其所引呂解甚詳，幾乎包容了呂大臨所有最重要的理學思想資料，很值得各方面研究者們珍視。計有＜曲禮上＞九十三則、＜曲禮下＞六十則、＜檀弓上＞一則、＜檀弓下＞一則、＜王制＞一則、＜曾子問＞二則、＜郊特牲＞二則、＜內則＞一則、＜喪服小記＞一則、＜大傳＞一則、＜樂記＞一則、＜雜記上＞一則、＜雜記下＞三則、＜喪大記＞一則、＜祭法＞一則、＜孔子閒居＞八則、＜中庸＞三十九則、＜表記＞三十四則、＜緇衣＞二十三則、＜服問＞一則、＜間傳＞二則、＜深衣＞六則、＜投壺＞八則、＜儒行＞十九則、＜大學＞十八則、＜冠義＞四則、＜昏義＞十則、＜鄉飲酒義＞十則、＜射義＞十一則、＜燕義＞四則、＜聘義＞八則、＜喪服四制＞六則，凡三百八十一則。現從《四庫全書》本《禮記集說》中，將其全部輯出，分繫於各篇相關經文之下，參考牛兆濂校刊本《禮記傳》（簡稱"芸閣本"），加以點校，便形成今天這個輯校本《禮記解》（比芸閣本《禮記傳》多出十五篇，計二十則）。陳《錄》所見十六篇，均已包括在內，而且，

＜曲禮＞上下、＜中庸＞、＜大學＞、＜表記＞、＜緇衣＞諸篇
所解，幾乎是全文詳解。因而，這同《易章句》輯校本一樣，雖
非復其原本之舊，卻足見其原書之主要內容。

(3)《論語解》

晁《志》、《宋志》、《通考》均作 " 《論語解》十卷 " ，
尤《目》、《經義考》未注卷數，而書名皆同。依此，今定書名
爲《論語解》，不分卷次。

該書宋元以後已佚，其板刻流傳情況，無從稽考。但趙希弁
《讀書附志》、陳振孫《書錄解題》均著錄有朱熹編撰的《論孟
精義》、《論孟集注》，從中可見該書佚存之概。趙《附志》卷
五上云：

> 《論語精義》十卷、《孟子精義》十四卷，明道伊川橫渠
> 三先生、成都范氏、滎陽呂氏、藍田呂氏、上蔡謝氏、建
> 安游氏、延平楊氏、河東侯氏、河南尹氏十一人之說，晦
> 庵先生所編集也，初曰 " 精義 " ，後改 " 集義 " 。卷末
> " 淳熙辛丑冬至前五日點畢 " 十一字，乃先君子或庵居士師
> 向手澤也。

又曰：

> 《論語集注》十卷、《孟子集注》十四卷，朱文公所著也。
> 先生之於《語》、《孟》，始集程、張、呂、范十一人之
> 說，以為《集義》，旣又本之注疏，參之釋文，採之先儒，

斷之詳說，以為《集注》，《語》、《孟》之精微，蓋牟
於此書矣。布弁所藏各兩本，嶽麓、白鹿洞所刊也。

陳《錄》卷三說得更明白，其中云：

> 《語孟集義》三十四卷，朱熹撰。集二程、張氏及范祖禹、
> 呂希哲、呂大臨、謝良佐、游酢、楊時、侯仲良、周孚先，
> 凡十一家。初名《精義》，後刻於豫章郡學，始名《集義》。

由此可見，呂大臨《論語解》是朱子編定《精義》、《集注》所
引書之一，在朱子時代，一定還有刻本流傳；其後雖佚，但其大
部或全部內容卻藉《精義》、《集注》而得以保存。

《集注》乃《精義》之精髓，但“引前輩之說，而增損改易
本文”（《通考》卷十一〈論語集注〉條下引朱子語），故可按
下不論，現單說《精義》。今可見之《精義》，有清康熙中禦兒
呂氏寶誥堂重刻白鹿洞本（簡稱“寶誥堂本”）、《四庫全書》
本和日本“和刻本”。《四庫全書》經部八四書類收集了《論孟
精義》三十四卷，書前〈提要〉云：

> 《論孟精義》三十四卷，宋朱子撰。初朱子於隆興元年輯
> 諸家說《論語》者為《要義》，其本不傳；後九年為乾道
> 壬辰，因復取二程、張子、范祖禹、呂希哲、呂大臨、謝
> 良佐、游酢、楊時、侯仲良、尹焞、周孚先等十二家之說。
> 薈稡條疏，名之曰《論孟精義》，而自為之序，時朱子年

四十三。後刻板於豫章郡，又更其名曰《要義》。《晦庵集》中有＜書論語孟子要義序後＞曰："熹頃年編次此書，鋟板建陽，學者傳之久矣。後細考之，程張諸先生說，尚或時有所遺脫，旣加補塞，又得毗陵周氏說四篇，有半於建陽陳焞明仲，復以附於本章。豫章郡文學南康黃某商伯見而悅之，旣以刻於其學，又慮夫讀者疑於詳略之不同也，屬熹書於前序之左，且更定其故號《精義》者曰《要義》云云。"是其事也。後又改名曰《集義》，見於＜年譜＞。今世刊本仍稱《精義》，蓋從朱子原序名之也。

這是對《論孟精義》編定、刊行過程的具體記載。按此記載，朱熹自隆興元年（一一六三）始編此書，初刻於建陽；乾道壬辰（一一七二年）又經增補修訂，親自作序，而再刻於豫章。再參照上述趙《附志》所云，淳熙辛丑（一一八一年），朱子在白鹿洞講學之際，此書很可能又鋟板於白鹿洞書院。如此，前前後後經歷近二十年之久，足見朱熹及建陽、豫章、白鹿洞諸學宮，在薈萃條疏、編次增補、刻板印行《精義》一書時，所表現出的嚴肅認眞之精神。由此可知，《精義》所引呂大臨《論》《孟》解說，同所引其他諸家之說一樣，是比較詳盡而可信的。

因此，今以寶誥堂重刻白鹿洞原本《精義》爲依據，先從中輯出呂解，共一百九十五條：＜學而＞十一條、＜爲政＞十四條、＜八佾＞十二條、＜里仁＞十條、＜公冶長＞十二條、＜雍也＞二十三條、＜述而＞十六條、＜泰伯＞十一條、＜子罕＞十一條、＜鄉黨＞三條、＜先進＞十條、＜顏淵＞七條、＜子路＞六條、

＜憲問＞十三條、＜衛靈公＞八條、＜季氏＞八條、＜陽貨＞十二條、＜微子＞四條、＜子張＞三條、＜堯曰＞一條，分繫於各章之下；然後以此作底本，以《四庫全書》本作校本，並參校日本景享保十四年（一七二九）和刻本，進行了校勘標點，便形成了這個《論語解》輯校本。這同《易章句》輯校本一樣，雖非復其原書之舊，但足見其概矣。

(4)《孟子解》

晁《志》、陳《錄》、尤《目》均無著錄，惟《宋志》作"《孟子講義》十四卷"，《經義考》肯定其已佚。其佚存刊行情況，與《論語解》同。今從寶誥堂重刻白鹿洞原本《孟子精義》中，輯出呂解＜梁惠王下＞二條、＜公孫丑上＞三條、＜公孫丑下＞一條、＜滕文公上＞二條、＜離婁上＞四條、＜離婁下＞三條、＜萬章上＞二條、＜萬章下＞一條、＜告子上＞二條、＜盡心上＞三條、＜盡心下＞三條，共計二十六條，分繫於各章之下；並以《四庫全書》本作校本，參照了日本景享保十四年（一七二九）和刻本，加以勘校標點，定名曰《孟子解》。這便是今天可以看到的《孟子講義》的殘存部份。

(5)《中庸解》

晁《志》、陳《錄》、尤《目》均無著錄。《宋志》作"《中庸》一卷"，《經義考》作"呂氏《中庸解》一卷"，特注明："存。疑即《二程全書》中所載本。"今考《二程全書》，其《程氏經說八》中載有此書，朱子對此辨析甚明，他說：

明道不及為書，今世所傳陳忠肅公（瓘）之所序者，乃藍

田呂氏所著之別本也。伊川嘗自言《中庸》今已成書,然
亦不傳於學者;或以問於和靖尹氏,則曰"先生自以不滿
其意而火之矣"。二夫子於此,既皆無書,故今所傳,特
出於門人記平居問答之辭。而門人之說行於世者,唯呂氏
(大臨)、游氏(酢)、楊氏(時)、侯氏(師聖)為有
成書。若橫渠先生,若謝氏(良佐)、尹氏(焞),則亦
或記其語之及此者耳。(《朱子大全》卷七十五<中庸集解序>)

由此足見《中庸解》非二程所著無疑。

　　《朱子語類》和胡宏<題呂與叔中庸解>,進一步論證了
《中庸解》是"呂與叔晚年所為",還說明了其版本流布情況。
《語類》卷六十二云:

　　　向見劉致中說,今世傳明道《中庸義》是與叔初本,後為
　　　博士演為講義。先生又云:尚恐今解是初著,後撮其要為
　　　解也。

胡宏<題呂與叔中庸解>云:

　　　靖康元年,河南門人河東侯仲良師聖自三山避亂來荊州,
　　　某兄弟得從之游,議論聖學必以《中庸》為至,有張燾者
　　　攜所藏明道先生《中庸解》以示之,師聖笑曰:"何傳之
　　　誤?此呂與叔晚年所為也。"燾亦笑曰:"燾得之江濤家,
　　　其子弟云然。"……後十年,某兄弟奉親南止衡山,大梁

向沈又出所傳明道先生《解》，有瑩中陳公所記，亦云此
書得之濤。某反覆究觀詞氣，大類橫渠《正蒙書》。而與
叔乃橫渠門人之肖者，徵往日師聖之言，信以今日己之所
見，此書與叔所著無可疑明甚。(《五峯集》卷三)

二程是關中華陰侯氏之甥，侯師聖少孤，爲二程養育成人，從學
二程最久，他所辨定《中庸解》爲呂大臨晚年著作，無疑是完全
可信的。其版本流傳，正如晁《志》所總括：“陳瓘得之江濤，
濤得之曾天隱，天隱得之傅才孺云。”

因此，今從中華書局校點本《二程集》中，將＜中庸解＞錄
出，並將胡宏＜題呂與叔中庸解＞加以點校，附之於後，以便同
其《禮記解》中的＜中庸解＞相互參照。

(6)＜論中書＞

(7)＜東見錄＞上下

這兩篇均係呂大臨與二程談話答問之記錄，由呂氏本人記錄
整理，被編入《二程全書》之中。前篇見《程氏文集》卷九，是
大臨與程頤論“中”之語，題下有編者注文：“此書其全不可復
見，今只據呂氏所錄到者編之。”可知爲呂大臨所記；後篇見
《程氏遺書》卷二上、下，是呂大臨記元豐二年(一〇七九)入洛
東見二程從學時二程所語，因此記錄流傳版本不同，《遺書》卷
二分上下一並編入，卷二上原題爲＜元豐己未呂與叔東見二先生
語＞，卷下原題爲＜附東見錄後＞，特注云：“別本云亦與叔所
記，故附其後。”可知卷上卷下同係大臨所記，而流傳版本不同
也，都可稱作＜東見錄＞。因此，今從中華書局點校本《二程集》

中將這兩篇錄出，前篇依從原名簡稱＜論中書＞，後篇統稱＜東見錄＞，仍分上下，以示其流傳版本之異。

(8)＜藍田儀禮說＞

(9)＜藍田禮記說＞

(10)＜藍田語要＞

此三篇係《宋元學案補遺》卷三十一所引呂大臨有關專著、文章、語錄的摘抄，今從《四明叢書》第五集＜補遺＞中，全文輯出，加以標點，篇名仍舊。

又考《性理大全書》、《宋元學案》所引大臨語，前者十二則，後者七則，今以《四庫全書》本《大全書》與張氏（汝霖）本《學案》爲依據，分別將其輯出，進行點校，一並附於＜藍田語要＞之內，其中所引重復者，不予刪削，保其原貌，以見藍田其語爲歷代史書所徵引、珍重之實。

(11)《呂氏鄉約‧鄉儀》

此書歷代史書多有著錄。《鄉約》一卷，舊傳爲大忠所作，《宋史》引《鄉約》一條，又載於＜大防傳＞中，經朱熹考定爲大鈞所作；《鄉儀》一卷，舊題蘇昞所爲，依朱熹考定，"乃季明（蘇昞）所序"，而"呂氏書也"。足見此書實係呂氏共同編定，三呂"同德一心，勉勉以進修成德"、淳化風俗爲事。其書刊刻流布最廣，但以《關中叢書》校勘本爲善，故今取此本，加以標點，書名仍舊。

(12)＜文集佚存＞

呂氏文集既佚，今自《皇朝文鑑》、《宋詩紀事》、《宋詩紀事補遺》和《二程集》、《張載集》中，分別輯出呂大臨詩文

八篇：＜哀詞＞、＜橫渠先生行狀＞、＜中庸後解序＞、＜考古
圖後記＞、＜克己銘＞、＜北郊＞、＜送劉戶曹＞、＜春靜＞，
呂大鈞詩文六篇：＜天下爲一家賦＞、＜世守邊郡議＞、＜選小
臣宿衞議＞、＜民議＞、＜吊說＞、＜曾點＞，呂大防詩文三篇：
＜ 請置經略副使判官參謀 ＞、＜幸太學倡和＞、＜萬里橋西＞
（陳按：原無題，據詩首句“ 萬里橋西萬里亭 ”而加），呂大忠
詩一首＜送程給事知越州＞，加以點校，歸爲一編，題作＜文集
佚存＞，以見呂氏詩文之散佚、存流情況。至於歷代關乎呂氏傳
略、佚事之記載，擇其要者，作爲＜附錄＞，載於書末，以備參
考。

綜括以上輯佚編校過程，可以清楚地看到，現在的呂氏遺著，
其實主要是呂大臨的作品。儘管其大部篇章寫作年代不詳，但既
可以肯定《中庸解》是“ 呂與叔晚年所爲 ”，＜東見錄＞、＜論
中書＞爲呂大臨於三十三歲入洛東見二程以後所記錄，那麼，《易
章句 》、《禮記傳》、《論語解》、《孟子解》，從其內容看，
很可能就是呂大臨三十一歲以前，親炙張載時所作。而張載其學
“ 尊禮貴德 ”，“ 以《易》爲宗 ”，大臨從學張子，必然亦從解
《易》入手，而漸漸立說。 所以 ，《藍田呂氏遺著輯校》特將
《易章句》列於書首，本篇依此發其微義，以探明呂大臨在張程關
洛二學之間的理學抉擇。

㈢《易章句》的釋《易》方法及其“大義所在”

　　前章我之所以斷定《易章句》可能爲呂大臨從學張載階段的早期著作，除了依上所述該書在呂大臨全部遺著中所佔有的地位之外，主要依據還在於呂大臨的《易章句》同《橫渠易說》、《伊川易傳》相比，無論就其釋《易》方法與形式來說，還是就其易學內容與主旨而論，都同張載《易說》的"原儒"思路一脈相承❷，帶有更明鮮的原始儒家《易傳》思想的特徵。度正在＜跋呂與叔易章句＞裏雖早就聲言："今觀《易章句》，其間亦有與橫渠異而與伊川同者，然皆其一卦一爻之間小有差異，而非其大義所在；其大義所在，大抵同耳。"但是，《易章句》之"大義"，到底所在何處？它同張程《易說》、《易傳》，究竟有何相同，有何相異？度正卻無說明。因此，本章擬從分析呂大臨釋《易》方法中，來探究其易學之"大義所在"。

　　總的來說，呂大臨的易學方法原本於《易傳》(即"十翼")，直承於有宋一代由胡瑗（翼之）開先河的易學義理派風氣，以張載《易說》闡發的"天人合一"主題爲架構，採取同爾後程頤《易傳》相類似的傳注形式，按十翼義例釋經文，參證儒家經史闡經義，用平實精約的文筆，推天道以明人事倫理，充分發揮了儒家《易傳》的"三才之道"。

　　茲具體分述如次。

(甲)　以十翼義例釋經文

　　《周易》分經與傳，經是周代一部占筮書，其文字包括卦名、卦辭與爻辭；傳是先秦儒家解經的哲學書，其文字包括＜彖＞、＜象＞、＜文言＞、＜繫辭＞、＜說卦＞、＜序卦＞、＜雜卦＞，

其中<彖>、<象>、<繫辭>各分上下兩篇，共七種十篇，亦
稱"十翼"。因《易》經文古簡隱約，屬中國最古之書，不易通
曉，歷代解《易》者五花八門，難計其數。《四庫全書總目》爲
之分析概括云：

> 《左傳》所記諸占，蓋猶太卜之遺法。漢儒言象數，去古
> 未遠也；一變而為京（房）、焦（贛），入於機祥；再變
> 而為陳（摶）、邵（雍），務窮造化，《易》遂不切於民
> 用。王弼盡黜象數，說以老莊；一變而胡瑗、程子，始闡
> 明儒理；再變而李光、楊萬里，又參證史事，《易》遂日
> 啓其論端。此兩派六宗，已互相攻駁，又《易》道廣大，
> 無所不包，旁及天文、地理、樂律、兵法、韻學、算術，
> 以逮方外之爐火，皆可援《易》以為說，而好異者又援以
> 入《易》，故《易》說愈繁。（卷一經部易類一）

胡瑗、程頤，的確是繼王弼之後"始闡明儒理"的宋代易學義理
派人物，但在中國易學史上，眞正始倡以儒理說《易》風氣的，
還要算十翼作者，北宋胡瑗、張載、程頤之《易》說，其實都是
承襲十翼思路而闡發儒理的。呂大臨易學正屬於這一系統,而且,
他所闡明的儒理，與其說和張程大同小異，不如說更接近十翼思
想；他所遵循的義例原則與方法，與其說是依據王弼、胡瑗之義
例，不如說是本於十翼義例。他對卦名、卦辭、爻辭的解法，便
是明證。

(1)先說釋卦名

　　呂大臨在《易章句》中，除了對＜乾＞、＜坤＞、＜泰＞、
＜夬＞等四卦之卦名無直接解釋之外，對其他六十卦之卦名均有
解，其解釋方法有三：

　　第一，依＜序卦＞義釋卦名。採用此法者，計有＜屯＞、
＜蒙＞、＜師＞、＜比＞、＜臨＞、＜噬嗑＞、＜賁＞、＜復＞、
＜頤＞、＜習坎＞、＜離＞、＜恒＞、＜遯＞、＜晉＞、＜家人＞、
＜睽＞、＜蹇＞、＜解＞、＜姤＞、＜萃＞、＜升＞、＜艮＞、
＜漸＞、＜豐＞、＜旅＞、＜兌＞、＜渙＞等二十七卦之多。例
如釋 " 屯 " 云：

　　　　屯者，物始生而未達者也。（＜屯（卦三）＞）

釋 " 蒙 " 云：

　　　　蒙者，物有所蔽而未發也。（＜蒙（卦四）＞）

釋 " 師 " 云：

　　　　師，帥衆有所治也。（＜師（卦七）＞）

這顯然是本於＜序卦＞所謂：" 有天地，然後萬物生焉。盈天地
之間唯萬物，故受之以屯。屯者，盈也；屯者，物之始生也。物
生必有蒙，故受之以蒙。蒙者，蒙也，物之稺也。……訟必有衆
起，故受之以師。師者，衆也。" 同時，也有兼依＜彖＞義者，
如釋＜師＞之卦名，＜彖＞云：" 師，衆也；貞，正也；能以衆

正，可以王矣。”這分明也是呂大臨之所以把“師”解作“帥衆有所治也”的根據。

第二，依＜彖＞義釋卦名。運用此法者，計有＜需＞、＜訟＞、＜小畜＞、＜否＞、＜觀＞、＜无妄＞、＜咸＞、＜明夷＞、＜損＞、＜益＞、＜震＞、＜歸妹＞、＜巽＞、＜小過＞等十四卦。例如釋“需”云：

> 需，有所待而進也。（＜需（卦五）＞）

＜序卦＞謂“需者，飲食之道也”，＜彖＞曰“需，須也，險在前也，剛健而不陷，其義不困窮矣”，而呂大臨釋“需”爲“有所待而進也”，並說：“乾健欲進而險在前，姑有所待，終必濟也。”這顯然是對＜彖＞義的直接引申和概括。又如＜咸＞之卦名，＜序卦＞無解，＜彖＞謂“咸，感也，柔上而剛下，二氣感應以相與”，而呂大臨則說：“咸，以無心感也。咸之所感不一，故咸之義又爲感。天與地相感，故萬物化生；聖人與人心相感，故天下和平。”他特別強調以“無心”而相感，這肯定是對＜彖＞“二氣感應以相與”之義的發揮。

第三，依卦名本身字義釋卦名。使用此法者，計有＜履＞、＜同人＞、＜大有＞、＜謙＞、＜豫＞、＜隨＞、＜蠱＞、＜剝＞、＜大畜＞、＜大過＞、＜大壯＞、＜困＞、＜井＞、＜革＞、＜鼎＞、＜節＞、＜中孚＞、＜既濟＞、＜未濟＞等十九卦。例如其云：

> 履，踐而行也。（＜履（卦十）＞）
> 同人者，樂與天下共也。（＜同人（卦十三）＞）

大有，無所不容也。（＜大有（卦十四）＞）

謙，持盈若不足也。（＜謙（卦十五）＞）

豫，安逸無所事；豫，前定也。（＜豫（卦十六）＞）

隨，有從而無違也。（＜隨（卦十七）＞）

蠱，治壞者也。（＜蠱（卦十八）＞）

剝，浸以衰而將落也。（＜剝（卦二十三）＞）

大畜，據其所自得也。（＜大畜（卦二十六）＞）

大過，非常情之所及也。（＜大過（卦二十八）＞）

大壯，居强盛之勢也。（＜大壯（卦三十四）＞）

凡此種種，雖依卦名本身字義釋卦名，又同＜序卦＞或＜彖＞所解，其義相合，如＜彖＞解"大壯"爲"大者壯也，剛以動故壯"，＜序卦＞釋"蠱"爲"事也"云云。

(2)再說釋卦辭

自王弼《易注》將＜彖＞、＜象＞分置於各卦卦辭之後以解卦辭以來，胡瑗、張載承傳此例，幾乎全以＜彖＞、＜象＞之義解卦辭，呂大臨釋卦辭亦毫不例外。在《易章句》中，除了＜泰＞、＜夬＞兩卦卦名與卦辭今不見其解之外，其他六十二卦卦辭，各隨卦名均有解說。所有解說，除解＜乾＞卦辭"元亨利貞"是依＜文言＞之外，其他卦辭全以＜彖＞義立說，而且言簡意賅，中肯暢曉，不涉玄虛。試以＜蒙（卦四）＞來說吧，其原卦辭云：

蒙。亨。匪我求童蒙，童蒙求我。初筮告，再三瀆，瀆則不告，利貞。

＜彖＞先解卦名"蒙"："山上有險，險而止，蒙。"然後解釋這段卦辭云：

> "蒙亨"，以亨行時中也。"匪我求童蒙，童蒙求我"，
> 志應也。"初筮告"，以剛中也。"再三瀆，瀆則不告"，
> 瀆蒙也。蒙以養正，聖功也。

呂大臨《易章句》幾乎全然依＜彖＞此例，同樣先釋卦名，再接
着釋上段卦辭曰：

> 是卦也，主發蒙而言，故曰"蒙亨"，以發為亨也。發蒙，
> 教者也；蒙，學者也。教者之心所施於學者，皆亨道也。
> 君子之教者五，所謂"以亨行時中"也。"匪我求童蒙，
> 童蒙求我"，有來學，無往教也；"不憤不啟，不悱不發"，
> 彼有來學之誠，乃可授之以教，"志應也"；童蒙之質，
> 德性未喪，特未發耳，由是而養之以正，不流於邪，雖聖
> 人之學，不越於是，故曰"聖功也"。"利貞"者，貞則
> 不失其性也。

把＜蒙＞卦辭釋作"主發蒙而言"，即教授來學之意，並把"以
亨行時中"看作"君子之教"的主旨，力陳教者與學者的關係，
這無疑不盡是本卦辭的本義，也不完全符合＜彖＞義；但這畢竟
是呂大臨依據＜彖＞所謂"蒙以養正"之"聖功"思想，所作的
新說，它始終未離開＜彖＞解的基調。

在以＜彖＞義釋卦辭的同時，呂大臨還利用此卦與其相應彼

卦之比較方法，來釋此卦卦辭。他釋＜小畜＞卦辭時，用＜大畜＞卦作比較；釋＜損＞卦辭時，用＜益＞卦作比較；釋＜既濟＞卦辭時，用＜未濟＞卦作比較；釋＜大過＞卦辭時，用＜小過＞卦作比較。凡此比釋，又均以＜彖＞義爲張本。例如釋＜小畜＞卦辭 " 亨。密雲不雨，自我西郊 " 云：

> 小畜、大畜，據其所自得也，所得有大小，故謂之 "大畜"、
> "小畜 "。柔得位而上下應之，畜之小者也；剛上而尚賢，
> 畜之大者也。以巽畜健，所畜小也；以止（艮）畜健，所
> 畜大也。雲自東而徂西則雨，自西而徂東則不雨。陰生於
> 西，陽生於東，陽往交陰，陰能固之，乃雨；陰往交陽，
> 而陽不應，則何從而雨？故 "自我西郊 "者，言雲自西而
> 徂東也。

這裏雖以＜大畜＞（☰☶）比釋＜小畜＞（☰☴），即以 " 止（艮☶畜健（☰）" 比釋以 " 巽（☴）畜健（☰）" ，卻仍以＜彖＞所謂 " 小畜，柔得位而上下應之曰小畜。健而巽，剛中而志行，乃亨。' 密雲不雨 '，尚往也。' 自我西郊 '，施未行也 " 云云爲根據。可見，依＜彖＞義釋卦辭，是呂大臨所奉行的基本釋法。

(3)三說釋爻辭

釋爻辭是呂大臨解《易》經文的重點內容。按照十翼的說法，古時聖人作《易》，將以順性命之理， "是以立天之道，曰陰與陽；立地之道，曰柔與剛；立人之道，曰仁與義 " （＜說卦＞），兼天地人三而兩之，故成爲六。六者，即天地人 " 三才之道 " 或

"三極之道"（＜繫辭上＞）；道有變動，故稱作"爻"。積六爻而成卦，故爻爲卦之體；爻動而卦變，故爻又爲卦之用。卦之體用，俱在於爻，"爻象動乎內，吉凶見乎外，功業見乎變，聖人之情見乎辭"（＜繫辭下＞），故爻變所造成的吉凶、功業，又俱見之於爻辭。因此，歷代說《易》者，無不重釋爻辭。在《橫渠易說·乾》中,張載甚而用一段千字以上的長文，來演釋爻辭（見《張載集》中華書局一九七八年第一版，第七五——七八頁），並且把爻卦之"體用不二"，作爲建構自己哲學的方法論原則。呂大臨實際上承襲了這一原則，依據十翼規定的爻位、爻德及其同卦時、卦德、卦象相互配合之體用關係，簡釋爻辭。舉其大端，主要有下列幾種情況：

第一，依爻位是否當位釋爻辭。一卦之中，爻雖變動無常，但六爻各有定位，正如十翼所說："變動不居，周流六虛。"（＜繫辭下＞）"大明終始，六位時成。"（＜乾·彖＞）六虛者，即初、二、三、四、五、上等六位，六位之初爻、二爻爲地位，三爻、四爻爲人位，五爻、上爻爲天位。爻有柔剛（亦稱爻德），而上下進退；位有陰陽（一三五爲陽，二四六爲陰），而位無變動。爻變無常，剛柔錯雜，其位必然有當與不當。按十翼所說，一般剛居陽位，柔居陰位，爲當則吉；剛居陰位、柔居陽位，爲不當則凶。然而，六十四卦中，卻只有＜既濟＞一卦之六爻柔剛陰陽，各當其位，如圖所示：

上陰爻 ———— ⎫
　　　　　　　⎬ 天位
五陽爻 ———— ⎭

```
四陰爻　　　－－　⎤
　　　　　　　　　⎬人位
三陽爻　　　－－－⎦

二陰爻　　　－－　⎤
　　　　　　　　　⎬地位
初陽爻　　　－－－⎦
```

除此之外，所有六十三卦，各有其不當位者，十翼常有"貴而無位，高而無民"（＜乾·文言＞）、"雖不當位，未大失也"（＜需·象＞)等等說法。所以，依爻位之當與不當，以釋爻辭所表達的人事吉凶吝悔，自然成了各家解《易》之通則，千古一律。呂大臨無以異之，並將此作爲釋爻辭的主要方法，幾乎每卦都有應用。如云：

> 六三以陰居陽，迫近九四，位旣不當，德亦無常，進退久速，皆未得其所安。以斯求豫，宜有悔也。

這是解＜豫＞卦（☷☳）六三爻辭："盱豫，悔，遲有悔。"

> 六四以柔居陰，處上體之下，比於貴而非王也，故"利用賓于王"。

這是解＜觀＞卦（☴☷）六四爻辭："觀國之光，利用賓于王。"

　　這兩例，前者是以柔居陽而"位旣不當"釋爻辭，後者是以"柔居陰"而當位釋爻辭，但又都本於其＜象＞所釋"盱豫有悔，位不當也"（＜豫·象＞)，"觀國之光，尚賓也"（＜觀·象＞)

云云。其實，呂大臨在釋爻辭時，並不單純只靠爻位是否當位一法去論斷，與此同時，他還依據爻位的比應關係，及其與卦時、卦德、卦象之關係，進行綜合分析。

第二，依爻位比應與否釋爻辭。爻有當位，也有比應。如果說，當位是指一爻自身柔剛在一卦中所處的陰陽位置，那麼，比應就是指一爻在一卦中，同它相比連的爻和相對應的爻之間的陰陽關係。每一卦中，上下體相對應之爻曰"應"，逐位相比連之爻曰"比"，如☷☵＜師·象＞云"剛中而應"，即指下體之九二與上體之六五兩爻陰陽互相對應，☲☰＜同人·象＞云"中正而應"，即指下體之六二陰爻對應上體之九五陽爻。又如☵☷＜比·象＞云"比之自內，不自失也"、"外比於賢，以從上也"，即指六二上比六三、下比初六，皆陰柔非正，但同在內卦(下體)，可守貞性於內，所以"不自失也"；而六四上比九五，陰求之陽，所附者賢，下比六三，二陰難附，所以"以從上也"可獲吉。可見，十翼認爲，比與應必須是一陰一陽，一柔一剛，方能相求而相得。呂大臨乃依此例，如云：

> 初六前遇三陰，莫適比也。莫適比則無所私，无所私則有信而巳。以信比之，何往不可，故以有孚比之，无咎矣。……

這是針對＜比·初六＞"有孚比之，无咎。有孚盈缶，終來有它，吉"而言也。

比之時，主比而不主應。諸爻皆比，二獨應五，守貞性於內而不失者也。

這是針對＜比·六二＞"比之內，貞吉"而言也。

六三居二陰之間，所比皆不善也，故曰"匪人"。

這是針對＜比·六三＞"比之匪人"而言也。

六四獨比於五，比比陽也；雖獨有所附，所附者賢，守是
不變，亦可以獲吉。

這是針對＜比·六四＞"外比之，貞吉"而言也。

九五以一陽為眾陰之主，從之者吉，背之者凶，顯比者也，
如三驅之法，明示以舍逆取順之道也。……

這是針對＜比·九五＞"顯比，王用三驅失前禽，邑人不誠，吉"
而言也。凡此，都是集中運用比法釋爻辭的。同時，又都是對＜比·
象＞所謂"比之初六，有它吉也"、"比之自內，不自失也"、
"比之匪人，不亦傷乎"、"外比於賢，以從上也"、"顯比之
吉，位正中也"諸解大義的發揮。

又如其云：

六四以陰居陰，當乎位，質也；以四應初，剛柔相錯，文

也。雖與初應，而近比九三，近而不相得，以為己寇。
"賁如"者，欲應初也；"皤如"者，安於當位以辟寇也。
有是疑也，故或文或質，然潔白其行以待之，寇卒不可得
而犯，則婚媾諧矣！

此指☲☶〈賁‧六四〉"賁如皤如，白馬翰如，匪寇婚媾"而說。
呂解認為，六四以柔居陰，不僅當位，而且以陰柔與下體初九剛
陽相應，與九三剛陽比連，既文又質，所以，可以斷定爻辭所載
的這對男女婚姻，是美滿和諧的，他人"不可得而犯"也。很顯
然，這是利用爻位是否當位與是否比應結合的方法，去解爻辭。
同樣不離開其〈象〉所云"六四當位，疑也。匪寇婚媾，終無尤
也"之義。

　　第三，依爻位是否中正釋爻辭。按十翼義例，八卦於六爻，
各有其當位之爻，稱之"正位"。一卦之二五，各以正位居上下
體之中，僅以陰陽言之，則稱"得中得正"或"居中守正"。
〈彖〉、〈象〉曰:"中正而應"，"中正而志行"，"位正中也"，
"尚中正也"，"女正位乎內，男正位乎外"等等，均是以陰陽
言二五爻也。呂大臨釋二五爻辭，亦襲用〈彖〉、〈象〉解法，
如云:

　　九二居健之中，其健巳具，若豕之牙漸不可制。六五居尊
　　守中，能以柔道殺其剛暴之氣，若豶豕。（〈大畜（卦二十
　　六）〉）
　　六五居蒙之時，在上居中，大人不失赤子之心者也。

（＜蒙（卦四）＞）

九五陽居至尊中正之位，三陽上進，志同情悅，需於酒食，以交歡也。（＜需（卦五）＞）

九二之德，以乾下坤上，中正無頗，此所以得尚乎中行。（＜泰（卦十一）＞）

六二上承下包，柔順且中，小人所以自容也。（＜否（卦十二）＞）

六五以柔中居尊位，其體又順，不以威武臨天下者也。（＜謙（卦十五）＞）

六二"晉如"，進而之明也；"愁如"，上無應也。六五以柔居尊，王母之象也。王母，祖母之稱，婦人之尊也。二、五俱無應，而皆處中正，以中正相感而不以它，故"受茲介福"也。（＜晉（卦三十五）＞）

六二與九五為應，以柔變剛，以下變上，用力也難，久而後能革之。然同處於中，水火相濟，行必有嘉，故"吉无咎"。……九五以剛居尊而履中正，革道大成，聖人作而萬物覩者也。（＜革（卦四十九）＞）

凡此八條，已足以可見：呂大臨不僅應用十翼關於二五"中正"之例，時而配合卦時，時而配合爻德以至其象，力求通釋爻辭；而且，特別值得注意的是，他還依據這一易例，來建構自己一整套諸如人倫君德、大小尊卑的儒理思想，他的中說、禮論，蓋同此相關。這一點將在下章仔細論述。

總之，呂大臨無論使用那一類方法釋爻辭，同他釋卦辭和釋卦名一樣，都沒有拋開十翼而隨意解說，均同十翼義例原則相契而無悖。

(乙) 引儒家經史闡經義

誠如上節所說，易學自王弼開義理派先聲而後，一變爲北宋胡瑗、張載、程頤諸儒"始闡明儒理"，再變而爲南宋李光、楊萬里"又參證史事"，隱然獨樹一幟。其實，引史說易，本源於卦爻辭自身，"高宗伐鬼方，三年克之"（＜既濟‧九三＞）、"帝乙歸妹，以祉元吉"（＜泰‧六五＞），即其例證。《易傳》講哲學，同時參證經史；胡、張、程闡儒理，亦非不引經史。呂大臨同樣如此，雖引述不多，每每不過數言，卻自有一番用意。

僅就《易章句》明引的經史來說，可分經傳與史事兩類，而以經傳爲主。其中有的是爲釋卦爻辭而引，有的是爲發明＜彖＞＜象＞而引，均寥寥幾句，簡明扼要，毫無《讀易詳說》、《誠齋易傳》那種有意博徵旁通之風。

(1)先說引經傳

呂大臨引經傳，可以說廣取《四書》、《五經》，但引《論》《孟》最多。引《論語》者，有＜乾‧文言＞三則、＜蒙‧象＞一則、＜師‧象＞一則、＜比‧象＞一則、＜觀‧象＞一則＜大畜‧象＞兩則、＜困‧象＞兩則，共十一則，分別見之《論語》的＜微子＞、＜子罕＞、＜雍也＞、＜述而＞、＜鄉黨＞、＜爲政＞、＜里仁＞、＜憲問＞諸篇。

引《孟子》者，有＜乾‧文言＞一則、＜否‧象＞一則＜隨‧象》一則、＜家人‧象＞一則、＜睽‧象＞三則、＜艮‧六

二＞一則，共八則，分別見之《孟子》的＜盡心上＞、＜盡心下＞、
＜告子下＞、＜離婁上＞、＜離婁下＞諸篇。

　　引《中庸》者，有＜觀・上九＞一則，見之於"大哉聖人之
道"章。

　　引《書經》者，有＜觀・上九＞一則，見之於《尚書・酒誥》。

　　引《詩經》者，有＜離・九三＞一則，見之於＜國風・唐＞。

　　引《禮經》者，有＜晉＞卦辭一則，見之於《禮記・祭統》。

　　引《春秋》者，有＜乾・用九＞、＜益・六四＞各一則，見
之於《春秋左傳》"昭公二十九年"與"隱公六年"。

　　此外，還有釋＜觀＞卦辭引《荀子》一則。

　　以上明引經傳共二十六則，而其十九則，乃引自《論》《孟》，
甚至在釋同一卦爻辭裏，竟連連數引。例如　，釋＜乾・文言＞
"不易乎世，不成乎名"條云：

> "不易乎世"，與孔子所謂"天下有道，丘不與易也"之"易"
> 同；孟子云"夷子思以易天下"亦然。"不成乎名"，與"博
> 學而無所成名"同。

又如，釋＜睽・彖＞"二女同居，其志不同行"條云：

> 睽，趨異而不相合也。物有異而同者，天地、男女是也；
> 有同而異者，"二女同居，其志不同行"是也。異而同
> 者，迹異而心同，孟子曰"或遠或近，或去或不去，君
> 子亦仁而已矣，何必同"，又曰"禹、稷、顏回同道，

曾子、子思易地而皆然”是也；同而異者，迹同而心異，
孟子曰“有伊尹之志則可，苟無伊尹之志則纂也”，魯人
曰“柳下惠固可，吾固不可”是也。

可見呂大臨不僅通《六經》、深於《禮》，而且像張載“以孔孟
爲法”一樣，對《論》《孟》已十分重視。究其用心，卻在於用
《論》《孟》通釋《易傳》，以發明十翼的儒理思想。

(2)再說引史事

呂大臨明引史事不多，只有＜同人·象＞一則、＜大有·九
三＞一則、＜明夷·象＞一則、＜明夷·六五＞一則、＜升·六
四＞一則、＜漸·九三＞一則、＜未濟·九四＞一則，共計七則。
按其所引內容來說，除＜同人·象＞一則，是引墨子“尚同”，
以批評其不合乎聖人“類族辨物，大同而小異”的思想之外，其
他六則，多屬周代史事。如釋《升·六四》爻辭“王用亨于岐山，
吉无咎”云：

> 六四以太王之事明之，六五以文王之事明之。太王不忍戰
> 其民，遂以避狄，策杖去邠，之岐山之下居焉，而從之者
> 如歸市，因以肇基王迹。柔升之道莫盛於此。蓋六四以陰
> 居陰，其柔至矣，而乃升於上體，順而上進，如太王之事
> 也。文王有君民之大德，有事君之小心，三分天下有其二
> 以服事商，蓋大得天下之心，猶執柔中以事上，不失人臣
> 之貞，而履人君之勢，故曰“貞吉升階”。

這足以表明，呂大臨之所以重引周史，來參證爻辭，申說＜彖＞＜象＞，其旨趣正是要爲他所闡釋的儒家君臣之道，尋找史實根據，這同他引經傳之用心，毫無二致。

由此可見，呂大臨無論釋《易》經文，還是闡《易》經義，或依儒家十翼義例，或援引儒家經傳史事，其終極目的，乃在於要按照原始儒家的本來思想，以闡明儒理，這正是《易章句》之"大義所在"。僅就此而言，它的確不同於王弼《易注》，也有別於程頤《易傳》，而同張載《易說》的"原儒"大義相通。不過張載也同程頤一樣，其"原儒"方法的主旨，乃是爲了進一步弘揚儒家的心性義理之學，而呂大臨的《易章句》，卻尚未達到這個高度。

㈣《易章句》的儒理思想及其與張程之異同

現在，我們需要具體分析一下《易章句》所蘊涵的儒理思想，才能眞正看出它同張載《易說》之"大義所在"究竟有何相同。如果說，從呂大臨的釋《易》方法中，已見其作《易章句》之用心，是沿襲張載《易說》力闢釋老、復興儒學的"原儒"思路，要把恢復儒學本義作爲自己承傳和發展張載理學思想的理論前提；那麼，從他以儒家十翼義例釋《易》所論述的儒理中，則可見其依照張載"性與天道合一"（"天人合一"）的《易說》主題，在《易章句》裏，已將原始儒學非常自然地導向宋明理學（新儒學）所作出的努力。天人本一論、居尊守中論、正心修身論，就是他的主要勞績。

(甲) 天人本一論

在儒家哲學裏,《易傳》首次完整的表達了儒家關於"天人合一"的思想,但它是以宇宙生化論,來把握天人關係的。它先把宇宙一分爲三,認爲:"易之爲書也,廣大悉備,有天道焉,有人道焉,有地道焉。兼三才而兩之故六,六者非它也,三才之道也。"(＜繫辭下＞)再將"三才"合而爲一,認爲"有天地,然後萬物生焉。盈天地之間者唯萬物","有萬物,然後有男女;有男女,然後有夫婦;有夫婦,然後有父子;有父子,然後有君臣;有君臣,然後有上下;有上下,然後禮義有所錯"(＜序卦＞)。但它並沒有說明天地、萬物、男女是怎樣能成爲"合一"的。張載從"天人一氣"的宇宙本體論上,論證了天人萬物統一於永恒運動變化着的"氣",才眞正解決了天人如何"合一"的難題。呂大臨承傳了張載這一重要的哲學貢獻,通過下列命題,簡要論述了"天人本一"的儒理思想。

(1)"造化之所以然,乃《易》之本也"

呂大臨首先肯定"昔者聖人作《易》"的本義,不是"象數",也不是"圖書",而在於說明天人萬物"造化生生之所以然而已"。儘管＜繫辭上＞和＜說卦＞都有"揲蓍"、"順逆數"之說,但他解釋說:

> 逆數者原其始,順數者要其終。要其終者本於數,往安已過之,逆知其終也。盛衰生息,皆有常數而已;原始者,

可以知來、知未來之事，其始也，皆出於造化生生之所以
然而已。造化之所以然，乃《易》之本也，故曰 " 《易》，
逆數也 " 。

這裏把 " 逆數 " 釋作 " 原其始 " ，把 " 順數 " 釋作 " 要其終 " ，
而數之順逆終始，實乃天地萬物之 " 盛衰生息 " ；而《易》之八
卦定位，又是以乾（☰）、兌（☱）、離（☲）、震（☳）、巽
（☴）、坎（☵）、艮（☶）、坤（☷）爲序，即 " 逆數 " 也，
所以，聖人作《易》之本義，也就是要揭示天地萬物其所以能造
化生生之本然。這種解釋，無疑是同＜說卦＞所說的 " 天地定位，
山澤通氣，雷風相薄，水火不相射，數往者順，知來者逆，八卦
相錯，是故《易》，逆數也 " ，其義相合而不悖，但是，呂大臨
並沒有拘泥於這種文義疏釋，而進一步運用張載 " 體用不二 " 的
方法論原則，分析了天地萬物之所以 " 造化生生 " 、 " 盛衰不息 "
的根源。

　⑵ " 大氣本一，一體二用 "

　這是呂大臨論述 " 天人本一 " 思想的根本命題，同張載《易
說》 " 一物兩體者，氣也 " 的命題，如出一轍。他解＜繫辭上＞云：

　　大氣本一，所以爲陰陽者，闔闢而已。開闔二機，無時止
　　息，則陰陽二氣，安得而離？陽極則陰生，陰勝則陽復，
　　消長凌奪，無俄頃之間，此天道所以運行而不息。入於地
　　道，則爲剛柔，入於人道，則爲仁義。才雖三而道則一，
　　體雖兩而用則一。

> 大氣本一，所以爲陰陽者，闔闢而已。氣闢則溫燠發生，
> 闔則收歛肅殺佢。一體二用。不可以二物分之。分之二用
> 物，則闔闢之機露則布，生生之用息矣。

這就是說，宇宙萬物之本體，實即一個統一的"大氣"，由於自身"開闔二機無時止息"的運動，使統一的"大氣"分爲陰陽二氣。陰陽二氣，相互依存，相反相成，"消長凌奪"，運行不息，這便是"天道"；"天道"運行而"入於地道"，剛柔相摩，產生萬物；又"入於人道"，便有了男女、夫婦、父子、君臣、上下、仁義。而"天道"、"地道"、"人道""才雖三而道則一"，都是統一的"大氣"。非常明白，這基本符合張載"天人一氣"的思想，而同程頤《易傳》"往來屈伸只是理"、"萬理出於一理"的主題，其義相悖。

然而，呂大臨特別強調，闔闢陰陽是"大氣"一體之二用，"陰陽相耦，其體雖兩，其致一也"（＜損（卦四十一）＞），絕"不可以二物分之"。如果把它看成兩個互不相干的"二物"，那麼"大氣"之開闔運動，就會止息，萬物之造化生生，也便會終結。顯然，這種"一體二用"的原則，不僅與張載《易說》"體用不二"的方法論相通，而且也合乎程頤《易傳》"體用一源，顯微無間"的宗旨。表明"體用不二"，是張、程和呂大臨解決"天人合一"問題所共同遵循的方法論原則，只是他們所說的一"體"，有"氣"、"理"的分野而已。

(3)"生生無窮，天地之本心也"

＜繫辭下＞本有"天下同歸而殊塗，一致而百慮"，"天下

之動，貞夫一者也”的話，張載《易說》解釋說：“貞，正也，本也，不眩、不惑、不倚之謂也。”“天下之動，貞乃能一也。……天下之動，不眩惑者始能見夫一也。所以不眩惑者何？正以是本也。本立則不爲聞見所轉，其聞其見，須透徹所從來，乃不眩惑。此蓋謂人以貞而觀天地，明日月，一天下之動也。”（《張載集》第二一○頁）呂大臨繼承了張載這一思想，提出了“生生無窮，天地之本心”的命題，通過“陰陽”、“剛柔”、“損益”、“動止”、“交感”諸範疇的矛盾運動，分析了“天人本一”，“天下通一氣，萬物通一理”的內在根據。

首先，他從大氣的陰陽消長、生生無窮，肯定“天下通一氣，萬物通一理”乃“出於天道之自然”，是“天地之本心”，非人謀也（見＜繫辭下＞解）。他解＜復＞卦辭與＜象傳＞云：

> 復，極而反其本也。自＜姤＞（☰）至＜剝＞（☷），陰日長而陽日消，至於＜坤＞（☷），則無陽而陰極矣！陰極則陽反，故彼長則此消，此盈則彼虛。消長盈虛，終則有始，循環無窮，理之必然者也。復，陽始生之卦也。“天地之大德曰生”，方陽之消，雖理之必然，然非天地之本心，故至陽始生則反，行天地之本心，故謂之“復”。“復亨”，陽進必亨也。陽消為入，長為出，出入皆理之所必然，非所病也。方其未長，群陰朋來不足咎也。所以无疾无咎者，以“反復其道，七日來復”故也。陽自＜姤＞（☰）而始消，＜剝＞（☷）盡六陽以為＜坤＞（☷），然後＜復＞（☷），故七日也。陽之未長，止可无疾无咎；

　　至於來復，然後"利有攸往"，以剛長也。方陽之長，生
生无窮，此天地之心也。

這段可說是呂大臨在《易章句》中，對陰陽"消長盈虛"之辯證
發展，最精彩的集中論述。其大意有二層，一曰陰陽二氣是一個
互相依存、互相對立的矛盾統一體。陰極則陽反，彼長則此消，
此盈則彼虛。消長盈虛，終則有始，循環無窮，由此推動天地萬
物生生不息。二曰陰陽消長，萬物生生，這同人謀無涉，而是
"行天地之本心"，皆陰陽二氣"理之所必然"。這後一層，乃是
呂大臨突出強調的＜復＞卦之"大義所在"。

　　張載亦認爲"此義最大"。他解＜復・彖＞云：

　　＜復＞言"天地之心"，＜咸＞、＜恒＞、＜大壯＞言
"天地之情"。心，內也，其原在內時，則有形見，情則見
於事也，故可得而名狀。自＜姤＞而＜剝＞，至於上九，
其數六也。＜剝＞之與＜復＞，不可容綫，須臾不復，則
乾坤之道息也，故適盡卽生，更無先後之次也。此義最大。
……大抵言"天地之心"者，天地之大德曰生，則以生物
爲本者，乃天地之心也。……＜象＞曰："終則有始，天
行也。"天行何嘗有息？正以靜，有何程期？此動是靜中
之動，靜中之動，動而不窮，又有甚首尾起滅？自有天地
以來以迄于今，蓋爲靜而動。天則無心無爲，無所主宰，
恒然如此，有何休歇？人之德性亦與此合，乃是已有，苟
心中造作安排而靜，則安能久！然必從此去，蓋靜者進德
之基也。（《橫渠易說・復》，《張載集》第一一三頁）

顯而易見，張載在此所說的天地"以生物爲本"，而"天則無心無爲，無所主宰"，正是呂大臨所闡發的"天地之本心"、"理之必然"的眞意。呂與張解＜復·象＞之大義，確實"大抵同耳"；而與程解＜復·象＞所說的"陽，君子之道。陽消極而復反，君子之道消極而復長也……君子之道旣復，則漸以亨通，澤於天下，故復則有亨盛之理也"（《周易程氏傳》卷二，《二程集》第八一七頁），其旨趣所在，亦無大異。不過，張載所提出的"靜中之動，動而不窮"的動靜觀，呂大臨却未能眞正領略。儘管，他也講："時止則止，止不失時，所以无咎。時行而止，時止而不止，皆失之固。"（＜艮（卦五十二）＞）但僅僅只是針對＜象傳＞"動靜不失其時"而言，始終未觸及到動與靜的辯證統一關係。

其次，呂大臨還從陰陽之剛柔損益，進而申論了只有陰陽相交，以誠相感，"與時偕行，惟變所適"，才能使"萬物發生"，天人一體。"剛柔"是陰陽二氣的性質，亦稱陰陽爻之爻德；"損益"乃指陰陽剛柔二性之得失關係，二者均屬用以表達陰陽二氣對立統一性質的範疇。剛柔、損益，旣表明了陰陽二氣是對立的，但何以又能成爲統一體？張載講得最淸楚：

> 陰陽、剛柔、仁義，所謂"性命之理"。
>
> 《易》一物而三才備：陰陽，氣也，而謂之天；剛柔，質也，而謂之地；仁義，德也，而謂之人。
>
> 一物而兩體者，其太極之謂歟！陰陽天道，象之成也；剛柔地道，法之效也；仁義人道，性之立也；三才兩之，莫

不有乾坤之道也。《易》一物而合三才，天地人一，陰陽
其氣，剛柔其形，仁義其性。（《橫渠易說‧說卦》，《張載
集》第二三五頁）

這裏，張載從天地人形成的本體上，論證了“天地人一”的統一
性之根據。他認爲，陰陽二氣之矛盾運動，產生了有剛柔形體的
萬物，同時也形成了有仁義道德屬性的人，所以，這是“一物而
合三才”，雖說“三才”各自有其相對的獨立性，卻均統一於“太
虛之氣”。這無疑是當世最高明的見解。

呂大臨承傳了這個思想。他首先指出，陰陽二氣本是一個有
交有感的統一體：“天之陰陽交則雨，人之陰陽交則汗”，陰陽
相交，則“物情大通”（＜渙（卦五十八）＞）；“天下雷行，
萬物發生，皆以誠感”（＜无妄（卦二十五）＞）。然後又指出，
陰陽之剛柔損益，只有適時以變，則“物情”自然與“天道合矣”。
他解＜損‧彖＞時說得最詳，其云：

省約以為善也。損下益上曰損，損上益下曰益，蓋陰從陽
以益之，陽資陰以自益。艮止於上，兌說於下以從艮，損
下益上也；雷動於下，巽居於上以入之，損上益下也。說
之道上行，巽之動入於下也。凡物之情，則惡損而好益；
天之道，則惡盈而好謙。知損之為益，則物情有孚，天道
合矣，故可以“元吉无咎”。時損時益，則損之道不可以
為正，惟“損而有孚”，故乃以“元吉无咎”，當損之時，
故曰“可貞”。時損則損，時益則益，苟當其時，無往而

不可,故損益皆"利有攸往"。當損之時,將何所用乎?
然君子不以微薄廢禮,苟有明信,雖澗溪沼沚之毛,可薦
於鬼神,故"二簋可用享"。陰陽消長,往反無常,惟其
時而已。損益之氣在上,下則以柔益剛,然剛陽有餘,陰
柔不足,則損剛益柔亦有時矣。由是觀之,天地陰陽,屈
伸消長,與時偕行,惟變所適,君子取之以損益者也。

這段話的文意十分清楚,雖然是解＜損＞(☲☳)卦辭和＜象傳＞
的損益之道,同儒家《易傳》一樣,處處流露出尊陽賤陰的崇上
傾向,但其主旨卻是講陰陽消長、剛柔損益,只有"與時偕行,
惟變所適",才能使天之道、物之情、人之性在"往反無常"的
變化發展中,始終保持其"天人本一"的統一體。如果說,前面
他所說的"陰陽消長","生生無窮",其大義是講陰陽二氣的
矛盾運動,具有內在的必然性("理之必然"),是絕對的;那
麼,這裏所強調的"與時偕行,惟變所適",其用心就是要同時
指明,陰陽二氣的"屈伸消長"互相轉化,也具有外在的條件性,
也是相對的。正是由於陰陽二氣在這兩個方面的統一中"惟變所
適",因而天地萬物才"生生無窮"。顯然,這同張載"天地人
一"的思想基本一致,而同程頤解＜損＞卦辭所說的"損之義,
損人欲以復天理而已"(《周易程氏傳》卷三,《二程集》第九
○七頁)卻有根本的不同。

　　然而,值得一提的是,呂大臨同程頤一樣,同受釋《易》傳
注體例的嚴格制約,並未眞正承襲張載《易說》那種自由發揮體,
去充分論證"天人本一"的宇宙本體論思想;《易章句》所蘊涵

的上述思想，尚難與張載《易說》的宇宙論見解試比高。但他們三人的終極關懷，卻完全一致，都是"推天道以明人事"，爲君臣上下之序、君子小人之道，提供本體論根據。

(乙)　居尊守中論

"居尊守中"，既是呂大臨釋爻辭的重要義例與方法，也是呂大臨開始構築自己政治論、修養論、心性論的理論依據。本節主要分析其政治論之要義。

(1)"中道"之人倫規定

通閱《易傳》，言"中"說"正"，或二者連稱"中正"者，幾乎無所不及，比比皆是。如：＜乾•文言＞云"龍德而正中者也"，"剛健中正，純粹精也"；＜坤•文言＞云"直其正也"，"黃中通理，正位居體"；＜乾•彖＞云"各正性命"；＜屯•彖＞云"動乎險中"；＜蒙•彖＞云"以亨行時中也"，"以剛中也"，"蒙以養正"；＜需•彖＞云"以正中也"；＜訟•彖＞云"剛來而得中也"，"尚中正也"；＜師•彖＞云"貞，正也，能以衆正"，"剛中而應"；＜比•彖＞云"以剛中也"；＜小畜•彖＞云"剛中而志行"；＜履•彖＞云"剛中正"；＜同人•彖＞云"柔得位得中"，"中正而應，君子正也"；＜大有•彖＞云"柔得尊位大中"；＜臨•彖＞云"剛中而應，大亨以正，天之道也"；＜觀•彖＞云"中正以觀天下"；＜噬嗑•彖＞云"柔得中而上行"；＜无妄•彖＞云"剛中而應，大亨以正，天之命也"；＜大畜•彖＞云"能止健，大正也"；＜頤•彖＞云"養正則吉也"；＜大過•彖＞云"剛過而中"；＜坎•彖＞云

"乃以剛中也";＜離·彖＞云"重明以麗乎正，乃化成天下；柔麗乎中正，故亨"；＜恒·彖＞云"得中而應乎剛"；＜大壯·彖＞云"大者正也"；＜明夷·彖＞云"內難而能正其志"；＜蹇·彖＞云"往得中也"，"當位貞吉，以正邦也"；＜解·彖＞云"乃得中也"；＜益·彖＞云"中正有慶"；＜姤·彖＞云"剛遇中正"；＜萃·彖＞云"剛中而應"，"聚以正也"；＜井·彖＞云"乃以剛中也"；＜革·彖＞云"大亨以正"；＜鼎·彖＞云"得中而應乎剛"；＜漸·彖＞云"進以正，可以正邦也，其位剛得中也"；＜旅·彖＞云"柔得中乎外而順乎剛"；＜巽·彖＞云"剛巽乎中正而志行"；＜兌·彖＞云"剛中而柔外"；＜渙·彖＞云"王乃在中也"；＜節·彖＞云"剛柔分而剛得中"，"當位以節，中正以通"；＜中孚·彖＞云"柔在內而剛得中"；＜小過·彖＞云"柔得中，是以小事吉也；剛失位而不中，是以不可大事也"；＜既濟·彖＞云"剛柔正而位當也，初吉，柔得中也"；＜未濟·彖＞云"柔得中也"，"未出中也"。 如此"正"、"中"之說，實則說"中"，意指二五爻居中之位。正如《周易折中》首卷＜義例＞所云 ：

> 剛柔、中正不中正之謂德。剛柔各有善不善，時當用剛，則以剛為善也；時當用柔，則以柔為善也。惟"中"與"正"，則無有不善者，然"正"尤不如"中"之善。故程子曰："正未必中，中則無不正也。"六爻當位者未必皆吉，而二五之中，則吉者獨多，以此故爾。

顯然，這還是就《易》卦之爻位立說，並無多少哲學意義。即就
是＜蠱・九二＞、＜離・六二＞、＜解・九二＞、＜夬・九二＞、
＜既濟・六二＞諸＜象傳＞所提出的"中道"觀念，也同以上說
法一樣，都未形成眞正的哲學範疇，只是儒家"中道"哲學的原
始素材罷了。

　　自孔子提出"中庸之爲德也"（《論語・雍也》）、"不得
中行而與之"（《論語・子路》），孟子提出"孔子不得中道而
與之"（《孟子・盡心下》），荀子提出"曷謂中？曰禮義是也"
（《荀子・儒效》）等等新說之後，"中"已成爲儒家哲學的重
要範疇，"中道"亦成了儒家的文化觀。呂大臨在這種文化觀的
支配下，對"中"重新作了規定。他解＜乾・文言＞云：

> 皆乾也：九二之中，君德也；九五之中，天德也。君德使
> 民有所視傚，故曰"見"；天德卓越，積盛而至，不可階
> 而升，故曰"飛"。人倫者，天下之常道，百世所不易，
> 大君所先治也。九二，人道之極而位正中，惟人倫之爲務，
> 故"庸言之信，庸行之謹"；九二成德，所以常久而不懈，
> 在乎閑邪不伐而已。

又解＜離・六二＞云：

> 六二二陽來麗，不失乎中，中卽本也，故曰"黃離元吉"。

既然"中卽本也"，那麼，九二之"中"是"君德"，九五之

" 中 " 是 " 天德 " ，按照呂大臨 " 天人本一 " 的天道觀， " 天德 "
自然是大人成德修業必然達到極盛處的 " 君德 " ，兩者本一，便
是不言而喻的了。因而，呂大臨主要說 " 君德 " ，把 " 中 " 規定
爲 " 人道 " 範疇；同時認爲 "人道之極而位正中,惟人倫之爲務" ，
人倫又是天下 " 百世所不易 " 的常道，所以， " 中 " 實即規定人
倫關係的準則， " 中 " 亦即人倫之 " 本 " 也。

這一規定，旣符合孔、孟、荀的 " 中道 " 觀念，又同張、程
解＜乾·文言＞的思想基本一致，可按下不論。在人倫關係裏，
首要的還是君與臣民的上下關係，因之，爲了使 " 大君 " 能對這
種 "百世所不易" 的人倫統治秩序有 " 所先治 " ，讓 " 君德使民有
所視傚 " ，呂大臨提出了他所理想的 " 中道 " 治國方案。

(2) " 中道 " 之統治秩序

呂大臨最理想的 " 中道 " 政治，其實是以君主爲中心的封建
統治秩序。他釋＜比·九五＞云：

> 九五以一陽爲衆陰之主，從之者吉，背之者凶，顯比者也，
> 如三驅之法，明示以舍逆取順之道也。邑，國中也，天子
> 之有天下，諸侯之有四境，其國中之民，近我者也。顯比
> 之國不間於幽遠，則近者必不誠也。使，用也，上之所用
> 以中，無遠近之情不合也。

又釋＜臨·六五＞云：

> 六五居尊守中，以柔臨下，君佚臣勞，夫何爲哉！知臨之

道，大君之所宜也。

又釋＜否·九五＞云：

> 上下之志雖欲相交，而上下之分不可亂也。故君尊臣卑，
> 禮無與抗，若否道然，乃否之美者也。天尊在上，地卑處
> 下，九五居尊得位，君臣之位正當，在大人則吉，非大人
> 則驕亢者也。君君臣臣，尊卑明辨，所以防微杜漸，安固
> 基本，故曰“其亡，繫於苞桑”也。

這三段話的文意是清楚的。若拋開具體解爻辭的文字，便可以清
楚的看出，呂大臨是從“中者，人倫之本”的基本規定性出發，
進一步去說明“居尊守中”作爲“中道”的主要內涵，就是要君
像“天尊在上”，永居尊位，臣、民像“地卑處下”，永守卑位，
“君君臣臣，尊卑明辨”，各守其位。這也就是“上之所用以中”
而遠近臣民歸服的封建統治秩序。

君君、臣臣、父父、子子、夫夫、婦婦，本來就是儒家主張
的“人道之大經，政事之根本”（《論語集注》卷六＜顏淵第十
二＞），其中雖包涵着由於社會分工的需要而產生的一種相對的
爲社會盡職的道德倫理要求，但其實它乃是一種“百世所不易”的
封建政治關係 ❹。但問題的關鍵是，由於社會自身的矛盾運動，
導致任何一種統治秩序，都必然具有歷史性、暫時性，絕不可能
“百世所不易”。因此，如何維護和鞏固那種“君君臣臣，尊卑
明辨”的統治秩序，就是歷代儒家必須着力思考的難題，宋儒尤

其如此。呂大臨亦不例外，他在《易章句》裏，已粗略地提出了
"居尊守中" 的基本要求。

　　呂大臨認爲，"居尊守中" 最重要的是，君臣必須明確各自
所處的地位。這個地位，是由他們上下相互依存的統治與被統治
的對立統一關係所確定的，若 "上下不交，則君臣異體，不可以
爲國"（＜否（卦十二）＞）。他解＜否・象＞說得最詳：

> 否閉之世，上雖不交乎下，下不可以不繫乎上，以柔居下
> ，臣之分也。上下不交，共以聽命，有死靡它，臣之正也。
> 引類守正，以保其身，時雖不泰，其道亨矣！故 "天下有
> 道，以道徇身：天下無道，以身徇道"。困而不失其所亨，
> 其亨由是也。

這裏重點是對臣民下屬的要求，要臣守其名分，"以保其身"，
善於聽命，絕不犯上，即使在 "否閉之世"，上下有了阻隔，也
絕 "不可以不繫乎上"。

　　對於君來說，既有了尊位，還必須有權勢。如果只 "有位號
而無勢"，則 "不可以令天下矣！如人之有疾，常久而不死者，
猶有中氣存焉，然不足賴也"（參見＜豫・六五＞解）。爲了加
強君權，讓下有所 "足賴"，君主自身還必須 "尊有道，敬有德"，
養聖賢（參見＜鼎＞、＜大畜＞諸＜象＞解），其言其行，要像
"治家" 一樣來治國。因爲 "言行之化可以正家，化自家出，則
家道盛矣"（參見＜家人・象＞解），家盛則國治矣，"正家而天
下定矣（＜家人・象＞）。

那麼，怎樣治家呢？呂大臨認爲："法不閑於始，恩不得於衆，純以嚴治，家人所以嗃嗃也。嗃嗃者，讙言以聚議也。治家而不免家人議之，悔且厲也；彼雖議我，我未失道，悔厲猶吉也。若過於剛嚴，責善已甚，賊恩之至，皆有離心。"（同上九三爻＜象＞解）所以，必須"以道治其家"，寬嚴方得其"中"。他解＜家人·九五＞云：

> 九五以剛處尊，居中體巽，以道治其家，上下相親，法行而恩浹，有嚴君之治焉，故曰"王假有家"，得治家之本矣。

嚴君"得治家之本"，自然就能"有德有位"，有權有勢；天下的臣民都"知其本"，自然會大聚於君主統治之下。因此，他特別強調君臣上下均須"知其本"而"正其本"：

> 天下以大聚，不知其本則陵慢爭奪之禍生。王者治天下之大聚，所生者有本焉。"順以説"，知所以報其本。親者，類之本，故"王假有廟"，致孝享以報本也；有德有位者，治之本，故"利見大人，亨利貞"，立名分以正本也；天者，生之本，故"用大牲吉"，順天命以報本也。(見＜萃·象＞解）

這就是說，父子夫婦之"親親"，乃是人類之"本"；君臣上下之"尊尊"，乃是治國之"本"；陰陽二氣對立統一的"天"，乃是生成萬物與人之"本"。各知其本，各守其位，各按自己的名分行事，便能"正其本"，使"天下以大聚"，國家得以大治。

由此可見，呂大臨所主張的"居尊守中"之"中道"統治秩序，實即其從"天人本一"的宇宙本體論中推導出來的政治結論。他把維護"尊尊親親"的封建人倫關係，看作"順天命以報本也"，這同程頤所說的"尊卑內外之道，正合陰陽之大義也"（《周易程氏傳》卷第三＜家人·彖＞，《二程集》第八八四頁），張載所說的"本乎天者親上，本乎地者親下"（《橫渠易說·乾》，《張載集》第七五頁），其"大義所在"，都是完全相同的。這表明，他們的見解雖有差異，說法不盡一致，其最終目的，卻都是爲維護君主至高無上的絕對權力，爲鞏固封建的統治秩序，進行哲學論證，以提供理論根據。

（丙） 正心修身論

呂大臨要求君臣上下每個人先須"知其本"而"正其本"，這實際是一個修養論的問題。他在《易章句》裏，從君子與小人的對立中，提出了"禮所以正心修身"的主張。

首先，他看到了現實生活中君子與小人的對立："小人恃勢以陵物"，"君子居勢以自檢"，"君子居安而畏危"，"小人恃勢狠以陵物，物莫之與，則反爲所困"（參見＜大壯·九三＞＜象傳＞解）；"君子以漸進累其功，小人以漸進養其姦"（參見＜漸·象＞解）。但他認爲這種差異，只是"義與不義之分也"（參見＜明夷·初九＞＜象傳＞解）。因爲"天地萬物形氣雖殊，同生乎一理"，"理義者，人心之所同然，感無不應，應無不同，好色好貨，親親長長，以斯心加諸彼，未有不和不平者也”（參見＜咸·彖＞解）。所以，他從“天人本一”的宇宙本體論着眼既承認君子、小人差異的存在是現實的，又肯定在同一類族的人中，這種差異只不過是“大同而小異也”（參見＜同人·彖＞解），只要“正心修身”，滅“私意”，守“理義”，人人便可成德入聖，都成爲君子。

接着，呂大臨指出了“君子存心治身”的政治取向，就是要“克己復禮”。爲此，他在釋＜坤·六二＞中，特講出這樣一番道理：

> 理義者，人心之所同然，屈而不信，私意害之也；理義者，天下之所同由，畔而去之，無法以閑之也。私意害之，不欽莫大焉；無法以閑之，未有不流於不義也。直則信之而已，方則匡之而已，非有加損於其間，使知不喪其所有，不失其所行而已。二者，克己復禮者也。克己復禮，則天下莫非吾體，此其所以大也。心誠求之，雖不中，不遠矣，此其所以“不習無不利”也。六二居《坤》下體，柔順而中，君子存心治身，莫不宜於此。

十分清楚，他還是從“天人本一”的宇宙本體論上，去推斷人類社會的政治生活和每個人的思想行動。認爲這也是由共同的“理義”決定的，只是一則因個人“私意害之”，二則因國家無禮法防範（“無法以閑之”），才使一些人不守“理義”，變成了“小人”。因此，他得出結論：只有每個人一面“克己”，不斷克服個人的私欲，國家又一面"復禮"，頒佈各項禮法，使人有禮可循，天下之人便皆可修養成"君子"。這明明只是講道德修養的政治取向，和張、程"存天理，滅人欲"的思想，一脈相承，還尚未觸及到如何具體"存心治身"的問題，所謂"禮所以正心修身，非禮弗履，則威嚴行而天下服"（參見＜大壯・象＞解），就是佐證。誠然他也承襲了張載"民胞物與"的宇宙意識，注意到"克己復禮，則天下莫非吾體，此其所以大也"，但這裏他着重強調的卻是禮在政治層面上的意義。

其次，呂大臨非常簡略地說明了君子修養的要點：

一隨時："君子不過時而已矣，以道徇身，隨時也；以身徇道，亦隨時也。惟變所適，無往而非義，故曰'隨時之義'。如不合於義，天下靡然成風，亦往隨之以取凶咎，非所謂'隨時之義'也……"（參見＜隨・象＞解）"君子之於天下，可以仕則仕，可以已則已；不居所當居，不事所可事，以是為常，卒於無所獲而已。"（參見＜恒・九四＞＜象傳＞解）凡此，均要求君子要善於識時務，"知通塞之有時"（參見＜節・初九＞解），當仕則仕，該隱則隱，始終堅守"中正"之道不渝，如文王、箕子諸賢一樣。

二仁愛："君子之於物，無不愛也，雖有甚惡，閔之而已，正之而已，不可疾也。持不可疾之心以為正，則君子用兵皆出於不得已也。"（參見＜明夷・九三＞解）此即要求君子"有濟難之志"（參見＜解・象＞解），要兼善天下，如孟子所云"或遠或近，或去或不去，君子亦仁而已矣"。

三自反："君子之行不得於人，不得於人，反求諸己而已。

故愛人不親反其仁，治人不治反其知，禮人不答反其敬。"（參
見＜蹇・象＞解）此即要求君子在不被世人理解時，要善於自反，
反身修德，絕不怨天尤人；但也不可"志窮而巽"，"失之太卑，
不能以自立"（參見＜巽・九二＞解）。

四至誠："至誠虛心，樂善者也。……愼獨爲善，不愧屋漏
也。至誠愼獨，則凡同氣類者雖遠必應……至誠好善，則樂與賢
者共之，故'我有好爵，吾與爾靡之'。"（參見＜中孚・九二＞解）
此即要求君子正心修身，必須達到一個"至誠"的最高精神境界。

以上就是呂大臨以禮"正心修身"的修養大綱。這也是他傳
衍張載以禮爲教的關學學風之表現。他其所以潛心禮學，作《禮
記解》專著，無不是受"禮所以正心修身"這一思想支配的結果。
但可惜的是，正因他過分注重"禮"的外在規範作用，卻未能像
張載《易說》那樣，充分發揮人內在的"性命之理"，從而使他
難以達到張、程易學的理學高度，也導致了張載關學由此產生了
新的轉向。

(五)結　　語

綜上所述，可以得知：

一呂大臨生當張載在關中創立"關學"、二程在洛陽創立
"洛學"的北宋新儒學興起時期。這一時期，他同大忠、大鈞兄弟
三人，共尊張載師事焉，惟他無意仕進，而以聖賢爲法，博及群
書，深研《六經》，禮學甚爲精博，《論》、《孟》、《學》、
《庸》尤所致意，爲張載弟張戩（天祺）之婿，被戩譽作"吾得

顏回爲壻矣 " ！正在他才思橫溢的 " 而立 " 之年，張載不幸謝世，
關學一時失去主心。但因張、程之間有一層親戚關係，學術交往
向來甚密，於是，他投奔二程門下，成爲程門 " 四先生 " 之一；
正當他義理、涵養深醇之際，不幸早死，程頤深爲痛惜。這種學
術生涯，構成了他理學發展的兩個階段，從而使他實際肩負着兼
傳張程關洛二學之使命，其理學思想的形成和發展，便自然具有
對張、程思想進行簡擇的性質。這是研究呂大臨易學以及所有張
載後學，必須首先把握的學術特徵。也是本書之所以依然堅持從
整個宋明理學思潮發展的共同規律中，去探索關學學派發展之特
殊規律的史實依據。

　　二呂大臨對張程關洛二學的簡擇與承傳，主要體現在他的所
有理學論著中。從他現存的理學遺著看，《易章句》和《禮記解》
無疑是他早年從學張載時期的力作，奠定了他整個理學思想的理
論架構及其發展方向。僅就《易章句》而論，他援引儒家經史，
以儒家《易傳》義例釋《易》義，表明他在拯救北宋理論危機的
儒學復興思潮裏，完全承襲了張載《易說》的 " 原儒 " 思路；但
他的理論任務同張載一樣，並不是簡單的全然恢復原始儒學本身，
而是要借說《易》爲原始儒學先天不足的宇宙本體論哲學，進行
再造工作。由於他親炙張載門下，張載其學 " 以《易》爲宗 "，
早在京師 " 嘗坐虎皮講《易》 "，同二程曾有 " 洛陽議論 " 之盛
舉，《橫渠易說》又已成書問世，而《伊川易傳》直至大臨卒後
十五年，即程頤去世前幾個月，才始授於尹焞、張繹，大臨終生
不可能得其書。因此，他受張載易學影響最深，同張載一樣，先
從釋《易》立說。他著《易章句》，運用張載 " 體用不二 " 的方

法論原則，先確立"天人本一"的宇宙本體論，再由此推出"居尊守中"的"中道"政治論，最後提出了以禮"正心修身"的修養取向與方法。這種粗疏的理論架構，從立論到方法，都是張載理學思想的承傳，其"大義所在"，與張載"性與天道合一"的《易說》主題大致相同，而與程頤《易傳》分明有異。儘管，他沒有多少充足的論證，敍說也十分簡約，卻足以見其爲學之趨向。此乃本書往後考察其禮論、"中"說的出發點。

　　三呂大臨在簡擇張程關洛二學中，儘管基本上承傳於張載，"守橫渠學甚固"，但他爲維護封建君主專制統治秩序的"百世不易"所作的本體論論證，卻不僅和張載同曲同工，且與二程毫無二致。雖說他三十一歲以前未直接受二程教誨，畢生也不曾見到程頤《易傳》，而他《易章句》所演奏的這一共同的理學主旋律，卻決定了他同二程洛學的差異，僅僅只是同"曲"而異"調"罷了。雖說他同張載一樣重視"禮"的道德規範作用，但張載最終還是將"禮"歸結爲"理"，認爲"禮出於理之後"，只有先"知理則能制禮"（《張子語錄》下，《張載集》第三二六——三二七頁），因而在《易說》中，同二程一樣，把"窮理"、"盡心"、"盡性"作爲修養核心，充分體現出理學作爲"心性義理之學"的理論特色。而呂大臨《易章句》卻遠未做到這一點，即使以後的禮論、"中"說，亦與張載心性之說，難以相伯仲，難怪張載早就批評他"求思褊隘"（同上，第三二九頁）。這又是他同張載同"曲"之異"調"也！然而，正是呂氏兄弟一同合奏的"禮云禮云"之音，竟演變成了張載以後關學傳衍的基調。這就是本書所要揭示的理學思想辯證法。高山仰止，浚而求之而已。

註　釋

❶ 參見：朱熹《近思錄·引用書目》，晁公武《郡齋讀書志》及趙希弁對該書的《附志》、《後志》，陳振孫《直齋書錄解題》，魏了翁〈爲周二程張四先生請諡奏〉等所著錄。

❷ 據朱熹〈太極圖說通書書後〉考證，《太極圖說》、《通書》，實即《太極圖·易說》、《易通》。

❸ "氣之聚散"理論，創自道家。《莊子·知北游》云："人之生，氣之聚也：聚則爲生，散則爲死……故曰'通天下一氣耳'。"漢以後，道教和一些唯物論哲學家，也都發揮了這一思想，比如，《老子想爾注》說："一者道也，……一散形爲氣，聚形爲太上老君。"《論衡·論死篇》說："氣之生人，猶水之爲冰也。水凝爲冰，氣凝爲人。"道家、道教和王充的共同特點是，用"氣之聚散"來釋人之生死；張載則將這一理論推廣到整個宇宙萬物的生成變化，這是張載在承舊中的創新。

❹ 《二曲集》卷十六〈答顧寧人先生〉、《困學紀聞》卷一翁元圻注引周柄中〈書李中孚〈答顧寧人論"體"、"用"二字書〉後〉、《鶴山大全集》卷一〇九〈師友雅言〉記李微之語、《魯齋遺書》卷二〈語錄〉及〈管錐編〉第一冊〈周易正義·乾〉等，都記載有宋明以來的學者對"體用"範疇淵源和應用的考證意見，很值得參考。

❺ 孟子所謂"一本"、"二本"，荀子所謂"三本"，其"本"之初義，據惠棟《周易述》卷十五"集注"可知："本即原也"，"元太同義"，"元，原也，其意隨天地爲終始也"，亦即"太始"、"太初"也。所以，魏晉以前，無論"天人合一"論者，還是"天人之分"論者，其哲學宇宙論，均屬探索宇宙起源、生成、演化的本原論或構成論。

❻ 王夫之《讀通鑒論》卷十九云："微有宋諸先生洗心藏密，即人事以推本于天，反求于性，以正大經、立大本，則聖人之言，無忌憚

之小人竊之以徼幸于富貴利達，豈非聖人之大憾哉？”這表明：北宋諸子的新儒學，“究天人”之本體，其旨歸“心性義理”之學；他們均“推極于天，而實之以性”，其不同處，僅僅只在對“天”的規定性各自不同罷了。

❼ 關於張載彙集、出示≪正蒙≫的時間問題，呂大臨＜橫渠先生行狀＞和范育＜正蒙序＞說法不一。呂說：“熙寧九年（1076年）秋，先生感異夢，忽以書屬門人，乃集所立言，謂之≪正蒙≫，出示門人………”范說：子張子退居橫渠七年而“著≪正蒙≫書數萬言而未出也”，“熙寧丁巳年（1077），天子召以爲禮官，至京師，予始受其書而質問焉。其年秋，夫子復西歸，歿于驪山之下，門人遂出其書，傳者浸廣”。顯然呂說有誤，范說較妥，因爲張載死於熙寧十年秋，而非九年秋，退居故居七年而著≪正蒙≫，應是熙寧九年。所以，熙寧九年張載可能已彙集成≪正蒙≫，十年應召赴京師前後，才出示門人，由蘇昞、范育最後編定成世傳至今的十七篇本。

❽ ＜橫渠祠堂記＞，據≪關中金石記≫卷八所載，該碑爲元仁宗延祐七年（1320年）正月立，文禮愷撰文，楊粹正書并隸額。今存郿縣橫渠鎮張載故居。

❾ 明劉璣＜正蒙會稿序＞云：“≪易≫有‘蒙以養正’之文，故張子取之以名書，篇內＜東銘＞、＜西銘＞，初曰＜砭愚＞、＜訂頑＞，皆‘正蒙’之謂也。”這就是說：“砭愚”、“訂頑”與“正蒙”涵義相同，皆取≪易•象傳≫“蒙以養正，聖功也”之意，即要弟子初學其始，必從修養儒家“正學”入門，以訂正佛道“異學”所造成的昧蒙、愚頑狀態。

❿ ≪朱子語類≫卷九四，朱熹稱“理”爲“太極”，意爲“到此極盡，更沒去處”，“所以指夫天地萬物之根也”。

⓫ 參見前篇＜張載關學主題論＞。

⓬ 李大釗給梁容若的“訓詞”，即取≪西銘≫“開太平”之意。梁是魯迅的學生，1981年自美回國定居，現爲中共全國政協委員、北京師範大學教授。參見≪文摘報≫第65期＜心心相印九州同＞一

文。

⑬　饒宗頤《老子想爾注校箋》據《太平經》卷一○三＜道畢成誠＞、
《想爾注》二五章和司馬談論"道家因陰陽之大順"，認爲："至
宋張載《西銘》亦言'存，吾順事'。語亦出道家。"頗有見地。

⑭　《易經》無"氣"字，《易傳》僅有"精氣爲物"一見；《禮記》
雖有"氣也者，神之盛也"（＜祭義＞）、"氣衰則生物不遂"、
"氣盛而化神"（＜樂記＞），《論語》雖有"屏氣"、"食氣"
（＜鄉黨＞），《禮記》雖載孔子語有"氣志不違"、"氣志如神"、
"氣志旣起"、"氣志旣得"、"氣志旣從"（＜孔子閑居＞），
《孟子》雖有"志，氣之帥也；氣，體之充也"、"志至焉，氣次
焉"、"志壹則動氣，氣壹則動志也"、"其爲氣也，至大至剛"、
"其爲氣也，配義與道"、"我善養吾浩然之氣"（＜公孫丑上＞）
等等，但這些多屬主觀精神性的"志氣"、"意氣"，與張載氣論
甚少相涉。

⑮　據南宋邵伯溫《邵氏聞見錄》卷十五記載：熙寧十年（1077），
子厚（張載）"復召還館，康節（邵雍）已病，子厚知醫，亦喜談
命，診康節脈曰：'先生之疾無慮。'……"又據《正蒙·動物篇》
張載所云："醫謂'飢夢取，飽夢與'，凡寤夢所感，專語氣于五
藏之變，容有取焉爾。"可知張載不僅掌握天文、物理、動植等自
然科學，尤其精通醫學。

⑯　據朱熹《伊洛淵源錄》中所載：問："橫渠有'清虛一大'之說，
又要兼清濁虛實。"曰："渠初所云'清虛一大'爲伊川詰難，乃
云'清兼濁，虛兼實，一兼二，大兼小'。渠本要說形而上，反成
形而下，最是于此處不分明。……"又問："橫渠云'太虛卽氣'，
乃是指理爲虛，似非形而下。"曰："縱指理爲虛，亦如何夾氣作
一處？"類似記載，尚見多有。足見，在"太虛"範疇上的爭論，
直接關係到張程朱各派哲學性質的不同。

⑰　《老子》云："有物混成，先天地生。寂兮寥兮！獨立不改，周行
而不殆，可以爲天下母。吾不知其名，字之曰道。"（二十五章）碧
虛子陳景元曰："夫道者，杳然難言，……在人靈府之自悟爾，謂

之無爲自然也。"(≪道德眞經集注≫卷一）本來 子邵若愚曰："大
道者，至虛 至靜 無形 無名……無始 無終……自虛 無始化一氣……"
（同上）王弼云："道者何？無之稱也，無不通也，無不由也。"
（≪周易注≫）"道者虛也。"（≪周易略例≫）這些，均把"道"
規定爲"無"，認爲"有生于無"，主張"以無爲本"。

⑱ ≪周髀算經≫下云："此天地陰陽之性，自然也。"≪左傳≫卷二
五＜昭公二十五年＞載子大叔云："哀樂 不失，乃能協于天地之性，
是以長久。"這均非就人性而言，而是指天地陰陽變化的"自然"
之性，可看作"天地之性"的古義。

⑲ 參見：呂大臨＜橫渠先生行狀＞，≪宋史·張載傳≫，司馬光＜哀
橫渠 詩＞等。

⑳ ≪中庸≫謂"禮儀三百，威儀三千"，其實，各朝各代，究竟有多
少"禮"，誰 也難以統計清楚。

㉑ 參見≪周書·武順≫，≪荀子·大略≫ ，≪說文≫， ≪中庸≫，
≪國語·晉語≫，≪大戴禮記·哀公問于孔子≫，≪荀子·勸學≫等。

㉒ 參見：≪說文≫，≪爾雅·釋詁≫，≪孟子·盡心上≫注，≪廣雅·
釋詁≫，≪說苑·反質≫等。

㉓ 依據≪宋元學案≫卷三十一＜呂范 諸儒學案＞。

㉔ 同㉓。

㉕ 范育＜呂和叔墓表＞云："元豐五年歲次壬戌六月癸酉，呂君和叔
卒，九月乙巳葬驪山之趾。"依此可知大鈞於一〇八二年已卒。見
≪皇朝 文鑑≫卷一四五,並參考≪宋史≫卷三四〇、≪關學編≫卷一。

㉖ 參見上海涵芬樓影印宋淳祐十年庚戌袁州刊本和臺灣廣文書局影印
清王先謙校刊本。

㉗ 參見臺灣廣文書局影印 武英殿聚珍版原本。

㉘ 參見本書＜本論＞一＜張載關學主題論＞第八〇—八二頁。

㉙ ＜繫辭上＞云"乾道成男，坤道成女"；＜坤·文言＞又云"地道
也，妻道也，臣道也"；＜繫辭下＞亦云"陽，一君而二民，君子
之道也。陰，二君而一民，小人之道也"。這均肯定當世社會中男
尊女卑、夫尊妻卑、君尊臣卑是其最根本的統治秩序。

附　論

一　全眞道思想源流論

　　全眞道在金元時代產生於關中，流布於北方，是一個以"三
教圓融"、"返樸全性"的"道德性命之學"標宗的世俗化的新
道教。

　　思想運動如同滔滔江海，一波未平，一波又起。自北宋陷於
"完顏之亂"以後，作爲宋明理學的"關學"，幾乎"百年不聞
學統"，"再傳何其寥寥"，而作爲金元道教的"全眞派"，卻
在關中崛然興起，並西向秦隴，東向海濱，南薄漢淮，北至朔漠，
熾傳北方各地。百年之間，"山林城市，廬舍相望，什百爲偶，
甲乙授受，牢不可破"。雖"遐荒遠裔"或"十廬之邑"，也必
有"香火一席之奉"❶。眞是："萬水千山遮不住，自南自北自
西東。"（《正統道藏》洞神部川字下《終南山說經臺歷代眞仙
碑記》。下引《道藏》只注篇名。）

　　爲什麼在金元統治時期會出現這種思想現象？全眞道思想和
宋明理學的發展有無內在的必然聯繫？它爲何能"勢如風火"般
地興替傳播？這對於認識中國封建社會後期的思想文化，無論就
道教思想的變革而言，還是就宋代新儒學思想的發展趨向而說，
都是很值得研究的一個重要課題。早在四十年代初，老一輩史學
家陳垣、蒙文通、劉鑒泉諸賢，就在史料搜集、考核以及研究方
法方面做過大量工作，提出過十分寶貴的意見❷。但是，全眞道
的思想及其源流問題，卻需要我們這一代人繼續努力探索。本篇

僅就此作初步考察，而主要不在於作歷史敍述。

㈠史料依憑

　　要探究全眞道的思想源流，必資憑以可靠的傳記史料。但是，《道藏》所收宋以前的所有傳記，從劉向《列仙傳》、葛洪《神仙傳》、隱夫玉簡《疑仙傳》、沈汾《續仙傳》，到王松年《仙苑編珠》、陳葆光《三洞群仙錄》和張君房《雲笈七籤》中有關傳記，卻往往多爲搜奇集異，附會古初，侈陳天尊開劫度人之事，所度又"皆諸天仙上品"，並非眞實的歷史人物；所用年號如"延康"、"赤明"、"龍漢"、"開皇"，均非客觀的歷史時序（《隋書·經籍志》）。即使對眞實道敎人物的記述，也"大抵多後附之文"（《四庫全書總目》一四六）。這便造成了道敎史研究的一大困難。

　　相比之下，惟全眞道的史跡彰彰可考。《道藏》太平部兄、弟、同、氣、連、枝、交、友八字號內的《雲山集》、《仙樂集》、《漸悟集》、《葆光集》、《磻溪集》、《太古集》、《重陽全眞集》等等，都是全眞諸子們自寫的詩文，這是研究全眞敎思想的最基本史料。過去，劉師培、劉鑒泉、陳國符諸先生，皆稱道趙道一編修的《歷世眞仙體道通鑒》比諸家傳記"最爲詳贍"，"而語均有所本"。其實，記金元全眞事的《仙鑒》（續編），所本不外元代遺存的有關石刻碑銘。自古文章，惟"銘誄尙實"（《典論·論文》）。所以，現存李道謙、朱象先、元好問、楊奐、姚燧、郝經、虞集等人編撰的有關全眞宮觀、道行的碑記銘文，就是認識全真道思想和歷史的可靠依據。

如果說，考正一、大道二敎，不能舍虞集《道園學古錄》，考太一敎，不能舍王惲《秋澗集》；那麼，考全真道，就不能不顧李道謙《甘水仙源錄》、《終南山祖庭仙真內傳》和元好問《遺山集》、楊奐《還山遺稿》，以及姚燧《牧庵集》、郝經《陵川集》。雖然其中均不乏誕異不經之說，但因他們本人多半是親歷金元時代，身與全真道事的著名全真家、道敎提點，或與之爲友的儒學敎授、關學學者，他們的文字鑿鑿可信，最能反映全真思想本相。因此，將碑銘所記述的道史同全真諸子詩文集所表達的道論兩者結合起來，就是我們探索全真道思想源流的主要史料依憑。

當然，運用正史、筆記、方志和現存的碑文拓片，進一步考核史料，也是不可缺少的工作。

㈡道法傳緒

全真道建立"祖庭"，確立名稱，形成宗派，應當從終南山王嚞開始。王嚞的地位，有似禪宗六祖，其道法傳緒，基本留存着全真道興替的史影，因而我們先須由此考起。

根據李道謙《終南山祖庭仙真內傳》、《甘水仙源錄》、朱象先《終南山說經臺歷代真仙碑記》、《古樓觀紫雲衍慶集》和秦志安《金蓮正宗記》記載，王嚞全真敎的傳授源流，按其時序，可撮要如下：

東華少陽、鍾離正陽、呂嵒純陽、劉操海蟾——1. 王嚞重陽

（ 1112 — 1170年）—— 2.馬鈺丹陽（ 1122 — 1183 年 ）、譚處端
長眞（ 1122 — 1185 年)、劉處玄長生（ 1146 — 1203 年 ）、丘處
機長春（ 1147 — 1227 年 ）、王處一玉陽（ 1142 — 1207年 ）、
郝大通廣寧（ 1140 — 1212 年 ）、孫不二清淨（ 1118 — 1182年)
—— 3.趙悟玄了眞……"玄門十解元"、尹志平淸和（ 1169 —
1251 年 ）、李志常眞常（ 1193 — 1256 年)、于善慶洞眞（ 1166
—1250 年 ）、宋德方披雲（ 1183 — 1247 年 ）、綦志遠白雲(？
—1255 年 ）、李志遠無欲 （ 1169 — 1255 年 ） 、 高道寬圓明
（1195 — 1278 年)—— 4.李道謙天樂、秦志安通眞、姬志眞知常
……孫德或開玄（ 1242 — 1321 年 ）……

　　這個傳授系統，雖非全眞道世系之全部，但大體可窺其發展
之歷程。它除了東華子、鍾離權、呂純陽之外，從王嚞到孫德或
都是確鑿可信的歷史人物。其中，王嚞、馬鈺、丘處機三人是直
接推動全眞道興替的重要人物，尤其是王嚞，始終居於"祖師"地
位，元代全眞家將他與東華、鍾、呂、劉並稱爲"五祖"，他生
當趙宋南渡、金人入主陝右中原之日，金煕、世宗之世，是他在
終南創教時期；馬鈺是繼王嚞之後的"全眞第二代"（《甘水仙
源錄》卷一＜馬宗師道行碑＞），他同譚、劉、丘、王、郝、孫
合稱爲"七眞"，金世、宣宗之世，是以馬鈺爲首的"七眞"在
關中和北方傳教時期；丘處機生當金末元初，他最重要的道行是
在元太祖時應詔西行，把全眞道傳至西域，宮觀立於阿不罕山，
並大葺祖庭，廣建叢林，弘揚道法，使全眞教達到極盛時期。

　　七眞羽化後，全眞道隨之中衰。他們的再傳、三傳、四傳、
五傳弟子，或者如李志常、李志遠"委師入秦"，"整治玄綱"，

"重整祖庭"(《祖庭內傳》卷下);或者如宋德方倡始搜羅道經,刊鏤經板,"來終南祖庭","閑居雪堂","始終十年,朝夕不倦"地校讎"《三洞》靈文",重刊元代《道藏》(《甘水仙源錄》卷八<純成子李君墓志銘>);或者如李道謙、秦志安撰寫碑文,搜集編纂全真道史。這均表明元世祖統一南北以後,程朱理學北傳,"七真"弟子們雖極力振興祖庭,但也無法阻擋理學的思想巨流,而逐漸進入終結時期。這就是從全真道法傳緒中,可以看到的全真道的全部史影。

對於全真道的興衰,元代學者有各種說法。寧海州學正範懌說:"長生劉公(處玄)謂,全真之風,起於西,興於東,遍于中外"(<重陽全真集序>);嶧山全真高道趙九淵說:"全真道教其來尚爾,重陽祖師發其源,繼有七真暢其委,接其武而開祖庭之基者",乃丹陽(馬鈺)弟子"冲虛大師呂(道安)君其首也"(《甘水仙源錄》卷五<冲虛大師呂君墓志銘>);吏禮部尚書高鳴說:"全真之教,始于少陽君(東華子),興于重陽子(王嚞),大盛于長春公(丘處機)",長春傳之五代而終(《甘水仙源錄》卷七<淳和真人道行碑>)。他們所說,無論就地域,還是就人物而言,都基本符合全真道在金元兩代一百五十餘年間,興於終南祖庭而又終於終南祖庭的史實。

這裡,自然提出了一個全真道為何能發源於關中的問題。

全真道士們和一切道門一樣,首務"開立教之源,以為入道之本"(《道門十規》)。秦志安撰寫《金蓮正宗記》、《金蓮正宗仙源像傳》,倡始"五祖"傳緒,將自己的宗祖直追溯到太上老子、文始尹喜;宋德方、李志全編刊《元藏》(參見《道藏關經目錄》），以承道教傳緒。這固然是全眞家"欲引古人爲重"
（《南宋初河北新道教考》卷一），有意神其說，並非全眞道眞
實淵源，不可盡信；但老子、文始、五祖、七眞，從事道教活動
的關中終南樓觀、華山雲臺，早爲唐宋道教聖地，確是事實。全
眞道由此崛起，絕非偶然。

　　自古凡爲道者多在山林，選擇"名山洞府、洞天福地、古跡
靈壇"，歷來是道門立教的首要條件（《道門十規》）。李志常
弟子王粹云：

> "凡道觀之稱于世者，或佔山水之秀，或擅宮宇之盛。非
> 宮宇則無以示教，非山水則無以遠俗，是二者難于兼得；
> 雖使兼之，非有道德之士，亦莫能與焉。"（《甘水仙源錄》
> 卷十＜神清觀記＞）

在全眞家的眼裡，"山水之秀"，"宮宇之盛"和"道德之士"
三者是難於兼得的。可是，位於漢唐古帝都關中的終南——華山，
卻能使三者相得益彰。華山之形勝，宮觀之富麗，史多有載❸，
早爲世人所知，可以不論。單就終南山來說吧，它今雖不爲世人
所重，自古卻是"中國之巨鎮"，又名曰"中南山"，言其"據
天之中，在都之南"。《詩》《書》皆稱其"有紀有堂"，"有
條有梅"，"球琳琅玕"，"至于鳥鼠"（《詩》卷六＜秦風·
終南＞和《尚書·禹貢》）；潘岳＜關中記＞、柳宗元＜終南山
祠堂碑＞特讚美其"西至隴首，以臨于戎"，"東至于太華（華
山），以距于關。實能作固，以屏王室"。（《柳河東集》卷五

＜古聖賢碑＞)所以，唐宋以後，詩人名賢"題咏"不絕（見《古樓觀紫雲衍慶集》卷下＜名賢題咏＞)，方外之士無不稱道："天下形勢之雄者在郡曰長安，長安形勝之巨者在山曰終南，終南名勝之最者在宮曰樓觀。"（同上卷中＜終南山古樓觀宗聖宮圖跋文＞)

終南樓觀，傳說本是尹喜之故宅，老子開教講授《道德經》之處，以"結草爲樓，觀星望氣"，因即爲號。秦漢以降，歷朝皇帝在此構清廟、立齋宮，詔敕繕修，給戶洒掃，賜田養道，乃至變輿躬謁，代代不絕。尤其到"崇道之代"的唐宋，其營建規模，勝過歷朝。唐奉老子爲遠祖，高祖武德三年（620年），重修樓觀，改名爲宗聖觀；北宋承唐崇道舊制，太宗端拱元年（988年）復賜"順天興國"觀額，這就造成了"紫雲樓閣面山嵬"，"殿閣憑高玄勝絕"的盛況，使終南樓觀成爲天下"道之源、仙之祖"、"洞天之冠"、道教"張本之地"。由此，"天下名宮偉觀"、"登先得道之士"，幾乎無世無不"出乎其間"，或與其發生這樣那樣的聯繫。全真道在這個道脈源深流長的地域裡崛然而興，便是自然的事。

由此可見，元代全真思想家，從李道謙的《甘水仙源錄》到秦志安的《金蓮正宗記》，從趙道一的《歷世真仙體道通鑒》到朱象先的《終南山說經臺歷代真仙碑記》，其要旨無非是想從師承傳緒上，說明"仙源流到全真海，關令家聲萬代芳"（《終南山說經臺歷代真仙碑記》尹志平真人"贊"），爲全真"五祖"、"七真"之說提供歷史根據。其不知這個道法傳緒中的史影，對於全真道的淵源來說，至多只是表明關中終南──華山之形勝，爲全眞教的形成提供了前提，準備了條件。對於這個有殊於以往一切道派的世俗化的全眞道來說，這僅僅還是一種可能性，究竟是什麼力量推動它變成了現實，我們只有從宋金之世的社會矛盾和道教自身的變革中來說明。

㈢王嚞立敎

全眞道到底因何興起，這是宋金以後的全眞家和儒門學士經常議論的問題。明代“好爲詩古文”、“聲華意氣籠蓋海內”的司寇王世貞（弇州山人）首先不相信王嚞師承鍾、呂之說，而肯定“重陽得無師，智似六祖”。他在＜跋王重陽碑＞中說得最詳，其略曰：

> “全眞之名始自王重陽。重陽名哲（即嚞或嚞），初業儒不成，去業武不就，偶以遇異人得度，遂爲全眞敎祖。張大其說而行之者，皆其徒丘處機也。其說頗類禪而稍粗，獨可以破服金石、事鉛汞之誤人與符籙之怪誕，而其徒不盡爾也。重陽所爲說，未嘗引鍾、呂，而元世以正陽（鍾離權）、純陽（呂嵒）追稱之，蓋亦處機意，所謂張大其說而行之者。重陽得無師，智似六祖，其懸記似志公，顯跡又似萬回，異哉。”（《少室山房筆叢》卷四十二＜玉壺遐覽＞引）

王弇州依據王嚞爲說“頗類禪”而從未稱引鍾呂的特點，否定其師承鍾呂，斷定這是王嚞親炙高弟丘處機有意“張大其說而行之

者＂，這一點無疑是正確的。然而，他卻沒有進一步追溯出王嚞
立教特點形成的歷史根據，反而依舊蹈襲了金代世宗之孫密國公
金源璹＜全真教祖碑＞＂遇異人得度，遂為全真教祖＂的說法。

元代姬志真和楊奐雖不敢直接否定師承鍾呂之說，但卻與王
世貞不同。姬祖籍長安，雖身在方外，＂天文地理陰陽律歷之學＂
卻＂無不精究＂（《甘水仙源錄》卷八＜知常真人事跡＞）；楊
是敢於＂指陳時病＂，為文＂務去陳言＂的著名關學學者，曾與
許衡先後教授姚燧，＂且許醮以女＂，同為當世名儒，卻非常留
意稽考全真教史，＂最愛雪窗無事客，寂然心月照重玄＂（《元
史》卷一五三＜楊奐傳＞與《還山遺稿》卷下＜重陽觀＞）。他
倆高明之處在於能＂顧時之何如＂來探求全真道之興起。姬志真
認為：

> ＂夫道之所以興乎世，世之所以興乎道，道與世交興，則
> 俱飲玄化。＂（《雲山集》卷八＜開州神清觀記＞）

楊奐說得更具體：

> ＂人心何嘗不善，而所以為善者，顧時之何如耳。方功利
> 馳逐之秋，而矰繳已施，陷阱步設，則高舉遠飛之士不得
> 不隱于塵外，此有必然之理也。然則古之所謂避地避言者，
> 其今之全真之教所由興邪。＂（《還山遺稿》卷上＜重修太清觀
> 記＞。《甘水仙源錄》卷十有此＜記＞，題曰＂奉天王奐撰＂，即楊
> 奐之誤。）

把全真道看作宋金時代"道與世交興"的"必然之理",這是姬楊論說最精妙之處。儘管,他們還不可能科學地說明這個必然性,也沒有具體分析"道與世"是如何"交興"的,但在元時,能以提出這個看法,這畢竟比道法傳緒之說,大大前進了一步,無疑有助於今人思考。

歷史事實正如楊奐所述。自宋偏安東南之後,"天兵南湧,喋血千里",關中先後淪為金元鐵蹄之下,"干戈不息","十門九絕"的嚴酷形勢,迫使北方士人"苟全性命于亂世,不求聞達于諸侯",普遍走上了廢儒業、"應武舉",文武無成而"慨然入道"的道路。尤其是"以氣節著"的關中學者,在兩宋亡國的特殊社會矛盾的推動下,除了一部分如楊奐和楊天德子孫三代艱難地維持着關學學統之外,另一部分人便墜入這一門徑,王嚞就是典型。 據李道謙《七真年譜》所載,宋徽宗政和二年壬辰(1112年),王嚞生於終南劉蔣村,"始名中孚,字允卿。自稚不群,既長美鬚眉,軀幹雄偉,志倜儻,不拘小節。弱冠修進士業,繫京兆學籍,善於屬文,才思敏捷,嘗解試一路之士。然頗喜弓馬,金天眷初(1138年),乃慨然應武略,易名世雄,字德威;後入道,改稱今名(王嚞),仍以害風自呼之"。從政和二年到天眷初,僅僅二十七載,王嚞三易其名字,這不正表明他青年時代所歷經的坎坷之途和整個社會的巨大變動嗎!

當時社會的最大變動是漢人與女真間民族矛盾的尖銳化。女真貴族以征服者的姿態,在金太宗統治時期(1123—1134年),佔據了中原與華北的大片土地,"率用猛安、謀克之名,以授其首領"(《金史》卷四十四<兵志>),"棋布星列,散居四方"

（《大金國志》卷八＜太宗紀＞），與漢人雜處，形成了新的屯田
軍戶。他們利用軍事政治特權，各自大肆掠奪、兼併漢人的肥田
沃土，河南、陝西近十萬頃民田，又被金政府強佔爲牧場，這不
僅致使廣大貧民無地可耕，流離失所，而且直接妨害了漢人富室
的經濟利益，使其投入反金之群，"尋踪捕影，不遺餘力"（《遺
山集》卷二十八＜完顏公神道碑＞）。於是，本來的階級矛盾，
乃發展而爲民族仇視。由此形成了知識分子以"高尚不仕"，不
做金主之官相尚的民族意識。加之，抗金戰爭對武臣的特別需要，
宋南渡後，漢人統治階層中，早就一反北宋習俗，形成了武臣卑
視文士的社會風氣，韓世忠"輕薄儒士，嘗目之爲子曰"，"呼
爲萌兒"，就是證明（《鷄肋篇》卷下）。就在這種金人敵視漢
人，武將輕薄儒士的雙重社會重壓下，關中士人欲修儒業而不能，
金朝賜官而不就，只能"懷玉于中，同塵于外"，甚而"囚首喪
面"，"佯狂垢污"，隱遁山林，慨然入道（《金石萃編》卷一
五八＜全眞教祖碑＞）。全眞教便應運而生。

　　王嚞首先於金世宗大定三年癸未（1163 年）結茅劉蔣村（即
後來的祖庭重陽萬壽宮），與玉蟾和公，靈陽李公三人同居，
倡道關中；接着，於大定七年丁亥（1167 年）過北邙山（今河
南洛陽北），直抵寧海州（今山東牟平），收七眞，立三教會，
正式創教。以"三教圓融"、"識心見性"、"獨全其眞"爲其
宗旨，名曰"全眞"（＜全眞教祖碑＞）。

　　這正是中華民族意識的特殊表現，是宋金之世社會矛盾尖銳
化的產物，亦即楊奐所謂的"必然之理"。

㈣三教圓融

"全眞之旨，醞釀有年"（《雲山集》卷七＜終南山樓雲觀碑＞）。作爲一種宗教意識形態，它之所以能獨立存在和發展，主要還是道敎自身幾經變革的必然結果。

任何宗教的確立，都必須賴於能喚起人們無限信仰的經典和教義。道敎毫不例外，增廣經籙，幾乎是歷代道衆的"第一事也"（《道門十規》）。它同佛敎相比，本來理論就十分貧乏，五千言的《道德經》成了它最基本的經典，"以清淨無爲爲宗，以虛明應物爲用，以慈儉不爭爲行"，是它最原初的教義（《經進東坡文集事略》卷五十五＜上清儲祥宮碑＞）。然而，漢魏以降，所謂"飛仙變化之術"、"黃庭大洞之法"、"太上天眞木公金母之號"、"延康赤明龍漢開皇之紀"、"天皇太乙紫微北極之祀"，乃至於"丹鼎奇技"、"符籙小數"，皆歸於道家(同上)；浸浸乎直至唐宋，上至皇帝大臣，下及文人學士，無不習尚，連五千言也被"束之高閣"，變爲"無用之具"。這便造成了道敎"徇末以遺本"的嚴重危機。

"弊極則變"（《秋澗集》卷五十八＜奉聖州永昌觀碑＞）。王嚞正適應道敎自身變革的需要，從革除唐宋以來道敎的種種弊端中，確立了全眞敎的根本宗旨。元代研究全眞敎史的學者，大都看到了這一點，元世祖中統四年癸亥（ 1263 年 ），太原虛丹道人李鼎撰＜大元重修古樓觀宗聖宮記＞說得好，其略云：

"昔自玄元，文始契遇于茲，扶先天之機，闢眾妙之門，二經授受而教行矣。世既下降，傳之者或異，一變而為秦漢之方藥，再變而為魏晉之虛玄，三變而為隋唐之襘襘，其餘曲學小數，不可殫紀，使五千言之玄訓，束之高閣，為無用之具矣。金大定初，重陽祖師出焉，以道德性命之學唱為全真，洗百家之流弊，紹千載之絕學，天下靡然從之。"（見朱象先集《古樓觀紫雲衍慶集》卷上）

《道德》二經，經道教傳之"三變"，既已失其本旨，變成了"曲學小數"，王嚞要"洗百家之流弊，紹千載之絕學"，那自然要恢復二經本旨作為他立教的首要任務。

為此，王嚞首先以"全真"之名為其教標宗。據《金蓮正宗仙源像傳》記載，金世宗大定七年，當他抵寧海州，會見馬鈺時，因"問答契合，乃築室于馬氏南園"，便題曰"全真"，並書一長歌，其中云："堂名名號號全真，寂靜逍遙子細陳；豈用草茅遮雨露，亦非瓦屋度春秋。""全真"之名，蓋由此而始。金元兩代的全真家們對這個名稱做過種種解釋，金源璹說："攟去幻妄，獨全其真者"謂全真（＜全真教祖碑＞）；姬志真說："全本無虧，真元不妄"，"摭實去華，還淳返樸"，即是全真（《雲山集》卷三＜全真＞、卷七＜終南山樓雲觀碑＞）；虞集說："豪傑之士，佯狂玩世，志之所存則返其真而已，謂之全真"（《道園學古錄》卷五十＜非非子幽室志＞）；范懌和張宇初進一步說："謂真者，至純不染，浩劫常存，一元之始祖，萬殊之大宗也"（＜重陽全真集序＞），能"養其無體，體故全真"

（《道門十規》）。元代儒家鄂州教授俞應卯和翰林學士徐琰解說得更明白，俞說："祖師重陽以全眞名教者，即'無極之眞，二五之精，妙合而凝'，所以爲萬善之原也。"（《甘水仙源錄》卷九＜鄂縣秦渡鎭重修志道觀碑＞）徐說:"其修持大略以識心見性，除情去欲，忍恥含垢，苦己利人爲之宗。"（同上卷二＜廣寧通玄太古眞人郝宗師道行碑＞）凡此種種，無不是認爲王嚞以"全眞"名教，是本於老子二經"見素抱樸，少私寡欲"，"如嬰兒之未孩"之旨，必欲使民"全大宗之樸，守眞正之源"（《抱朴子內篇》卷十＜明本＞），達到"性若嬰兒"，"自適自得"而後已（＜重陽全眞集序＞）。表面看來，這當然不錯，但這絕非王嚞"全眞"之本義。

王嚞以"全眞"名教，固然是要承《道德經》本旨，但絕不是復老子之舊，而更重要的卻是要創"三教圓融"之新。即在《道德經》的基礎上，融會三教"理性命之學"，走"三教合一"的道路。他以"通五千言之至理"，"若太上老子無爲眞常之道者"的身份，公然聲稱："儒門釋戶道相通，三教從來一祖風"、"心中端正莫生邪，三教搜來做一家"、"釋道從來是一家，兩般形貌理無差"、"滿坐談開三教語，一杯傳透四時春"（《重陽全眞集》卷一、卷十），而且常常以《孝經》、《心經》和《道德經》三經，教其門徒。在他雲游三州其間，於文登建"三教七寶會"，於寧海建"三教金蓮會"，至福山又立"三教三光會"，至登州又立"三教玉華會"，至萊州又起"三教平等會"。凡立會必以"三教"名之，眞如"子思、達摩之徒歟"！其用意無非表明他"不獨居一教"，而主張"三教平等"（＜全眞教祖碑＞），這才是"全眞"的主旨。他寫的＜三州五會化緣榜＞，就是專門弘揚這個主旨的（《重陽全眞集》卷三）。

那麼，如何使三教"平等"而"合一"呢？

王嚞以道教立場，首先從三教同尊稱的"道"這一範疇上，找到了三教歸一的契機。他在＜金關玉鎖訣＞中，把三教排列爲"太上爲祖，釋迦爲宗，夫子爲科牌"，認爲，自完顏之亂以後，"三教旣寂"，"一切男女在愛河內煎煮，苦海漂沉，受其煩惱"，往往是"著空盡落空"，究其原因，皆不知"三教者是隨意演化衆生，皆不離于道也"。面對這種"今人各不曉眞道"的現實，他得出結論說：

> "三教者如鼎三足，身同歸一，無二無三。三教者不離真
> 道也，喻曰似一銀樹生三枝也。"

這就是說，三教表面上分立，但都不離"眞道"，"道"是它們統一的基礎，在這個基礎上，它們是"平等"的，不能互相分離。

接着，他從道教最關心的生死問題上，具體分析了"道"的性質。他認爲"世界性命事大"，人生至重者莫過於"性命"，而要保存性命之眞，非"大道"則不行。因此他說：

> "性命本宗，元無得失，巍不可測，妙不可言，乃為之道。"

（＜重陽眞人授丹陽二十四訣＞）

"道"即"性命"，是王嚞全眞教對"道"的基本規定，這同

《中庸》所謂"天命之謂性，率性之謂道"的說法,的確十分相似。
但王嚞認為要保全性命之真，就得"降心"、"洗心"、"出家"、
"修行"，因為"心生則性滅，心滅則性現"，"心清意靜天堂
路，意亂心慌地獄門"。從這個意義上，他進而又把"道"規定
為"心"，說什麼"心本是道，道即是心，心外無道，道外無心"，
這又同他所引證的《金剛經》所謂"澄其心而神自清"的思路，
完全相契，因此，金源璹將他同子思、達摩並稱道：

> "三教各有至言妙理，釋教得佛之心者達摩也，其教名之
> 曰禪；儒教傳孔子之家學者子思也，其書名之曰《中庸》；
> 道教通五千言之至理，不言而傳，不行而至，若太上老子
> 無為真常之道者，重陽王真人也。"（＜全真教祖碑＞）

　　最後，王嚞將"性命之道"歸結為"全真"。他說："性者
是元神，命者是元氣。""根者是性，命者是帶。""神者是龍，
氣者是虎，是性命也。"認為"三教聖主之意"，就是要人"忘
情去欲"，"心虛氣住"，只有"氣住則神清，神清則德合道生
矣"。"精、氣、神"三者的統一，就是"性命之道"，王嚞稱
之為"內三寶"（＜重陽真人授丹陽二十四訣＞）。他告誡道友：
"自然消息自然恬，不論金丹不論仙。一氣養成神愈靜，萬金難
買日高眠。"（《重陽全真集》卷九＜贈道友＞）當然，他並不
是一點"不論金丹不論仙"的，但他所說的金丹鉛汞，絕不同於
丹鼎之術、神仙之說，而是認為"鉛者是元神，汞者是元氣"
（同上），始終不違背自己"精、氣、神"統一的"性命之道"。

也只有如此，方能達到"全眞"境界，正如李道純＜全眞活法＞
所云：

　"全真道人，當行全真之道。所謂全真者，全其本真也。
　全精、全氣、全神，方謂之全真。才有欠缺，便不以全也；
　才有點污，便不以真也。全精可以保身，欲全其精，先要
　身安定，安定則無欲，故精全也；全氣可以養心，欲全其
　氣，先要心清淨，清淨則無念，故氣全也；全神可以返虛，
　欲全其神，先要意誠，意誠則心身合而返虛也。是故精氣
　神為三元藥物，身心意為三元至要，學神仙法，不必多為，
　但驗精氣神三寶為丹頭，三寶會于中宮，金丹成矣。豈不
　易知，豈為難行，難知者邪眩惑爾。"（≪中和集≫）

這寥寥數語，正道破了全眞之秘要。

　由此足見，王嘉之所以以"全眞"名教，就是想表明他在力
闢道教種種弊端，恢復老子本旨的前提下，要創立一種"三教圓
融"的"道德性命之學"，以達到"全精、全氣、全神"的最高
"神仙"境界。顯然，這是對傳統道教的變革，是王嘉的創新。
根本不存在什麼神異的師承傳緒，如果一定要找尋它的思想淵源，
那大概只能從彭耜≪道德眞經集注≫中所保留宋代諸儒的經注裡，
看到筆路藍縷❹。

㈤性命雙修

　　"全精、全氣、全神"，旣然是王嚞立教的眞實本意，是全
眞教追求"三教圓融"所要達到的最高"神仙"境界，那麼，如
何使"精氣神"統一，就成了全眞家們必須解決的重要問題，從
而構成了全眞教修持眞功，涉世制行的主要內容。

　　金元以後的學者，從道教在宋金之世形成南（正一）北（全
眞）二宗的分派上❺，曾多少觸及到這個問題。明初，同宋濂一
起總裁編修《元史》的王褘認爲："全眞之名昉于金，世有南北
二家之分。南宗先性，北宗先命。"（《少室山房筆叢》卷四十
二＜玉壺遐覽＞引《青岩叢錄》）❻後世或云："南宗主性，北
宗主命，主性者由服食煉養，保嗇吾人之眞性，所謂自力派也；
主命者由符咒科教而得延命，所謂他力派也。"（傅勤家《中國
道教史》第十六章引）大概承襲此說。與此相反，明正一嗣教領教
事的張宇初卻說："近世以禪爲性宗，道爲命宗，全眞爲性命雙修，
正一則惟習科教。"（《道門十規》）清初劉獻廷亦沿張說，認
爲："道家有南北二宗，南宗不言性，北宗則曰性命雙修。"
（《廣陽雜記》卷三）顯然　張、劉這一看法是比較符合全眞教特
點的，但他們均沒有注意考察"性命雙修"和"全眞"本旨的關
係，以及如何實行"性命雙修"的問題。

　　的確，在道教各派中，重視修行眞功的，莫過於全眞教。
《重陽全眞集》、《重陽教化集》的主要內容，不外"修行"二字，
所謂："修行便發好枝條，不逐輕飄信任飄"，"修行便發好枝
條，不會修行枉折腰；經教豈曾窮義理，香烟只會漫焚燒。"
（《重陽全眞集》卷九＜定定歌＞、＜勸道歌＞）這類詩句幾乎隨
處可見。不過，修行以求登仙長命，這是道教各派共同的目標，

全眞道當然不會例外，王嚞羽化前告諭弟子馬鈺曰："學道無他，在于養氣，心液下降，腎氣上騰，至脾元，氤氳不散，則丹聚矣。肺與肝爲往來之路，習靜旣久，當自知之。"像這種修命之說，在七眞的著作裡，也是俯拾皆有；但值得注意的是，七眞絕不像正一諸教獨重修命，他們往往爲了講修性，才講修命，而且將佛教禪宗和宋代理學習用的"體用"範疇引入全眞，從體用、本末的哲學高度，來論證"性命雙修"之理，這確實是全眞教獨有的顯著特徵。

全眞教之所以要"性命雙修"，這是它追求"三教圓融"的立教本旨決定的。本來"三氏之學"各有其旨，宋儒主"理"，禪宗主"性"，道教主"命"，三足鼎立。七眞因普遍經歷由"儒"而"道"的生涯，對此無疑十分清楚，要使三教歸一，當然必須說明"理性命"三者是如何統一的。王嚞巧妙地運用道教"精氣神"三個範疇來論證這個問題，他首先肯定："道者，了達性命也"，"性命者是精血也"，精血聚而成人形體，它僅"是肉身之根本"，而"眞氣者"才"是性命之根本"（＜重陽眞人金關玉鎖訣＞）。全眞道者視"形骸爲逆旅"，常常"衣絮帶索，面垢首蓬"，從不介意，因而對於"全精"，很少去講，着重講的是"氣神"、"性命"的統一。馬鈺＜示門人＞云：

"夫大道無形，氣之祖也，神之母也。神氣是性命，性命是龍虎，龍虎是鉛汞，鉛汞是水火，水火是嬰姹，嬰姹是陰陽，眞陰眞陽，卽是神氣。種種異名，皆不用著，只是神氣二字。"（≪丹陽眞人直言≫）

這就是說，道教所說的"龍虎"、"鉛汞"、"水火"、
"嬰姹"、"陰陽"，實質"只是神氣二字"，而"氣神"即"性
命"。"氣神"之間和"性命"之間，同樣都是一種"體用"、
"本末"的關係，《全眞清規》中有一篇名曰＜全眞體用＞，專
門是論這個關係的，所謂"俾歸元而造理，警心妄以全眞"，
"心倏達性，玲瓏自然"，"氣融冲神"，"體同太虛"等等；另
一篇＜長春眞人規榜＞說得更明白：

> "夫住庵者，清虛冷澹，瀟灑寂寥，見性爲體，養命爲用，
> 柔弱爲常，謙和爲德，慈悲爲本，方便爲門。……見三敎
> 門人，須當平（等）待，不得怠慢心。"

歸根到底，還是王嘉說的"眞氣者性命之根本也"。"氣神"、
"性命"能"體用"如一，也就達到了"三敎圓融"的"全眞"
境界。所以，王嘉＜述懷＞，反復申明："氣壯神清爽，心閑性
逸安"，"了了通三道，圓圓做一團"，"上中下正開心月，精
氣神全得祖風"（《重陽全眞集》卷一）。

元末明初的陶宗儀，可能有見於此❼，特作＜三敎一源圖＞，
以示"三敎圓融"的內在邏輯。

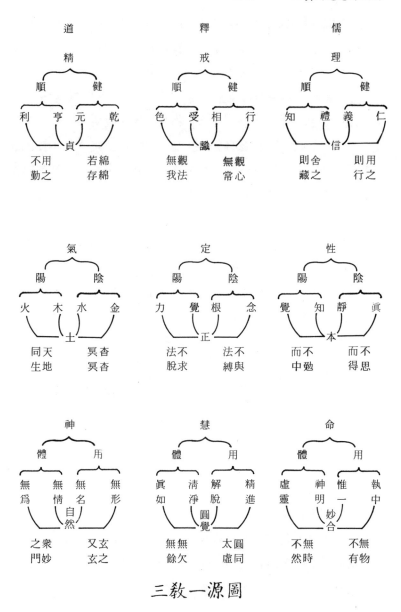

三教一源圖

這個圖，雖不能說它是直接針對全眞道"三敎圓融"思想而做的圖解，它所示之"理性命"，雖與全眞家所謂"三氏之學"的"理性命"亦不盡相同；但它通過"健順"、"陰陽"、"體用"三對範疇，將三敎分別使用的"理性命"、"戒定慧"、"精氣神"等基本範疇，一一對應，相互類通，說明"三敎一源"，這正切中了全眞本旨。表明全眞敎主張"性命雙修"，不僅和北方禪宗主張的"定慧雙修"一脈相承，同時也是本敎"精氣神全得祖風"的必然要求，而且合乎三敎思想的內在邏輯，儘管七眞還不可能理會這一點。

那麼，怎樣具體實行"性命雙修"以達到"精氣神全"呢？

＜重陽立敎十五論＞作了明確規定，其略云：

1. 凡出家者先須投庵，身依心安，氣神和暢；

2. 雲游訪師，參尋性命；

3. 學書，不尋文亂目，宜探意心解；

4. 精研藥物，活人性命；

5. 修蓋茅庵，以遮日月，但不雕梁峻宇而絕地脈；

6. 道人必須擇高明者合伴，以叢林爲立身之本；

7. 凡靜坐者須要心如泰山，不動不搖，毫無思念；

8. 剪除念想，以求定心；

9. 緊肅理性於寬慢之中以煉性；

10. 調配五行精氣於一身；

11. 修煉性命是修行之根本；

12. 入聖之道，須苦志多年，積功累行；

13. 超脫欲界、色界、無色界；

14. 養身之法在於得道多養；

15. 超離凡世，非身不死，而在心離凡世。

除此之外，還嚴格規定，不娶妻室，不茹葷腥，同南宋的正一教別然兩樣。

所有這些教規，歸結起來，無非要道衆"絕世所欲"，苦煉心性，"內而修己"，"外而濟世"。元初，栖雲眞人王志謹"領門衆百餘"在終南"開澇水"，"爲民用"一事，就是這種"性命雙修"最典型的道行表現，充分顯示出全眞道人高尚的"自苦"精神。難怪當世人們讚譽：全眞氏"涉世制行,殊有可喜者，其遜讓似儒，其勤苦似墨，其慈愛似佛，至于塊守質樸，澹無營爲，則又類夫修混沌者"（《甘水仙源錄》卷九＜大金陝州修靈虛觀記＞）。

正是在這種"自苦"精神的感召下，士流歸附，百姓信仰，全眞道開始進入全盛時期。

㈥長春弘教

如果說，宋金之際王重陽在拯救道教之弊中，確立了以"三教圓融"爲特徵的全眞宗旨，規定了以"性命雙修"爲實質的全眞教規，使全眞道由關陝而東,得以興起，眞不愧爲全眞"祖師"；那麼，眞正貫徹、實施全眞宗旨與教規，創建叢林、傳戒制度，使全眞道在宗教組織上轉變爲正式道教，並發展到能與正一派相互對峙，成爲中國封建社會後期道教的南北兩大宗派之一，這卻是"仙翁"丘長春的主要道績了。不過丘並不只是簡單承襲重陽之學，而是在堅持全眞本旨的前提下，變革了王嘉的立敎初意。

最明顯的重大變化是，全眞道由原來背離金朝的民族意識，發展爲熱衷結交權貴，公開依附金元朝政的階級意識。

這是從王嘉謝世以後，在七眞於關中弘敎中逐漸發生的。據《七眞年譜》和《磻溪集》序記載，金世宗大定十二年壬辰（1172年），"丘劉譚馬"四子共奉重陽遺柩歸葬咸陽劉蔣村，廬墓兩年後，在戶縣秦渡鎮武廟"月夜共坐，各言其志"，"各議所之適"：馬鈺以"全眞第二代"的身份於劉蔣居環，三年後曾西游隴州行化，東到長安祈雨，共在關中"悟理"、"弘敎"十年，才東歸寧海，次年（1183年）羽化，始終死守重陽之旨不變；譚處端先後居洛陽朝元宮、華陰純陽洞，劉處玄居洛陽土地廟，同馬鈺一樣，不改全眞初意。

丘處機卻與之不同。他尤"樂秦隴之風"，西入磻溪（今寶鷄虢鎭附近），穴居磻溪廟六年，後又遷隱隴州龍門山七年，一簑一笠，寒暑不異，脅未沾席，正如他自己所述："一別家鄉整十年，飄蓬雲水入秦川。""秦川自古帝王州，景色蒙籠瑞氣浮。""十年苦志忘高臥，萬里甘心作遠游。""安貧只解同今日，抱樸疇能繼古仙。"（《磻溪集》卷一）這種自放草澤，"散髮披襟遠市朝"，"持峭行不屈于俗"的全眞精神，顯然是繼重陽之仙風；但這僅僅是一個方面，而另一方面，他卻首開了結交權貴、依歸朝政的先例。現據長春眞人〈本行碑〉、〈成道碑〉、《西游記》等所載，我們不妨先來看看他磻溪、龍門山之後的主要宗敎活動吧：

大定二十五年乙巳（1185年），京兆統軍夾谷公奉疏請長春還劉蔣舊隱，葺建王嚞故居，定名“祖庭”，初創全眞三大祖庭之一——大重陽萬壽宮。一時玄風大振，全眞道蔚然始爲道教大宗。

二十八年戊申（ 1188 年） 春二月，應金世宗詔，征赴燕京，帝特建庵於萬壽宮之西，以便諮訪，問答稱旨，並旨令主萬春譙事。四月，敕居宮庵，爲御書篆額。五月，召見於長松島。七月，再召見便殿，應制進獻＜瑤臺第一層曲＞，翌日，遣中使特賜上林桃。八月，得旨還終南，賜錢十萬，表謝不受。

章宗明昌二年辛亥（ 1191 年），東歸栖霞（今山東栖霞），乃大建琳宮，敕賜其額曰“太虛”，雄偉壯麗，時稱“東方道林之冠”。

泰和七年丁卯（ 1207 年），章宗元妃重道，“遙禮”長春於禁中，特贈《大金玄都寶藏》一藏，驛送栖霞太虛觀，以爲常貯。從此，“海上達官貴人敬奉者”與日俱增。“當代名臣”如定海軍節度使劉公師魯、鄒公應中二老，“皆相與友”。

宣宗貞祐二年甲戌（ 1214 年），蒙古入侵，威脅日甚，乃南遷開封。秋，山東大亂，駙馬都尉僕散公將兵討伐，登州、寧海未服，長春請命前往撫諭，“所至皆投戈拜命，二州遂定”。其聲望益轟動朝野，宋、金、蒙古三帝，遂之爭相結納。

興定三年己卯（成吉思汗十四年， 1219 年）， 兵鏑烽火，遍於河朔。金宣宗、宋寧宗先後相召，長春皆辭不赴。冬，成吉思汗自奈蠻國遣近臣劉仲祿、札八兒持詔召請，長春慨然應命。第二年，率尹志平等十八弟子啓程北行，歷時四年，行經數十國，歷地萬餘里，“不辭暴露于風霜，自願跋涉于沙跡”，喋血戰場，避寇叛域，直達大雪山。

元光元年壬午（1222年），成吉思汗於大雪山之陽，接見長春，設廬賜食，禮遇至隆。問以“爲治之方”、“長生久視之道”，長春大略“答以敬天愛民爲本”，“告以淸心寡欲爲要”，成吉思汗大悅，賜以“仙翁”，並命左右錄其所言，是謂＜玄風慶會錄＞。第二年三月，車駕至賽蘭，詔許東歸，長春欣然稱臣，所賜不受，成吉思汗遂即下詔盡免全眞賦役，又派甲士千人護送，車騎所過，“迎者動數千人”，所居傳舍，“戶外之履滿矣”，每每起行，甚至“有擁馬首以泣者”。入關之後，“四方道流不遠千里而來”，所歷城廓，競相挽留，感動人心可謂深矣。

正大元年甲申（1224年），長春應行省之請，住燕京大天長觀，即太極宮，旋改稱爲長春宮。又賜予萬壽山太液池，改名爲萬壽宮。自爾，凡“使者赴行宮，皇帝必問神仙安否，還即有宣諭，語嘗曰：朕所有地，其欲居者居之”。住持三年，建立八會（“平等”、“長春”、“靈寶”、“長生”、“明眞”、“平安”、“消災”、“萬蓮”），在都名儒、遠近僚庶，或嘗以詩賀之，或爭獻錢幣，葺修兩宮。成吉思汗還賜以金虎符，讓其掌管天下道事，許以自由行事之特權。於是“諸方道侶雲集，邪說日寢，京人翕然歸慕，若戶曉家喩，敎門四闢，百倍往昔”。長春宮成了北方道敎的活動中心，全眞道的第一叢林，全眞道達到了極盛。正如姬志眞所云：

> “至于國朝（元）隆興，長春眞人起而應召之後，玄風大
> 振，化洽諸方，學徒所在，隨立宮觀，往古來今，未有如
> 是之盛也。”（《雲山集》卷七＜終南山樓雲觀碑＞）

以上可見，從金世宗大定二十五年，到元太祖二十二年，短
短四十餘年，全眞道竟如此之盛，究起原因，除了丘處機繼承發
揮王嚞“付畀得人”，以“損己利物爲行”的全眞特點，能以不
斷贏得下層人民信仰之外，主要還是取決於全眞道符合了“人主
一時之好尙”，它旣適應宋金二主挽救朝政危機的政治需要，更
適應成吉思汗統一中國，建立元帝國的政治需要。元代的全眞史
家，往往有意神化前者，而忽略了後者。例如元好問，他把“丘
往赴龍庭之詔”，僅僅視爲“制止殺機”，“爲民請命”，甚至
說什麼：“億兆之命，懸于好生惡死之一言，誠有之，則雖馮瀛
王之對遼主不是過，從是而後，黃冠之人，十分天下之二，聲焰
隆盛，鼓動海岳，雖凶暴鷙悍，甚愚無聞知之徒，皆與之俱化。”
（《遺山集》卷三五＜清眞觀記＞）其實，在宋、金、元三足鼎
立，你死我活的殘酷爭鬥下，丘處機面對北方“十年兵火萬民愁，
千萬中無一二留”的現實，他慨然應詔西游，殷殷以止殺爲勸，
這固然一方面是爲了弘揚“全眞”本旨；但另一方面，他憑多年
的宗教實踐，已深知不依國主則敎事難興，所以，這也是爲了依
靠政治的力量來推進全眞道的興旺發展。

這兩方面的動意，對全眞家來說，雖不相悖，但對元代統治
階級來講，卻完全是爲了用“仙道以輔其政”，麻痺人民，“解除
邪暴”。虞集＜相山重修保安觀記＞所說的豫章太守欒巴、南昌
尉梅福（《道園學古錄》卷四），元好問＜紫微觀記＞中的東平
左副元帥趙天錫之母、＜太古觀記＞中的龍山大族名士京甫之伯
姨、＜朝元觀記＞中的淳山軍節度使閻候德（《遺山集》卷三十
五），都是明證；成吉思汗和朝中大臣將長春尊之爲“萬乘之國

師 ”，也是這個用意。就在這種相互爲用的過程中，全眞道由原
來作爲北宋遺民、士流敵視女眞貴族的一種民族意識，蛻變爲公
開爲元代統治論證，與其共同麻醉下層百姓的一種階級意識。

與此緊密相關的另一變化是，全眞道在 “ 三教圓融 ” 中，突
出了儒家 “ 修齊治平 ” 和 “ 誠敬 ” “ 仁孝 ” 的思想。

丘處機、劉處玄同金元皇帝的多次答問中，最清楚地反映了
這個變化。如果說，早在大定二十七年丁未（ 1187 年 ）和承安
二年丁巳（ 1197 年 ）， 劉處玄先後奉詔赴闕，以 “ 惜精全神修
身之要，端拱無爲治天下之本 ” 、 “ 寡嗜欲則身安，薄賦斂則國
泰 ” ，回答帝問 “ 至道 ” （《 七眞年譜 》），這還沒有越出道家
的本旨，那麼，到長春西游大雪山，回答成吉思汗所問“長生藥”
時，便 “ 數論 ” 起 “ 仁孝 ” 了。＜玄風慶會錄＞所記載他的這段
言論，更是以 “ 治國保民之術 ” 爲主題。爾後，承詔即燕京專門
“ 教蒙古貴官之子 ” 的長春隨從弟子李志常，則進一步強調 “ 治
國保民之術 ” ， “ 應誠而至 ” ，元憲宗五年乙卯（ 1255 年 ） ，
憲宗 “ 數召見咨以治國保民之術 ” ，他上奏說： “ 自古聖君有愛
民之心，則才德之士必應誠而至 ” ，並 “ 歷舉勛賢並用，可成國
泰民安之效 ” ，得到了皇帝的採納（《 甘水仙源錄 》卷三＜玄門
掌教大宗師眞常眞人道行碑銘＞）。所以，重陽萬壽宮講師張好古
說： “ 全眞之道，一言可以盡之曰：誠而已。 ” （ 同上卷八＜清
平子趙先生道行碑＞ ）

王守道撰＜玉華觀碑＞，更是強調 “ 聖人 ” 在 “ 治國保民 ”
中的決定作用。他說：

"原夫太極未判，道在混茫；兩儀肇分，道在天地；成位乎中，道在聖人。聖人者，為天地贊化育，為生民正性命，為往聖啓玄學，為萬世開太平。"（《古樓觀紫雲衍慶集》卷中）

這是公然蹈襲宋儒張載"為天地立心，為生民立命，為往聖繼絕學，為萬世開太平"的思想。

結果，導致了全真道的另一變化：從"不資參學，不立文字"，發展到"漸知讀書"，"講論經典"，把"涵泳義理"明確視為"真實入門"。（《甘水仙源錄》卷五＜誠明真人道行碑＞）

總而言之，全真道之所以在金末元初達到盛況空前，主要是依附統治階級政治勢力支持的結果。為了替政治論證，它不能不突出儒家思想；為了實現儒家思想，它不能不強調"讀書究理"。其結果是，愈來愈使自身世俗化，而作為一種宗教，便愈來愈接近於終結。

㈦貴盛而衰

丘處機變革王嚞立教初意的現實後果是，全真道被元政府已認作道教正宗，受到了皇帝臣僚的無上尊崇，有了政治支柱。從丘"飛升"，尹志平繼丘掌教，到憲宗元年，命"以僧海雲掌釋教事，以道士李真常掌道教事"（《元史》卷三＜憲宗本紀＞），歷經張志敬、王志坦，直至祁志誠繼王掌教，前前後後六十餘年，隨着多民族統一的元帝國的建立，全真家們"冠之以寶冠，薦之以玉珪，被之以錦服”（《牧庵集》卷十一＜長春宮碑銘＞），貴盛空前。他們常常打起“爲天子致福延壽”的旗號，法制無所禁，爲所欲爲，大侈國家之賜予，廣建叢林，營繕宮觀，“務其宏麗”，卻萬萬沒料到，這竟引起了佛教西僧（即喇嘛僧）的忌恨，使自身遭到了焚經、削髮的厄運。一場導致全眞由盛而衰的佛道論爭，終於在元憲、元宗之世爆發了。

道家向來諱言這場辯論，《道藏》無載，而佛家卻有意加以渲染，《明藏》、《清藏》均有專書載之。若以《元史》和元人文集收集的有關碑文加以核定，去其不實之辭，我們大體可知這場爭論的起因、經過與實質。

先說佛道論爭的起因和經過。據祥邁《至元辯僞錄》和唐力、王盤等奉敕撰的＜焚毀諸路僞道藏經碑＞所載，憲宗八年戊午(1258年)，全眞道衆麕集叢林，每以長春感化時主爲應“老子化胡”之讖，遂造出《老子八十一化圖》，聊以自慰，並與《老君化胡成佛經》一起鏤板傳布，“意在輕蔑釋門而自重其教”，觸犯了佛教的尊嚴。於是，總統嵩山少林寺的長老福裕(雪庭)“以其事奏聞”憲宗，憲宗旨令佛道二家各十七人入朝辯論，佛以福裕爲首，道以張志敬爲首，雙方約定：“道勝則僧冠首而爲道，僧勝則道削髮而爲僧”。福裕主動進攻，首先質問“汝書爲謪化胡成佛”，那“佛是何義”？張志敬回答：“佛者覺也，覺天、覺地、覺陰、覺陽、覺仁、覺義之謂也。”佛以爲不然，以“自覺覺他覺，行圓滿，三覺圓明”來反駁道：“特覺天地陰陽仁義而已。”是時，憲宗語左右，認爲“仁義是孔子之語”，道說非也；道又以《史記》諸書爲據，欲辯解取勝，遭到了帝師西僧八思巴的反

駁。八思巴以《史記》中無"化胡之說",老子所傳惟《道德經》,
而《道德經》裡也無"化胡之說"爲理由,斷定《道藏》除《道
德經》外,皆是"僞妄",弄得"道者辭屈",無理以對。尚書
姚樞只好宣告以"道者負矣",結束了這場辯論。

最後,憲宗"命如約行罰",勒令十七道士削髮爲僧,焚道
經四十五部,歸還所佔佛寺二百七十三楹。經此之役,全真道知
榮受辱,痛定思痛,但當它還未及弄清失敗的眞實原因而重新振
興起來的時候,佛教再次發起了攻擊。

自元世祖中統建元(1260 年 ,忽必烈即位),僧衆依仗帝
師八思巴之功,大興佛教(《道園學古錄》卷四十八<佛園普安
大禪師塔銘>),到至元十七年庚辰(1280 年),南宋新亡,
南北統一,佛教的至尊地位已定。西僧氣焰囂張,借口"長春宮
道流謀害僧錄廣淵"、"往年所焚道家僞經""多隱匿未毀",
於十七年、十八年兩次上奏,要求世宗爲其"辯誣",繼續懲罰
道教。世宗"詔諭天下"再次焚毀所謂"《道藏》僞妄經文及板"
(《元史》卷十一<世祖本紀八>)。從此,全真道的正宗地位
被徹底動搖。儘管,十年以後在京師已開"經厄",允許"道流
宿儒"信仰自由,但以"不涉釋言"爲限(《 牧庵集 》卷十一
<長春宮碑銘>),而全真受寵的那段歷史,只能留給李道謙、秦
志安諸全真家在終南祖庭收集、編撰全真教史中,去默默地回顧
罷了。

這裡自然提出了一個問題:有元立國,爲什麼當崛起漠北之
時,那樣地尊崇全真,而到了滅掉宋金、一統天下之日,竟如此
地扶持西僧呢?從上述佛道論爭發生的時間、內容看,這實質是

關係到元代立國思想的選擇和全真"三教圓融"思想能否適應這
一政治需要的問題。

這場辯論，正值世宗建元、即將統一全國的重要時期，確立
什麼樣的統治思想，對於一個蒙古統治者來講，是迫在眉睫的重
大課題。他們深知自己"武功迭興，文治多缺"，"氈裘舊俗"，
若不"改用中國之法"，就無以立國；而要"附會漢法"，當然
先得通習體現漢人思想文化的儒學。從太祖成吉思汗始，"其時
已有混一區夏之志"，太宗皇帝遂之"首詔國子通習華言"(《日
下舊聞》卷十四＜馬祖常大興府學碑＞)，至憲宗時，蒙人已
有通漢語，而"又雅重儒術"者(《元史》卷一三六＜哈剌哈孫
傳＞)。所以，無論是太祖"遣使賚金牌徵丘處機"，還是丞相
忠憲王(安童)過雲州，"屏騎從見"祁志誠(《道園學古錄》
卷四六＜白雲觀記＞)，表面上看，這對全真確實尊崇備至，但
實則"虛崇禮貌"，其本心一是"但希長生"(《元史譯文證補》
卷二十九)，其二，則主要則在於通過全真家來學習"漢法"，
以領略"修身治世之事"。而全真家以"三教圓融"為宗旨，身
為北宋遺民，特別熟悉"儒業"，丘處機更是"博物洽聞，于書
無所不讀"(《長春真人西游記》序)，他們完全可以滿足太祖
諸帝的這一要求；況且，這時"南北不通，程朱之書，不及于北"，
北方儒學未興，要想掌握"修齊治平"之術，也只有求之於全真
家。因而，全真之貴盛，理所當然。

但是，元主畢竟起自西域，"崇尚釋氏"，尤重西僧，自然
是立國應有之義。如果說太祖、太宗之世，還是"尚巫信鬼，初
無所謂教也"，成吉思汗命其後裔給各種宗教以平等待遇；那麼，

到元憲、世祖之世，便將西藏名僧八思巴"尊爲國師，授以玉印"，給予了各種特權(《元史》卷二〇二＜釋老傳＞)。是時，全真道竟侵佔佛寺，"輕蔑釋門"，極大地妨礙着佛教政治特權和寺院經濟利益的發展，因而，皇帝公開支持西僧懲處全真，也是"必然之理"。

這表面看來，也確實是重佛輕道，厚愛西僧，其實，自世祖之後，上至皇帝，下至僚庶，尊佛只不過是一種信仰而已。宋金元鼎革之現實，使他們越來越清楚地認識到佛教與道教一樣，"清淨寂滅，自治可也"，但不能治天下，"若治天下，舍仁義，則綱常亂矣"(《元史》卷一三六＜拜住傳＞)。所以，"蓋元之所籍以立國者"，只有儒學。

誠然，"大元制典"，將人分爲十等，"介乎娼之下，丐之上者，今之儒也"(《疊山集》卷六＜送方伯載歸三山序＞)。所謂"九儒十丐"，表明儒家其人社會地位的確低下，但儒家其學卻是他們選定的立國之本，須臾不敢離棄。加之，南北統一，朱學得以北傳，忽必烈悅受"儒教大宗師"，"旨蠲儒戶兵賦"(《元史》卷一六三＜張德輝傳＞)，親徵許衡爲京兆提學，招致趙復爲師，令姚樞"即軍中求儒、釋、道、醫、卜之人"，百年之間，"上自朝廷內外名宦之臣，下及山林布衣之士，以通經能文顯著當世者，彬彬焉衆矣"(《元史》卷一八九＜儒學一＞)。這時，蒙古統治者已經能以直接運用儒學治理天下，再不須直接從全真道那裡去學習儒學"漢法"了；全真家那種"清靜無爲"，"返樸全性"的說教，同"思大有爲于天下"的忽必烈，更是格格不入了。全真由盛而衰，勢所難免。

由此可見，成吉思汗詔求長春，並非眞心崇道，忽必烈護持西僧，也非眞心尊佛。他們無論怎樣褒貶三敎，儒學仍然是有元一代的統治思想。正如孛尤魯狷子肇所云："釋如黃金，道如白璧，儒如五穀"，"黃金、白璧無亦何妨，五穀于世其可一日缺哉"（《南村輟耕錄》卷五＜三敎＞）！這正是全眞敎貴盛而衰的根源所在。

(八)簡短結語

總括以上可知：

一全眞道作爲一種世俗化的新道敎，是宋金之際民族矛盾尖銳化的必然產物。它在宋金元鼎革過程中，"勢如風火"般地發展到極盛，又在元統一全國之際，經過長達二十餘年的佛道論爭而走向沒落，社會的政治變革，始終是它產生、興盛和終結的直接杠杆。考察全眞道思想源流，和研究任何一種宗敎思想一樣，如果離開這一基點，就無法看清其眞相。

二全眞道以"三敎圓融"的"道德性命之學"爲其宗旨，這旣是特定社會政治的產物，同時又是唐宋道敎"弊極而變"的必然結果。從王嚞到丘處機，從丘處機到張志敬，儘管全眞思想傾向已從北宋遺士的民族意識，蛻變爲適從元代統治需要的階級意識，從而促使"三敎平等"轉化爲以儒爲主、"不立文字"轉化爲"講論經典"、"投住茅庵"轉化爲聚集叢林⋯⋯，但"三敎圓融"的思想宗旨，一直未變。這正是決定全眞道作爲道敎北宗而有別於其他敎派的內在根據。

三“三教圓融”的全眞思想，雖“非聲音笑貌可名”（張伯淳《養蒙集》卷一＜贈祁眞人制＞），是道之傳，雖“古所未有”（《甘水仙源錄》卷四＜眞常子李眞人碑銘＞），但這一思想的出現，從一個側面卻展現出中國古代思想矛盾運動的必然趨勢。魏晉隋唐形成的三教鼎立，衝破了兩漢儒學獨尊所造成的思想僵化局面，卻造成了北宋“天人二本”、“體用殊絕”的理論危機；宋儒要糾正三教之弊，往往一面力闢佛道，一面吸收佛道，在儒學基礎上，形成了“三教合一”的新儒學（道學或理學），但又極力諱言“三教合一”；金元全眞家想復老子五千言本旨，以救唐宋道教之失，卻因出身“儒業”，又熟知“三教之學”，居然站在道教立場上，創立了明確以“三教圓融”標宗的“道德性命之學”，但它畢竟屬於一種道教思想；金元以後，全眞道衰落了，但“三教歸一之說，浸淫而及於儒，明代講學之家，矜爲秘密，實則嘉之緒餘耳”（《四庫全書總目》二十八《甘水仙源錄》提要）。這便是中華民族思想融會、發展的歷史辯證法。

二　理學家"天人合一"的理想人格論

現在把以上諸篇歸總起來，我們將會清楚地看到一個十分重要的思想動向，這就是從北宋張載關學、金元北方全真新道教，乃至整個宋元明清理學，其基本精神都是為了建立最高內在倫理自由的人格理想，都是一種追求道德境界的"心性義理之學"。這種新儒學精神，旣不同於孔孟原始儒學，也有別於漢唐儒家經學，它是中華民族精神在這一特定時代的新表現，也是中國傳統哲學發展的新形態。

"天人合一"論在這七百年間，被提高到空前的哲學高度，成了各派理學家共同探討的哲學主題。這一主題，由張載確立，經程朱陸王闡揚而至顧黃王李 ❽ 終結，旣標誌着中國傳統思想文化及其思維模式的獨特社會價值取向，又顯露出中國學人士子孜孜以求的自由人格。對於前者，即這一主題對拯救北宋理論危機、為封建倫常綱紀提供哲學本體論根據的客觀現實效果方面，國內外學者多有論述；但對於後者，即中國哲人如何通過這一主題的論證，直接表達自身道德理想追求的"宇宙意識"和主體精神方面，至今還未引起人們足夠注意。因此，本篇就此立論，採用"異中求同"的邏輯方法，將宋明各派理學家看作這一時代中國知識分子群體的代表，從剖析他們在"天人合一"論中所蘊涵的道德境界、理想人格及其悲劇結局中，探求中華民族自強不息的精神淵源，是以為本書結語。

㈠孔顏樂處

誠如＜張載關學主題論＞篇中所說，"究天人之際，通古今之變"本是中國哲學最重大的基本問題，北宋諸子拯救儒學"知人而不知天"的理論危機的過程，實際也就是在宇宙本體論上"究天人之際"的哲學邏輯論證過程。但值得特別注意的是，宋明理學家討論這個哲學問題的旨趣，卻不在於建立宇宙本體論本身，而在於尋求一個寄"身心性命"於物外而又"不離日用常行內"的超道德的理想境界，這就是他們一心嚮往的"孔顏樂處"。

自魏晉名士樂廣在名教與自然之辨中，提出"名教中自有樂地"以後，宋明理學家把從名教中尋求樂地，當作自己哲學研究的一項主要目標，《論語》所記載的孔顏之樂 ❾ 自然成了他們普遍關心的問題，程顥回憶他自己說：

"昔受學于周茂叔，每令尋仲尼、顏子樂處，所樂何事？"
（《河南程氏遺書》卷二上 ）

周敦頤曾教誨自己的學生尋找"孔顏樂處"，但孔顏之樂，究竟所樂何事、所樂何處，卻是一個長期令人費解的問題，連周敦頤本人也沒有說清楚。

朱熹在《四書集注》裡所引程子對這一難題的回答有二，其一是說，顏子之樂，不是樂其簞瓢陋巷之困窮，而是"不以貧窶累其心而改其所樂也"，所以孔子稱其賢；其二是說，"簞瓢陋巷"這一困窮的處境，並非有何可樂，蓋顏子"自有其樂爾"。
程頤特別提醒學人注意：

> "顏子在陋巷，'人不堪其憂，回也不改其樂'。簞瓢陋
> 巷非可樂，蓋自有其樂耳。'其'字當玩味，自有深意。"
> （《遺書》卷十二）

但"深意"何在？程子儘管曾詩云"富貴不淫貧賤樂，男兒到此
是豪雄"，但皆不說出顏子之樂到底是如何樂。朱熹解釋說：程
子之言，引而不發，是要學者"深思而自得之"，他也"不敢妄
為之說"，而只是要求學者在"博文約禮"上用功，便會"有以
自得之矣"（《集注》卷三）。當有人說顏子所樂者道而已，程
頤反駁說：若使顏子而樂道，那就"不為顏子矣"！顏子不是樂
道，而是自樂，顏子其所以"陋巷自樂"，大概"以有孔子在焉"
（《遺書》卷二上）。說到底，還是以"樂莫大焉"、"樂亦在
其中"、"不改其樂"啟發學者去自我體會孔顏"所樂者何事"
而已（《遺書》卷五）。

那麼，為什麼顏子不是樂道而是自樂？南宋真德秀在＜問顏
樂＞中作了比較中肯的說明，他認為：

> "蓋道只是當然之理而已，非有一物可以玩弄而娛悅也。
> 若云'所樂者道'，則吾身與道各為一物，未到渾融無
> 間之地，豈足以語聖賢之樂哉？"（《宋元學案》卷八一＜西
> 山真氏學案＞）

這就是說，聖人之樂不是樂於任何外物，而是樂於自我，是自我意識到自身與萬物渾然一體，達到了"與天地合其德，日月合其明，四時合其序，鬼神合其吉凶"，正像周敦頤《太極圖說》爲人所設置的"中正仁義、主靜而立人極"那樣理想的最高精神境界（"人極"）。正是在這個意義上，邵雍才說："學不際天人，不足以謂之學。"（＜觀物外篇＞）"天人焉有兩般義，道不虛行只在人。"（＜觀易吟＞）

可見，宋儒尋找"孔顏樂處"，實質是進行人自身的認同，即在"人化的自然"中直觀自身，體認人本身那種認識自然，順乎自然、改造自然的本質"天性"，體認人自身眞善美高度統一的自由人格。"天人合一"就是從這裡開關啓鑰而又以此爲依歸的。

㈡天人同體

爲了讓每個人都能自覺地體認出自身具有眞善美高度統一的理想人格，宋明理學家按照各自的哲學思考，多半通過說《易》形式，對人爲什麼能"渾然與物同體"，進行了哲學論證。

周敦頤作爲"有宋理學之宗祖"，首先替儒學"究天人合一之原"。他把道教《太極圖》與儒經《周易》相附會，找到了"入德之途"，初步建構了一個"太極生兩儀"的宇宙生成演化論，但由於不理解"體用"、"有無"的辯證關係，卻"不知擇術而求"，未找到"天人合一"的共同基礎。張載由此出發，以"太虛之氣"的聚散有無理論，比較思辨地論證了"天人"、"道性"

如何"合一"的難題，創立了以"氣"爲本體的"天人合一"論。但張載的氣本論雖然說明了天人"一本"與"萬殊"的關係，卻無法解釋萬事萬物爲什麼會有各自的特性，程朱正由此引出了"理"範疇，創立了理本論。朱熹認爲：事事物物，因各有其理，才有其事其物，"未有天地之先，畢竟也只是理"（《語類》卷一）。而且把"理"與"太極"的關係看作："總天地萬物之理，便是太極。"（《語類》卷九十四）"在天地言，則天地中有太極；在萬物言，則萬物中各有太極。"（《語類》卷一）把"理"與"氣"的關係看作："理未嘗離乎氣。然理形而上者，氣形而下者。""但有此氣，則理在其中。"（《語類》卷一）顯然，朱熹以"理"爲本體的"天人合一"論，是集周、張、二程思想之大成。

　　然而，所有這些論證的目的，都不全在"爲學"求知，而主要旨在"爲道"入聖。無論張載把"天人合一"建立在"氣"的自然本體上，還是周、程、朱以及爾後的陸、王諸子把"天人合一"建立在"太極"、"理"、"心"的精神本體上。他們建構的"天人合一"，均不同於秦漢諸儒從對感性現實世界"生生不已"的直觀中所創立的宇宙生成演化論的"天人合一"，而是通過一系列哲學論證，將社會倫理綱紀本體化爲與宇宙自然"顯微無間"的道德境界。這種"天人合一"，實質不過是"人"道德本體化的主觀意識在宇宙自然（"天"）上的投影（"合一"）而已。其哲學論證的結果，不是像西方哲學家那樣明顯地形成了對思維與存在、主觀與客觀關係研究的哲學認識論，而是突出地表現在倫理與政治、個人與社會有機統一、"體用不二"的人格修養論。

因此，周子之學，在於"志伊尹之志，學顏子之學"，為人立極，"希聖希賢"；張子之學，要在"為天地立心，為生民立命，為往聖繼絕學，為萬世開太平"；程朱之學，"大要立志"，"以聖賢為己任"，"才學便要做聖人"，"扶持聖教增光輝"。如果說佛學的所有思辨其旨歸於成佛，道家、道教的一切說教其用心在成仙；那麼，理學家對"天人合一"的種種論證，其最終目的便是為了窺聖道、做聖人，以涵泳"聖人氣象"的理想人格。

㈢聖人氣象

"聖心難用淺心求，聖學須專禮法修。"（＜文集佚存·聖心＞）先哲所謂"聖人"者，乃"大而化之"，"廓然而大公，物來而順應"，即對整個宇宙有極高明的體認，同萬物渾然一體，顯微無間；但又置身於人倫日用的現實社會生活之中，為"仁之至也"、"人倫之至也"，是在不斷完善自我而達到"內聖外王"最高精神成就的人格。這種人格的取得不單是個理論問題，而主要是一個實踐問題，是如何通過道德修養來自我完善的問題。

王廷相說：

> "先儒謂聖人氣象難學，必學賢者，庶易造進，庶不躐等。此自宋儒接引中人以下，故設此論。"（≪家藏集·答孟望之論"慎言"≫）

他雖"殊爲不然",不贊成宋儒此論,但張載、二程、朱熹等"道學問"一派,卻堅信自己通過格物致知、存心養性,一定會"合內外而成其仁",獲得"聖人氣象"的超道德價值。二程指出:"人須當學顏子,便入聖人氣象"(《遺書》卷五);張載認爲:要學顏子,就得像顏子那樣"擇中庸得一善則拳拳服膺","求龍德正中而未見其止"(《易說·乾》);朱熹一語破的,要求學者要學顏子工夫,"從事博文約禮之誨,以至于欲罷不能而竭其才"(《集注》卷三)。眞德秀進而解釋說:學顏子"博文"者,就是像顏子"格物致知","天下之理無不窮究"那樣"用功之廣";學顏子"約禮"者,就是如顏子"克己復禮","以禮檢束其身",掌握"用功之要"。此二者並進,"則此身此心皆與理爲一,從容涵泳于天理之中,雖簞瓢陋巷,不知其爲貧,萬鐘九鼎,不知其爲富"(<問顏樂>)。他們自信只要如此做工夫,自然便會成爲"仁人",而"仁者以天地萬物爲一體",天地萬物皆備於一身,反身而誠,體之而實,則"道在我而樂有餘"(《集注》卷十三)。這就是中國儒家自孔孟以來所反覆闡明的由仁入聖、不離現世倫常而超乎現世倫常的所謂"仁聖之道"、"聖人氣象"之眞義。

然而,如此苦心極力的修養之功,畢竟不是任何人都能自覺自願而且能以做到的。因此,重在"尊德性"的陸王心學派便提出了更加簡易、直接的入聖方法。陸九淵提出了著名的論斷——"宇宙便是吾心,吾心即是宇宙",把整個世界看作一個統一的精神實體,教人讀書爲學必先"盡我之心",認爲"吾心之良,吾所固有",只要"存心、養心、求放心",便可直覺聖心之靈,

體認到"仲尼、顏子之所樂,宗廟之美,百官之富,金革百萬之
衆在其中"矣(《陸九淵集》卷三〈與童伯虞書〉)。王守仁按
照這個思路指明:"人人都是仲尼","滿街都是聖人",因爲
人人"同具良知","良知"就是"心之本體",充塞天地之間
的"靈明"。因此,他得出結論:只要"致良知","去其私欲
之蔽",發揮人人作聖的天賦潛能,便可以"復其天地萬物一體
之本然","還他良知的本色",人人便都成了聖人。

陸王這種直觀體驗的成聖方式, 終於解開了"人皆可以爲
堯舜"的難點,頗得爾後學者推崇。關中李顒在〈富平答問〉中
說:

> "欲知孔顏之樂,須知世俗之憂,胸(心)無世俗之所以
> 憂,便是孔顏之所以樂,心齋(王艮)云:'人心本自樂,
> 自將私欲縛。私欲一萌時,良知還自覺。一覺便消除,此
> 心依舊樂。'樂則富貴、貧賤、患難、流離無入而不自得,
> 卽不幸至于饑餓而死,俯仰無怍,莫非樂也。"(《二曲
> 集》卷十五)

王艮把"孔顏所樂"歸結爲"人心本自樂,自將私欲縛",而且
把"自將私欲縛"歸結到"內聖"修養之"學"上,他說:

> "樂是樂此學,學是學此樂;不樂不是學,不學不是樂;
> 樂便然後學,學便然後樂。樂是學,學是樂。嗚呼!天下
> 之樂,何如此學?天下之學,何如此樂?"(《明儒學案》

卷三十二 ＜泰州學案＞）

王艮所樂的 " 此學 " ，其實就是自孔孟以來歷代儒家所奉行的
"爲己之學"或" 身心性命之學 "。

從宋儒立場看，爲學求知的目的主要不是爲了作官，不是爲
了"宗廟之美，百官之富"，而主要是爲了追求最高的道德心境，
完善自己的理想人格。這裡值得注意的是，宋儒稱道的 " 爲己之
學 "的" 己 "，並不是一個孤立的個體，" 爲己 "並不是不" 爲
人 "；而恰恰相反，他們認爲要完成自己的人格而達到"內聖"，
同時必須發展他人的人格，" 己欲立而立人，己欲達而達人 "。
這實際是一個" 修身、齊家、治國、平天下 "的社會群體人格的
完成過程。主張以學術易天下的王安石說得好，他著＜楊墨＞篇
專門指明了" 爲己 "與" 爲人 "的關係。他說：

　　" 楊墨之道，得聖人之一而廢其百者是也。聖人之道，兼
　　楊墨而無可無不可者是也。……顏回之于身，簞食瓢飲以
　　獨樂于陋巷之間，視天下之亂若無見者，此亦可謂爲己矣。
　　……楊子之所執者爲己，爲己，學者之本也。墨子之所學
　　者爲人，爲人，學者之末也。是以學者之事必先爲己，其
　　爲己有餘而天下之勢可以爲人矣，則不可以不爲人。故學
　　者之學也，始不在于爲人，而卒所以能爲人也。今夫始學
　　之時，其道未足以爲己，而其志已在于爲人也，則亦可謂
　　謬用其心矣。謬用其心者，雖有志于爲人，其能乎哉？ "
（《王文公文集》卷二十六）

王安石這番論證，雖說是爲了改革當世政治的現實需要，而不能不注意改革北宋學者"其道未足以爲己，而其志已在于爲人"的壞學風；但他如此抬高"爲己之學"，卻同宋明理學家一樣，雖然講"天德王道不是兩事，內聖外王不是兩人"，其旨趣卻在於"涵養德性，變化氣質"，以完成"內聖"人格(呂坤《呻吟語》)。而且，他們都不同程度地認識到這種人格的完成過程，是一種複雜的立體性的擴展。一則，個人要通過氣——身——性——心——神——誠等精神層次的不斷自我深化；二則，個人精神的自我完善，又要通過轉化社會的"外王"過程來實現。

所以，<顏樂亭銘>云："天之生民，是爲物則，非學非師，孰覺孰誠？聖賢之學，古難其明，有孔之遇，有顏之生，聖以道化，賢以學行，萬世心目，破昏爲醒。"(《性理大全書》卷七十)這正是宋明理學家虔心完成所謂"孔顏樂處"、"聖人氣象"這一理想人格的價值取向。

㈣民胞物與

人們要想眞正完成理想的自由人格，當然不能單靠專求"內聖"的心性修養，更重要的是必須親身參與"外王"的事功致用，從中眞正領悟到個人在現實社會中的人生位置。張載《西銘》之所以千百年來能爲各派學者同尊共奉，就因爲它對人生位置給予了現實而又理想的肯定。

誠如<張載<西銘>理想論>篇所說，《西銘》從"天人一氣"的宇宙本體出發，認爲天人萬物本來就是一個和諧的宇宙家庭。在這個家庭裡，每一成員都是天（父）地（母）的兒子，他與其他人都是同胞兄弟，他與其他物都是同伴朋友，他尊長撫幼，同情鰥寡，像古之聖賢那樣事親、敬親、"顧養"、"順令"，不"悖德"，不"害仁"。所有這些道德行為，對每個人來說，都是如此自覺自願，十分理智，毫無勉強，這不僅僅因為他們都是同一社會的成員，更重要的乃是因為他們覺解到自己是整個宇宙的成員，因此，他便養成了"于時保之"，"樂且不憂"、"存，吾順事；沒，吾寧也"的人生態度。

　　顯然，這是一種"宇宙意識"的表現。《西銘》的理學旨趣，全在於使每個個體覺悟到這個"宇宙意識"，有了這個"宇宙意識"，才會涵養出超道德的自由人格，達到眞善美高度統一的理想境界。這就是宋明理學"天人合一"論在美學，倫理學上給予人們的主體精神和自由意志。與朱陸鼎足而立的葉適、陳亮雖主張"事功經制之學"，但卻能領會到《西銘》的這一眞義。陳亮說：

　　　"《西銘》之書，先生（張載）之言，昭如日星，而世之學者窮究其理，淺則失體，深則無用，是何也？是未嘗以身體之也。"

　　　"極吾之力，至于無所用吾力，然後知《西銘》之書，先生之言，昭乎其如日星也。"（《陳亮集》卷十四〈西銘說〉）

陳亮用"以身體之"、"極吾之力"、"自強不息"來解說《西銘》旨趣，正好糾正了張程朱陸過分主重"內聖"修養的弊病。

他認爲，只要每個個體在改造社會的"治平"、"外王"過程中，以天下爲己任，不斷深化人的"宇宙意識"，充分發揮主體精神，爲國家建功立業，也就使自己完成了人格。明清之際的顧、黃所謂"天下興亡，匹夫有責"，"我之出而仕也，爲天下，非爲君也；爲萬民，非爲一姓也"，"天下之治亂，不在一姓之興亡，而在萬民之憂樂"……，這不正是沿着葉、陳的思路，對其人格理論的進一步發展嗎？

從葉陳到顧黃，從顏（元）戴（震）到梁（啓超）譚(嗣同)，一代一代儒者，幾乎都爲"民胞物與"大同理想的實現，而把個人人格的完成，置於中國大衆群體人格的完成之中。他們積極參與現實政治，力倡"經世致用"，以"修己治人之實學"，代替"明心見性之空言"，但又不願使自己變成現實政治勢力的一個組成部分，而始終同它保持着一定距離，對它抱着審愼溫和的批判態度。這種具有啓蒙意義的中國式的人文主義，正是中國儒學主流的眞精神。

㈤浩然正氣

宋明理學家從各自的學術生涯中所凝思出的如上"宇宙意識"、主體精神，使中國知識分子終於獲得了理想追求的思想動力，對社會事業產生了強烈的責任感。

但是，社會現實往往同他們的理想追求相抵觸。㈠他們修身養性，本想"內聖"而"外王"，或"外王"而"內聖"，但卻無一人能夠成王，即是獲得一官半職，多數最終還是被迫辭官就學。關中理學家從張載到呂柟、馮從吾，就是明證。二他們修身養性，本想獲得理想的自由人格，但他們規定的一套道德規範、修養方法，完全適應當權者的政治需要，被納入現實政治權力的網絡之中，異化爲殘酷的現實，往往竟變成了束縛自由、歪曲人性的精神枷鎖，迫使不少人或遁跡山林，或苦讀黃卷，從佛道中另尋樂處。金元之際的全眞道學者，近代儒學大師章太炎，都是如此。

總之，追求自由人格的途徑，竟是對人格自由的否定。從秦漢的"處士橫議"，到明末的"東林淸議"，足以表明，中國知識分子的道德理想追求，在古代社會，必然是一幕一幕的悲劇結局。造成悲劇結局的原因，各個時代雖不盡相同，有主觀的因素，也有客觀的局限，比較複雜，我們姑且不論。然而值得注意的是，這種悲劇結局的現實，竟使知識分子的"宇宙意識"，往往通過民族意識的形式，表現爲浩然正氣，錚錚風骨。而且這種品格一但形成，就成爲知識群體推崇的風尙，尤其在社會大變革時代（諸如兩宋之際、明淸之際），知識群體崇尙氣節之風，甚至會變成對抗朝政逆轉的不可忽視的一股社會力量。儘管，其間不乏少數變節小人背離群體而同逆流合污，"枉道以從勢"，但絲毫不影響知識群體在逆境下的共同覺醒。無論是專求"內聖"工夫的朱熹、王陽明、劉宗周、李顒（二曲），還是注重"外王"建樹的王安石、陳亮、顧炎武、高攀龍，這一知識群體，在複雜的王朝替興過程中，常常面對着腐朽的政治勢力和殘暴的異族強權，而本身旣沒有實際力量進行對抗，又不願在行動上背叛朝廷，投靠異族，事二姓，做貳臣。就在這種道德信念同現實政治發生尖銳衝突之下，他們只有堅守"富貴不能淫，貧賤不能移，威武不能屈"的儒家"大丈夫"精神，對抗邪惡，赴湯蹈火，視死如歸，處處以氣節相尚，硬願鐐銬加身，也不失節，即是臨難，還要高歌："十年未敢負朝廷，一片丹心許獨醒。"（《東林始末·碧血錄》）"人生自古誰無死，留取丹心照汗青。"（文天祥＜過零丁洋＞）這確乎是閃爍着理想人格的燦爛光輝。歷代士人所稱頌的文天祥＜正氣歌＞，不正是宋明理學家的這種精神價值、道德境界嗎？所以，被海外學者稱之爲"新儒家的道德個人主義"❿，"吾民族精神所在者"⓫。

其實，這是中國儒家士人執着事業、嚴守道義、堅持眞理的一種殉道精神。因爲儒學的根本點是用倫理轉化政治，它必然一方面十分重視人生理想，講求修身養性，以理統情，奮發立志，保持節操；另一方面又要同現實政治發生種種不可避免的糾葛。這就必然產生了"道（理）"與"權勢"之間的矛盾。孔子要求"士志于道，而恥惡衣惡食者，未足與議也"（《論語·里仁》)。荀子贊同先賢"從道不從君"的種種言行（《荀子·臣道》）。明儒呂坤講得更直接了當，痛快盡致，他說：

"道者，天下古今共公之理，人人都有分的，道不自私，聖人不私道……"

"故天地間惟理與勢為最尊。雖然理又尊之尊也。廟堂之上言理，則天子不得以勢相奪。即奪焉，而理則常伸于天下萬世。故勢者，帝王之權也；理者，聖人之權也。帝王無聖人之理，則其權有時而屈。然則理也者，又勢之所恃

以爲存亡者也。以莫大之權，無僭竊之禁，此儒者之所不辭，而敢于任斯道之南面也。"（《呻吟語》卷一）

儒者無權無勢，"而敢于任斯道之南面"，爲眞理而獻身，這種"道（理）"尊於"權勢"的觀念，正是宋明以來中國知識分子崇尙氣節的精神支柱，對中國民族性格的形成與發展，無疑起着重要的作用。

綜上所述，我們可以清楚看到，宋明理學家之所以要把"天人合一"作爲自己哲學論證的主題，其直接用意並不在於建構哲學本體論本身，而在於對自我眞善美高度統一的自由人格的理想追求。儘管中國古代知識分子的這種道德理想帶有悲劇性質，但由於他們受個人覺解的"宇宙意識"的驅使，從個人的人生位置上看到了自我的社會價值，因此，處處"以仁爲己任"，尊"道"不趨"勢"，逐漸積養成執着事業、爲眞理而奮鬥的浩然正氣。這正是中華民族自强不息的一個精神源泉，也是值得我們繼承發揚的文化傳統。

三　宋明"三教合一"思潮中的"心性" 旨趣論

　　明清之際的一些學人，曾非常尖銳地批評過王學末流"以明心見性之空言，代修己治人之實學"，進而衍爲"無事袖手談心性，臨危一死報君王"的王學風尙。他們很不喜歡晚明王學"禪學化"的空疏習氣，甚至目之爲招致亡國之禍根；但他們作爲朱明王朝遺民，實際上卻承襲了王學末流特有的"赤手以搏龍蛇"、"掀翻天地"的英雄"氣骨"。這種"臨危一死報君王"的殉道精神，據張君勱先生五十年代寫的《比較中日陽明學》所說，在日本明治維新運動中竟產生了不可估量的推進作用。由此使人們不能不提出這樣的問題："置四海之困窮不言"的"心性之學"，爲什麼能派生出像泰州學派那樣爲"掀翻天地"、破除封建名敎羈絡而敢於"赤身擔當"的主體精神？中西哲學中的"心性之學"是否都蘊涵有這樣的旨趣？宋明儒佛道三敎各家之言心言性，究竟有沒有共同的終極關懷？這無疑都是應愼思明辨的重大問題。

　　儘管，當世學人已毋須學明遺民爲"報君王"而捐軀，但卻需爲眞正弄清宋明"三敎合一"思潮中的"心性"旨趣而求索。"稽之舊史之事實，驗以今世之人情"，則這一探索，亦是研究宋明理學應有之義。

㈠三敎同道

　　宋明七百年間，是中國思想界儒佛道三教的融合時期。三教
雖別樹新義，"各道其所道"，自立新說，但究其用心，都是在
重構各自"三教合一"的心性之學。

　　晚唐興盛起來的"新禪學"，暫且不作專論，先主要說說繼
"新禪學"之後在這七百年間形成的"新儒學"與"新道教"。

　　所謂"新儒學"，在中國，大概自北宋以來稱"道學"，自
南宋以來稱"理學"，現在的中國哲學界多稱之為"理學"。儘
管名稱不同，實際所指，都是針對這一時代的儒學新思潮而言，
即都是指由北宋周張二程共同創始而由南宋朱熹集大成的"理學"，
和由南宋陸九淵"先立其大"而由明代王守仁為首的陽明學派完
成的"心學"，以及由顧黃王等自覺對程朱"理學"與陸王"心
學"反思總結的明清之際諸子學。當然，南宋和明末清初的"經
世致用"學派，也似應包括在這一新儒學思潮之內。

　　所謂"新道教"之說，大概肇於四十年代末陳垣先生所著
《南宋初河北新道教考》一書。它是指除流行於南方的"正一"道
教舊派之外的"全真"、"大道"、"太一"三教，它們都是這
七百年間在北方新興的而"與金元二代相終始"的道教新思潮。
全真道可算其中最大的新道派，它由陝西咸陽王嚞（重陽真人）
創道，弟子丘處機（長春真人）弘教，興起於關中，熾傳於北方，
涉及至江南，曾對金元社會政治、經濟、文化、生活各個層面發
生過很大的影響。其思想源流、發展概況，我在前篇（附論第一
章）已初步做過考察，這裡不再重複。

　　現在，我想進一步提出的問題是：全真道作為"新道教"，
究竟新在何處？元代太原虛丹道人李鼎撰＜大元重修古樓觀宗聖

官記＞說：

> 金大定初，重陽祖師出馬，以道德性命之學，唱為全真。
> 洗百家之流弊，紹千載之絕學，天下靡然從之。⑫

"以道德性命之學，唱為全真"，這一"全真"之名，不管歷來有多少注釋，歸結到一點，無非表明全真道的立教宗旨，是要會通儒佛道三教的"道德性命之學"，王嘉在他創作的詩歌集中，明確標識：

> 儒門釋戶道相通，三教從來一祖風。
> 悟徹便令知出入，曉明應許覺寬洪。
>
> 釋道從來是一家，兩般形貌理無差。
> 識心見性全真覺，知汞通鉛結善芽。（《重陽全真集》卷一，
> 《道藏》第二十五冊）

《重陽教化集》還記載說，王嘉在雲游傳教、度化弟子的整個宗教活動中，"或對月臨風，或游山玩水，或動作閑宴，靡不以詩詞唱和，皆以性命道德為意"；"玩其文，究其理者，則全真之道，思過半矣"（序第四、第六、同上）。他還時常規勸人們去讀儒家的《孝經》、佛教的《般若心經》和道教的《道德經》，這無疑是他創立以"三教圓融"的"道德性命之學"標宗的"全真"新道教之理論依據。他在山東地區所組建的"三教七寶會"、

“三教金蓮會”、“三教三光會”、“三教玉華會”和“三教平等會”等五個宗教社團，均以“三教”之名冠其首，這不僅充分體現了他“三教合一”的立教宗旨，也表明他已經找到了與之相適應的宗教組織形式。這種新道教已取得了獨立發展的地位。

王嘉之後，丘處機等六眞在弘教過程裡，雖說對全眞道在理論、修持、教規、組織諸方面都有新的發展，但“三教圓融”的“道德性命之學”宗旨並沒有根本的變化。元太祖成吉思汗在西域統治期間（公元 1206 — 1227 年），其帳下同丘處機有過交往的耶律楚材，雖對丘處機的全眞道並不十分推崇，甚至“以全眞爲老氏之邪”，不能領會它的新意，但卻清楚地看到了“三教合一”的思想動向，特別提醒人們注意：

> 三聖眞元本自同，隨時應物立宗風。
> 道儒表裡明墳典，佛祖權宜透色空。
>
> 曲士寡聞能異議，達人大觀解相融。
> 長沙賴有蓮峰掌，一撥江河盡入東。（《湛然居士文集》卷二
> ＜題西庵歸一堂＞）
>
> 三教根源本自同，愚人迷執強西東。
> 南陽笑倒知音士，反改蓮宮作道宮。（同上書卷六＜過太原南
> 陽鎮題紫薇觀壁三首＞其三）
>
> 玄言聖祖五千言，不說飛升不說仙。
> 燒藥煉丹全是妄，吞霞服氣苟延年。
> 須知三教皆同道，可信重玄也似禪。

趨破異端何足慕,紛紛皆是野狐涎。(同上書卷七<邵薛村道
士陳公求詩>)

這三首,表明了耶律楚材這位"爲成吉思佐命,扞圍邊庭,國威
遐震,草創法度,功在廟社"的元朝開國政治家的學術立場。他
明確主張"振興儒教,進用士人","以儒治國,以佛治心"的
"三教同源"說(同上書<後序二>);一方面批評"曲士寡
聞","愚人執迷",只能從浮面看到三教之"異議";另一面,
要人們以"達人大觀"的眼光去了解三教的"相融"本質。作爲
中國歷史上少數民族中一位富有政治卓識和學術見解的思想家,
這種"達人大觀"的學術氣度,無疑是正確而可供後人借鑒的。
不過,他以"須知三教皆同道"的"大觀",自信"重玄也似禪",
所批評全眞道頗似禪的種種說教,其實正言中了宋明時代禪學與
全眞道"三教同道"的共同思路。

　　就拿明末佛教著名的眞可、袾宏、德清、智旭等四大禪師來
說吧,眞可(紫柏尊者)與李贄同被當世譽爲"兩大教主",他
明確主張:

　　　學儒而能得孔氏之心,學佛而能得釋氏之心,學老而能得
　　　老氏之心,……且儒也、釋也、老也,皆名馬而已,非實
　　　也。實也者,心也。心也者,所以能儒能佛能老者也。……
　　　知此,乃可與言三家一道也。而有不同者,名也,非心也。
　　　(《紫柏老人集》卷九<長松茹退>)

德清（憨山老人）是真可的好友，學通內外，更是竭力弘揚："若以三界唯心，萬法唯識而觀，不獨三教本來一理，無有一事一法不從此心所建立。"（《憨山老人夢游集》卷四十五＜觀老莊影響論＞）而"大悟孔顏心法"的智旭（八不道人）進而一語破的："三教聖人，不昧本心而已。"（《靈峰宗論》卷二）這便是自唐以降轉向"入世"的宋明"新禪學"面對三教的基本立場。

由此可見，明末禪師遵照六祖惠能"識心見性，自成佛道"（敦煌寫本《壇經》第三十條）的禪學"大觀"，把"三教同道"歸結為"直指本心"，這比全真道對三教本質的領略，顯得更為深透，而同理學家援佛入儒、引道入儒的實際立場，已沒有多大差別。一言以蔽之。在宋明"新儒家"與"新道教"、"新禪學"的眼裡，儒佛道三教已經由"鼎立"而趨向一種共同探究人的道德精神境界的"心性義理之學"；它們之所以"願學新心養新德，旋隨新葉起新知"（張載"芭蕉"詩），各自之"新"，也正是各自不同程度地融會三教"心性"思想的結果，只是理學家們多數不大願意公開承認這一事實罷了。

㈡心性一理

誠然，北宋五子，尤其是張載，在宇宙論和本體論上曾旗幟鮮明地批判過佛道二氏"溺于空虛"，"以人生為幻妄，以有為為疣贅，以世界為陰濁"的"天人二本"、"體用殊絕"之理論弊端，創立了同佛老禪學迥然有別的"天人合一"的宇宙本體論，從而使理學獨樹一幟，成為宋明時代的"新儒學"思潮。觀其立論發本，毫無疑問，它同"新道教"、"新禪學"，"固不當同日而語"（《正蒙·乾稱篇》）。

但是，理學家窮究宇宙本體論的直接理論衝動，僅是爲了糾正漢唐儒學"語人者不及天而無本"之偏失，以挽救儒家的危機；而其爲學要歸，正如王夫之所說："有宋諸先生洗心藏密，即人事以推本于天，反求于性，以正大經、立大本。"（《讀通鑒論》卷十九）是要"立人極"，爲人類建構"心性之眞"的最高理想人格。正是在這一理論取向上，"儒釋之辨，其差眇忽"（楊時語），"眞在毫釐"（黃宗羲語）。理學與全眞道、禪學"三家一道"，旨趣相投，沒有本質的不同。張載死後，二程可能正因爲有見於此，才特別提醒門下高足呂大臨等要高度重視禪學以"性命道德"之言向儒學挑戰的嚴重性質。依據宋神宗元豐二年已未（公元一〇七九年）呂大臨離陝東見二程先生時所作的眞實談話記錄，二程曾說：

> 昨日之會，大率談禪，使人情思不樂，歸而悵恨者久之。此說天下已成風，其何能救！古亦有釋氏，盛時尚只是崇設像教，其害至小。今日之風，便先言性命道德，先驅了知者，才愈高明，則陷溺愈深。❸

思想界出現的"談禪"之風，使二程"情思不樂"、"悵恨者久之"，他清醒地看到禪學不同於以往佛教的顯著特點是，它幾乎同儒學一樣，已經確立起自己的"性命道德"之說。這的確已使不少才智高明的儒者未容分辨清楚，便"已爲引取，淪胥其間，指爲大道"，"人人著信"（《正蒙·乾稱篇》）；甚而導致許多著名的理學家如張載、程、朱、陸、王等，都曾出入於佛道幾十年，又"返求諸《六經》而後得之"，才最後完成了他們各自的"心性之學"。可以肯定，他們的"心性之學"與"新道教"、"新禪學"的"性命道德"之說，其終極關懷是相通的。

然而，值得注意的是，在中國社會賦予儒學特有的神聖政治使命的驅使下，理學家們依如既往，竟不願對三教"心性"旨趣的相通之處，作出任何理智的"高明"思考，居然將其視爲"冰炭"，一代一代地進行着"三教之辨"的劃界封疆工作。從南宋朱熹，到明代王陽明、羅汝芳（近溪）、王時槐（塘南）、焦竑（澹園）、馮從吾（少墟）、羅欽順（整菴）、顧憲成（涇陽）、高攀龍（景逸）、劉宗周（蕺山）等，都在這方面有過突出的貢獻，《朱子語類》中的"論道教"、"論釋氏"，以及焦竑＜答友人問釋氏＞、馮從吾《辯學錄》、羅欽順＜讀佛書辨＞等，就是他們所做出的一些專論，我們透過這些辨"異"的言論，恰好可以看出宋明三教"心性一理"的相"同"旨趣。

朱熹開宗明義，把批判佛老之學"只是見得個空虛寂滅"、"只是廢三綱五常"這一"極大罪名"，作爲他全部立說的出發點，首先從"本體"上來說：

> 儒釋言性異處，只是釋言空，儒言實；釋言無，儒言有。吾儒心雖虛而理則實，若釋氏則一向歸空寂去了。
>
> 釋氏虛，吾儒實；釋氏二，吾儒一，釋氏以事理爲不緊要而不理會。

吾以心與理爲一,彼以心與理爲二,亦非固欲如此,乃是
見處不同,彼見得心空而無理,此見得心雖空而萬理咸備
也。

儒者以理爲不生不滅,釋氏以神識爲不生不滅。……它之
所謂心,所謂性者,只是個空底物事,無理。(《朱子語
類》卷第一二六〈釋氏〉)

接着從"工夫"上再加以引深,認爲,佛所謂"性",正聖人所
謂"心","只是佛氏磨擦得這心極精細","磨弄得這心精光,
它便認做性",殊不知這是"認知覺運動做性",如視聽言貌,
佛氏"只認那能視、能聽、能言、能思、能動底便是性",卻不
知"知覺之理,是性所以當如此者"(同上)。顯然,朱熹是從
"性即理"的理論立場出發,以是否堅持以"理"爲本作標準,
來同佛老禪學劃清界限。其推論方法是,先把佛"性"歸結爲聖
"心",再將佛"心"降低到"知覺"、"心識"的層面,最後
得出結論:"佛則人倫滅盡,至禪則義理滅盡",與佛相比,老
莊、道教於義理僅僅只是"絕滅猶未盡"而已,"要其實則一耳",
均失之於"心空而無理"。

王陽明的着眼點畢竟與朱熹不盡相同,他把儒學("聖人之
學")歸結爲"心學",處處堅持陸九淵"心即理"的哲學命題。
他在爲《象山文集》作的序文中還追溯了"心學之淵"(十六字
心法)和"心學"道統,批評朱熹"性即理"必然帶來"析心與
理爲二而精一之學亡"的重大理論失誤,極力爲陸九淵辯誣,毫
不留情面地抨擊那些"顧一倡群和,剿說雷同,如矮人之觀場,

莫知悲笑之所自 "、" 貴耳賤目 " 的風派 " 學者 "，以陸氏 " 嘗
與晦翁之有同異，而遂詆以爲禪 " 的偏見，明確指出：" 今禪之
說與陸氏之說、孟氏之說，其書俱存，學者苟取而觀之，其是非
同異，當有不待辯說者。 "（《 陸九淵集 》附錄一＜王守仁序＞）
如此坦誠的針砭，無疑有助於扭轉學風時弊。可是，非常有趣的
是，王陽明 " 辨三教異同 " 之標準，卻同朱熹毫無二致，他說：

> 佛老之空虛，遺棄其人倫事物之常，以求明其所謂吾心者，
> 而不知物理卽吾心，不可得而遺也。（同上）
> 仙家説到虛，聖人豈能虛上加得一毫實？佛氏説到無，聖
> 人豈能無上加得一毫有？但仙家説虛，從養生上來；佛氏
> 説無，從出離生死上來，卻于本體上加卻這些子意思在，
> 便不是虛無的本色，便于本體有障礙。聖人只是還他良知
> 的本色，便不著些子意在。良知之虛，便是無之太虛，良
> 知之無，便是太虛之無形。日月風雷，山川民物，凡有象
> 貌形色，皆在太虛無形中發用流行，未嘗作得天的障礙，
> 聖人只是順其良知之發用，天地萬物俱在我良知發用流行
> 中，何嘗又有一物超于良知之外，能作得障礙？ （《 傳習
> 錄 》卷下第二六九條 ）

這便是劉宗周高度肯定的王陽明 " 辨三教異同大頭腦處 "（＜陽
明傳信錄＞，見《 明儒學案 》卷十＜姚江學案＞）。所謂"頭腦"，
即" 良知"二字。王陽明認爲，" 良知即是天理 "，而" 天理在
人心，亙古亙今，無有終始 "，故" 天理即是良知 "，" 良知 "

亦即"原是明瑩無滯"的"人心本體"。所以,朱熹視儒佛道三
教界限只一"理"字,王陽明"辨三教異同"只在"良知"二字,
其實同以"人心本體"為標準。只是朱熹批評佛"以心與理為二",
主張"以心與理為一",但卻因同佛一樣把"心"局限在"知覺"、
"心識"層面,結果同樣陷入"析心與理而為二"的弊端;而王
陽明比朱熹前進一步的是,以"良知"為"人心本體",真正解
決了心、性與理為一,"本體"與"工夫"不二諸哲學難題,從
而"遂使儒釋疆界渺若山河"。這就是黃宗羲提醒世人不要忘卻
的"有目者所共睹"的史實(參見《明儒學案》卷十<姚江學案>)。

　　承接王學而對宋明理學開始反思總結的學者,"大概以高(攀
龍)、劉(宗周)二先生,並稱為大儒,可以無疑矣"(《明儒
學案》卷六十二<蕺山學案>)。劉宗周基本沿襲了王學思路,
高攀龍則似與程朱同調,他們均具有融合朱王,由陸王"心學"
返歸程朱"理學"的傾向。他們為了檢討王學是否"禪學化"的
問題,都力圖同佛老禪學劃清界限。高攀龍說:

> 聖人之學,所以異于釋氏者,只一性字。聖人言性。所以
> 異于釋氏言性者,只一理字。理者,天理也。天理者天然
> 自有之條理也,故曰天敘、天秩、天命、天討,此處差不
> 得針芒。先聖後聖,其揆一也。
> 老氏氣也,佛氏心也,聖人之學,乃所謂性學。老氏之所
> 謂心、所謂性,則氣而已。佛氏之所謂性,則心而已。非
> 氣心性有二,其習異也。性者天理也,外此以為氣,故氣
> 為老氏之氣;外此以為心,故心為佛氏之心。聖人氣則養

其道義之氣，心則存其仁義之心，氣亦性，心亦性也。
（《明儒學案》卷五八＜東林學案一＞）

可見，高攀龍同朱學相似，是以“性即理”的立場，用一“理”字區分三教“心性”之差異，雖不比朱王高明多少，但卻更加表現出“禪學化”的傾向。

依據劉宗周的高足黃宗羲記載，當攀龍《高子遺書》初出時，他正陪伴先師（宗周）“自禾水至省下”的途中，“盡日翻閱”，而先師“時摘其闌入釋氏者以示”他，他後來讀到先師＜論學書＞，有批評高語云：“古之有朱子，今之有忠憲（攀龍）先生，皆半雜禪門。”又讀高＜三時記＞，有曰：“釋典與聖人所爭毫髮，其精微處，吾儒具有之，總不出無極二字；弊病處，先儒具言之，總不出無理二字。其意似主於無，此釋氏之所以爲釋氏也。”其中融會了不少佛語禪言，因此，先師救正之，說高“心與道一，盡其道而生，盡其道而死”，這固非佛學，但他認爲：高“不能不出入其間，所謂大醇小疵者。若吾先師，則醇乎其醇矣，後世必有能之者”（同上書）。黃宗羲如此把自己老師尊奉爲不雜禪學的醇儒，而把高攀龍說成“半雜禪門”的“大醇小疵”之儒，顯而易見，除深表推崇先師之意外，主要用意乃爲了救正王學“禪學化”的流弊。

劉宗周正是從這一角度企圖終結整個理學的。他在＜來學問答＞中說：

宋儒自程門而後，游（酢）、楊（時）之徒，浸深禪趣，朱子豈能不惑其説，故其言曰："佛法煞有高處"，而第謂"可以治心，不可以治天下國家"，遂辭而闢之，將吾道中靜定虛無之説，一併歸之禪門，惟恐一托是焉。……象山直信本心，謂"一心可以了當天下國家"，庶幾提綱挈領之見，而猶未知心之所以為心也。……文成篤信象山，又于本心中指出良知二字，謂"為千聖滴骨血"，亦既知心之所以為心矣。……凡以發明象山未盡之意。……合而觀之，朱子惑于禪而闢禪，故其失也支。陸子出入于禪而避禪，故其失也粗。文成似禪而非禪，故不妨用禪，其失也玄。（《明儒學案》卷六二＜蕺山學案＞）

這一總括是否正確，自然大可商量，本篇存而不論，但由此可以看到：一宋明理學，無論程朱"理學"還是陸王"心學"，皆不同程度地融合了佛老禪學的"心性之學"，此乃宋明"三教合一"的時代思潮使然，並非由理學家是否"惑于禪而闢禪"，或"出入于禪而避禪"，或"似禪而非禪"的主觀情勢來決定。

二理學家無論是站在"性即理"或"心即理"的理論立場，均以一個"理"字同佛老禪學劃清界限，這只能表明他們如張載程朱那樣，仍然是在宇宙本體論的範圍，同佛老禪學"較是非曲直"。從朱熹謂"釋言空，儒言實；釋言無，儒言有"，到高攀龍謂"老氏氣也，佛氏心也，聖人之學，乃所謂性學"；從王陽明謂"仙家說到虛，佛氏說到無，聖人只是還他良知的本色"，到劉宗周"本心之學，聖學也，而佛氏張大之，諱虛而言空"（同上書），儘管說法紛繁，甚而互相詆毀，卻共同堅守着同一個

"心性一理"的本體論原則。

同時，這絲毫不能否認佛老禪學實際同樣有一個作爲最高"本體"的"理"或"道"，只是在理學家的眼裡，"佛氏之道，一務上達而無下學"，二程子視其"本末間斷，非道也"（《河南程氏粹言》卷第一＜論道篇＞）；黃宗羲看得更爲眞切："釋氏正認理在天地萬物，非吾之所得有，故以理爲障而去之。……故世儒之求理，與釋氏之不求理，學術雖殊，其視理在天地萬物則一也。"（《明儒學案》卷二二＜江右王門學案＞七＜憲使胡廬山先生直＞）很顯然，"心性一理"就是宋明"三敎合一"的哲學根據，是"新儒家"、"新道敎"和"新禪學"各自追求道德本體的共同準則。誠可謂"聖人之敎不同，同修其道以復於其性耳"（李純甫《鳴道集說》卷之三，明鈔本）。

㈢人皆聖佛

在宋明"辨三敎異同"的長期論爭中，"新儒家"獲得了最大的重要成果。它不僅建立了"心性一理"的道德本體論，而且精心設計出一整套通過"知禮（理）成性"或"窮理盡性"的道德實踐修養，而達到"心統性情"、"成聖誠明"、"人皆可以爲堯舜"的人格理想境界，爲現實社會各層人們找到了一個最後的"安身立命"之所。這無疑是曾經震驚過思想界的，爲了對付"新禪學"入世挑戰而做出的積極貢獻。所以，陳寅恪先生早就指明："佛敎經典言：'佛爲一大事因緣出現于世。'中國自秦以後，迄於今日，其思想之演進歷程，至繁至久，要之，只爲一

大事因緣，即新儒學之產生，及其傳衍而已。"❶

　　"新禪學"、"新道教"的思想演進歷程，同"新儒家"的
產生及其傳衍一樣，"至繁至久"，十分複雜；它們三家的衝突
——融合關係，包羅甚廣，更難了究。但從宋明"三教合一"思
潮裡，單就"新儒學"方面來說，我們可以清楚地看出，它們的
"心性之學"中，至少共同涵攝着如下旨趣：

　　(1)同心同理

　　如果說，從六祖惠能的"超佛越祖之談"，到程朱的"仁者
渾然與物同體"、"一心具萬理"，陸王的"宇宙便是吾心，吾
心即是宇宙"、"大人者以天地萬物爲一體者也"，以及全眞道
的"精神氣全"、"獨全其眞"，都是旨在解決人的"本心本性"，
旣在"日用常行"之中，又超乎"日用常行"之上的道德超越性
問題。上述"心性一理"的爭辯結果，說明他們對這個問題已取
得了共識，他們共同揭示了人的道德精神生命的永恒性。那麼，
這一永恒的道德生命，必然具有普遍性；否則它的超越性就失去
任何意義。所以，"新禪宗"創教之始，必然首先樹立"我心自
有佛"、"平等衆生佛"（《壇經》第五十二條）和"砍柴擔水，
無非妙道"的宗教教義，使一切衆生堅信"我心自有佛"、"頓
悟"即"成佛"是可能的，也是現實的，從而導引天下之士"不
歸儒，則歸禪"。這的確是中國佛教史上一場劃時代的革命運動，
時賢將它同馬丁·路德和卡爾文的宗教改革相提並論❶，我看一
點也不過分。

　　但更爲有意義的是，"新儒家"由此獲得了啓發，它竭盡全
力讓世人確信古今聖凡賢愚，"同心同理"，其"心一也"的道

德觀念。陸九淵講得最好，他說：

> 人心至靈，此理至明，人皆有是心，心皆具是理。
> 千萬世之前，有聖人出焉，同此心同此理也，千萬世之後，
> 有聖人出焉，同此心同此理也，東南西北海有聖人出焉，
> 同此心同此理也。（《陸九淵集》卷二十二〈雜著〉）

此"理"，即人心同具的"至善"本性。或稱"仁體"，或稱"天理"，或謂"良知"，或謂"佛性"，或云"全眞"，其實均指同一"心體"、"性體"而已。正如清初關中大儒李二曲（顒）所說："先儒謂'個個人心有仲尼'，蓋以個個人心有良知也。良知之在人，不以聖而增，不以凡而減，不以類而殊，無聖凡，無貴賤，一也。"（《二曲集》卷二十二〈觀感錄序〉）只要"立志"、"盡心"，便能"成性"、"成聖"。

這同"新禪學"認爲每個人"若識本心，即是解脫"（《壇經》第三十一條）似乎一脈相承，同樣爲每個人提供了一個旣可能而又非常現實的精神歸宿。只是"新禪學"和"新道教"畢竟是宗教，它們所說的"本心"（"佛性"、"全眞"），實即一種宗教意識、宗教心理；而"新儒家"各種名稱的"本心"，只能是一種道德意識、道德心理，或精神境界、理想人格。但它們三家之所以同"道"一"理"，同可冠之以"新"，大概因爲它們創立的精神世界，本質上都是超現實的"現實"、此岸中的"彼岸"，人人均可直接達到，不需依附什麼樣的"教會"或"皇室"！

⑵滿街堯舜

既然天下人"同心同理",同具"至善"本性,那麼,"滿街堯舜,個個仲尼"和"佛在眾生",便是其"心性"中應有之旨。從孟子肯定:"人皆可以爲堯舜。"到毛澤東贊頌:"六億神州盡舜堯。"兩人雖不可同日而語,各自推崇的"堯舜"雖可完全不同,但確實足以表現出,自古迄今,中國知識精英一直不斷追求着自己塑造出的如"堯舜"、"仲尼"那樣的理想人格。至於這一理想人格是否實現,在不同社會背景下如何實現,均無關緊要;重要的是它肯定了每個人,上自君主,下至臣民,皆享有追求這一理想人格的平等權利。

黃宗羲在《明儒學案》裡專列了以王艮(心齋)爲首的"泰州學派",認爲,這一學派不滿陽明師說,"躋陽明而爲禪",使王學更加"禪學化";而泰州後學,"其人多能以赤手搏龍蛇,傳至顏山農(鈞)、何心隱(梁汝元)一派,遂復非名教之所能羈絡",終成"異端"。黃宗羲以爲這是"祖師禪者,以作用見性"的結果,這裡可以不論。值得注意的是,這一學派從首領王艮,到主要弟子朱恕、韓貞等,多出身平民,創立了"百姓日用之學",提出了"人人君子,比屋可封"的社會理想,同張載《西銘》"民吾同胞,物吾與也"的思想境界,全然相契,李二曲特爲這些平民學者立傳編次,輯爲《觀感錄》,流布於世。他在序文中讚美道:

> 昔人有跡本凡鄙卑賤,而能自奮自立,超然于高明廣大之域,上之爲聖爲賢,次亦獲稱"善士"。如心齋先生,本

> 一鹽丁也，販鹽山東，登孔廟而毅然思齊，紹前啓後，師
> 範百世；小泉（周蕙）先生，本一戍卒也，守墩蘭州，開
> 論學而慷慨篤信，任道擔當，風韻四訖。他若朱光信（恕）
> 以樵豎而證性命，韓樂吾（貞）以陶而覺斯人，農夫夏雲
> 峰（廷美）之表正鄉閭，網匠朱子節（蘊奇）之介潔不苟，
> 之數子者，初何嘗以類自拘哉！（《二曲集》卷二十二）

二曲肯定了成聖成賢絕不"以類自拘"之後，接着反問那些"身
都卿相，勢位赫恒而生無所聞，死無可述者，以視數子，其貴賤
爲何如耶"（同上書）？這難道不正是"新儒家"（以及"新禪
學"、"新道教"）心性之學所反映出的平民文化意識嗎？

可見，"滿街堯舜"，"衆生自佛"的道德人格理想，儘管
不同於西方"在上帝面前人人平等"的宗教教義，但它們畢竟都
是人類一直尋找着的人格"眞善美"高度統一的精神世界。

(3)任道擔當

總概起來說，唐宋以後興起的"新禪學"、"新儒學"和"新
道教"，及其在"三教合一"思潮中各自建立的"心性之學"，
都是中華民族的"精神史"。人們的精神運動，歸根到底，是無
法脫離社會現實的物質運動。在宋明七百年間，中國封建專制主
義制度得到高度完善，航海交通的發展，中西文化的交流，科學
技術的進步，促使中國知識階層產生了對如上理想境界和"自由"
人格的不斷追求和憧憬，王陽明的"無善無惡心之體"、丘處機
的"無我無人性自由"（《磻溪集》卷二第三〈鍾呂畫〉、《道
藏》第二五冊），都是明證。然而，"自由"的人格理想和"平

等"的平民意識,無疑成了不平等的封建專制主義特權社會無法容忍的"罪惡",因此,正如上篇所說,它"必然是一幕一幕的悲劇結局"。

這種悲劇結局,便導致中國知識階層在"三教合一"的思潮中,只能作出兩種相關的選擇。一方面是存心養性(儒),或修心煉性(道)、明心見性(禪),以"獨善其身";另一方面,自力更生、自苦利人(全眞道),"一日不作,一日不食"(禪)以"兼濟天下"。總之,他們只能走上"以道殉身"或"以身殉道"(《孟子·盡心章句上》)的悲劇道路。這便是宋明"三教合一"思潮中的"心性之學",必然會引發出的"一心了當天下國家"之旨。這種爲"天下國家"的獻身精神,和"從道不從君"的浩然正氣,正是我們中華民族能以自立於世界民族之林的思想支柱,亦是海內外炎黃子孫應當不斷弘揚傳承的中華文化精神。本書之用心,僅此而已!

註　釋

❶　參見《遺山集》卷三五＜紫微觀記＞、《雲山集》卷八＜南昌觀碑＞等。

❷　參見陳垣《南宋初河北新道教考》、蒙文通《道教三考》、劉鑒泉《道教徵略》等論著。

❸　據《漢書・地理志》、桓譚＜仙賦序＞和《三輔黃圖》卷三所載，華山宮觀僅漢武帝所建就有：集靈宮、集仙宮、存仙殿、望仙臺、望仙觀。這是爾後道教最理想的“洞天福地”。

❹　據《青岩叢錄》所載，彭耜鶴林係傳唐代丹鼎派的南宗正一七傳弟子，但他撰《道德眞經集注》，專門收宋代、尤其北宋諸儒的注文，並視丹灶、符籙、奇技爲“小數”“土苴者耳”（見該書“序”）；該書古樓觀說經臺又有藏版流傳，可以推測，全眞思想與宋儒的注經思想之間，可能有一定的淵源關係。

❺　道教極盛必分宗派。關於道教分派史書有種種說法，元陳采《清微仙譜》序認爲：老君之後道分四派，曰眞元、曰太華、曰關令、曰正一，十傳至清微侍元昭凝元君，又復合於一，宋金之世所謂全眞者，乃關令派，張道陵者，乃正一派，此外還有清微派。明王禕《青岩叢錄》倡“南北二宗”之說，《元史・釋老傳》又有：南方正一，北方全眞、眞大道、太一等四派之說。其實，無論按傳經、按宗旨，還是按活動地域，道教在金元時代，主要分爲全眞和正一南北兩大派。

❻　王禕把全眞道分爲南北二宗，顯然不合乎史實。

❼　陶宗儀《南村輟耕錄》，採錄了元代“凡六合之內，朝野之間，天理人事，有關風化”的各種史料，卷五有＜三教＞一條，卷二十九有＜全眞教＞一條。由此可以推測，載於卷三十的＜三教一源圖＞，可能與全眞教“三教圓融”的宗旨相關。

❽　周至李顒（二曲）同北方孫奇峰、南方黃宗羲，時論以爲清初“三大儒”，康熙皇帝特賜“關中大儒”四字以寵之，又備受顧炎武尊

崇,因此,可同顧、黃、王並列,可謂在關中終結宋明理學的學者。

❾ 《論語‧述而》載:"子曰:飯疏食飲水,曲肱而枕之,樂亦在其
中矣。不義而富且貴,於我如浮雲!"《論語‧雍也》載:"子曰:
賢哉!回也。一簞食,一瓢飲,在陋巷,人不堪其憂,回也不改其
樂。賢哉!回也。"

❿ 見狄百瑞(W.M.T. Debary)《中國的自由傳統》,李弘祺譯,
香港中文大學出版社,1983 年版。

⓫ 見張君勱《中西印哲學文集》,臺灣學生書局印行,1981 年版。

⓬ 朱象先《古樓觀紫雲衍慶集》卷上第十八,見一九八七年文物出版
社,上海書店、天津古籍出版社聯合出版的《道藏》第十九冊。本
篇凡引《道藏》,均依此本,只注篇名與《道藏》冊數。

⓭ 《河南程氏遺書》卷第二上<元豐己未呂與叔東見二先生語>,見
一九八一年中華書局出版的《二程集》第一冊。本篇凡引該書,均
依此本,只注篇名與冊數。

⓮ <馮友蘭<中國哲學史>審查報告>,見一九八○年上海古籍出版
社出版的《金明館叢稿》二編。

⓯ 參見余英時《中國近世宗教倫理與商人精神》。一九八七年,臺灣
聯經出版事業公司出版。

附　錄

一部創見疊出的理學史專著
——讀《張載哲學思想及關學學派》

張恒壽

馬　濤

　　《張載哲學思想及關學學派》（人民出版社出版）是陳俊民先生的新著。作者在多年整理縷析關學典籍的基礎上，運用歷史與邏輯相統一的原則和方法，探討了宋明理學思潮中關學學派的主旨及形成、發展和終結的歷史過程，塡補了理學思潮研究中沒有專門論述關學學派的空白。

　　該書出版以後，以它具有較高的學術價值，被列爲"香港三聯新書精選"之一，展銷於新加坡和日本等國，引起了海內外學術界的關注，贏得了較高的評價。如海外著名學者陳榮捷先生稱譽該書能"從大處着眼，精細入微，由張載至李顒一氣貫通，使人眼界爲之大開"。國內著名學者張岱年先生認爲該書"是近年中國哲學史研究的又一豐碩成果"。

　　我們初讀之後，認爲該書系統清晰，創見疊出，優勝之處甚多。以下略舉數端。

　　二一九四九年以來，研究張載思想的論著翻卷可得，但對張載所創立的關學學派卻無專門的文字論及。作者塡補了這一空白，並提出了許多富有創見性的見解。

　　作者對"關學學派"的概念內涵首先作了釐定，認爲關學不是歷史上一般的"關中之學"，而是宋元明淸時代的關中理學。它具有世代以"躬行禮敎"爲宗旨，直接援自然科學入儒學，倡"氣本論"、"氣化論"的哲學特點，又具有"實學"學風、中和性格的獨立學派。作者認爲，關學始於北宋，終於淸初。由華陰申顏、侯可爲代表的"華學"首開先聲，領袖張載獨創新論，""倡道關中"，弟子三呂（呂大忠、呂大鈞、呂大臨）衍其說，李復正其傳，至南宋而"式微"、"寂寥"；中經元明，由呂柟、馮從吾"中興"、"復替"，直到淸初，李顒用"儒學"代替"理學"，使關學由"復盛"而終結。前前後後，歷七百餘年，"關中道脈相傳不絕"，其盛"不下洛學"。作者認爲，張載死後，關學的演變經歷有一個否定之否定的辯證過程。具體些說，張載之後，關學雖然"衰落"，但沒有"熄滅"，而是出現了"三呂"的關學"洛學化"和李復的關學"正傳"兩種發展趨向。"三呂"的關學形式上雖依附洛學，但在思想上卻嚴守師法。兩種趨向都不同程度地保持着以"躬行禮敎爲本"的"崇儒"的關學要旨。明代以後，程朱理學和王學在皇權的支持下先後極盛於世。關學學者又經歷了一條折中朱王、反歸張載、還原"儒學"的曲折路徑。在明代理學思潮的辯證發展中，由於朱子的"支離"，導致了陽明學的"簡易"，又因朱王的玄遠虛空，產生了關中學者的"實學"。他們仍在堅守着張載關學"躬行禮教爲本"的致用宗旨和堅決排佛，注重實踐的關學傳統。他們在調停朱王、互救其失中，又表現出了一種敦厚典雅的中和性格，總是用自己的關學思想來溶解朱王的理學和心學。如薛敬之用"氣"折中"理"、"心"，呂柟用"仁心"代替"良知"，馮從吾進一步把"良知"復原爲"善心"。他們表面是以張載思想爲歸，其實是向原始儒學的還原。到了明清之際，關學學者李顒則進一步提出"儒學即理學"，公開主張用"儒學"取代理學，向原始儒學還原，最終結束了關學。如果說張載是關學邏輯的起點的肯定形式，那麼，明代的呂柟、馮從吾則是其中的否定環節，而清初的李顒，則是關學邏輯發展的終結和再肯定形式。關學自始至終，都同整個理學思潮相關聯，可謂是按同一脈搏、同一心路共始終的。

作者在書中對關學學派源流的考察，是在對大量的現存史料進行鉤沉、辨析的基礎上完成的。應該肯定地說，作者的這一工作不僅有篳路藍縷的開拓之功，而且亦反映了關學研究的深入和突破。

二在北宋理學諸子中，朱熹推崇周敦頤，認爲周子已經解決了"體用殊絕"、"天人二本"的理論問題，故是"上接洙泗(孔孟)千歲之統，下啓河洛（二程）百世之傳"，使"道學之傳復續"的理學宗祖人物。朱子以後，世人也多沿其說。作者繼明代關學學者韓邦奇之後（韓氏首辯此說之非），力辯此說之非，認爲這是朱子的偏見。

作者認爲，周子沒有眞正解決這一理論問題。周子是以《圖》傳《易》，走的仍然是道家陳摶"體用殊絕"、"有無爲二"的路子，他的"主靜爲宗"、"無極爲旨"，也都明顯地保留著道教無爲思想的殘餘。作者認爲，眞正解決這一理論問題的是張載，張載在北宋重建倫常綱紀、拯救理論危機的新儒學運動的推動下，從破漢唐的"三敎"和宋初諸儒的"體用殊絕"、"有無爲二"的"天人二本"論中，獨樹新說，確立了"天人一氣"、"萬物一體"的關學主題，奠定了宋明理學"天人合一"的理論格局。正因爲張載開闢了這一方向，到南宋時朱熹才進一步吸取張載的思想資料，沿着周、程的思想路線，集理學思想之大成，而建立了精致的理學體系，使封建時代的中國哲學思想達到了新的高峰。作者在這裡對張載在理學中地位的重新估定，在我們看來，對於糾正以往的偏頗認識，是很有裨益的。

三《周易》是先秦儒家的重要典籍，也是理學家所共尊奉的"經典"之一。由於它文字簡約，義蘊隱晦，便於人們隨意發揮。所以兩宋理學諸子中，幾乎都對《周易》有所闡釋。但他們之中有哪些不同？張載的釋《易》又有那些獨到之處？一般讀者還不清楚。作者一一給我們作了解答。

作者認爲，"性與天道合一"是《易說》的主題，張載用"《易》即天道"、"天道即性"和"一物兩體者，氣也"、"有兩則須有感"的命題，論證了"天人"、"道性"如何"合一"的問題。

關於"一物兩體者，氣也"，作者分析說，這是張載確立"天人合一"思想的根本命題。張載認爲，推動着"天人"、"道性"在天地造化過程中"合一"的造化之機，就是根源於"氣"自身是一個矛盾的統一體。其矛盾的兩個方面如"陰陽"、"動靜"、"屈伸"、"聚散"、"虛實"……等互相作用，推動着整個宇宙永恒向前發展。作者析"一"之義有二層，第一層指"湛然"的"太虛之氣"的統一體；第二層指"氣化"天地萬物過程中，矛盾兩方面的統一關係，如"天"是"陰與陽"的統一，"地"是"剛與柔"的統一，"人"是"仁與義"的統一。這種統一關係的"一"，也稱作"參"（"三"）。這個"參"，實際上是比"太虛之氣"統一體的"一"更進一層的"一"，也是"兩"而"一"的最佳狀態。張載又用"感"來說明"一"之"兩"爲什麼能夠成爲"參"和怎樣成爲"參"的。作者分析張載的"感"也有兩層意義，一指矛盾兩方面之間的相互感應、影響和作用；二指矛盾兩方面"相應而感"必然引起事物變化，形成新的統一體（"參"）。這兩層同蘊涵於"感"中，使"感"這一範疇既能說明天人萬物爲什麼能夠統一於"一"；又能回答天人萬物"兩"的矛盾發展，怎樣能產生新事物的"參"的統一體。作者認爲，這正是現代唯物辯證法"同一性"思想的篳路藍縷，它們共同構成了一個"一兩"辯證法的範疇體系："一"──"兩"──"感"──"參"（一）。並認爲這是《橫渠易說》的思想精華，是張載對人類理論思維作出的傑出貢獻。作者在這裡對張載"一物兩體者，氣也"根本命題所包含的辯證思想的析述，無疑是十分深刻的，多發前人之所未發，反映出作者具備有較高思辨水平和哲學造詣。

　　四《西銘》是張載精心創造的一篇理學論綱，在"張子學之全體"中具有十分獨特的重要地位。但現代的一些哲學史家因要強調張載哲學的唯物主義性質而有褒《正蒙》貶《西銘》的傾向；

對於《西銘》旨趣的解釋，又多受程朱"理一分殊"說的影響。作者對這些看法力辯其非。

作者認爲，《西銘》言簡意約，至爲深切。它以《六經》孔孟之言爲依據，而"擴前聖所未發"之大義，概括表明了張載宇宙論、人性論、政治論、道德論、人生論及其相互聯繫的邏輯聯繫。《西銘》哲學論綱的邏輯結構，還給我們揭示了宋明理學的基本格局，故受到理學各派的共同尊奉。所以，它和《正蒙》的地位同樣重要。

關於《西銘》的本旨，作者認爲程朱以"理一而分殊"概之是一種偏見，不符合張載原旨。作者認爲，程朱"理一而分殊"說是基於其客觀唯心主義理學體系的需要，突出了"理一"這一本體的存在。其理論來源於對周敦頤《太極圖說》的蹈襲："理一"實即《太極圖說》首句的"無極"（或太極），"理一而分殊"實即周子"自無極而太極"的程朱新版。所以，"理一而分殊"絕非張載《西銘》本旨，而是程朱理學的"理一本論"在《西銘》機體上的絕妙附會。作者認爲，《西銘》的本旨在於創現了一個"民胞物與"的理想境界：它從首句的氣一元本體論出發，通過"性帥天地"的人性論"關鈕"，把宗法封建等級秩序，本體化爲"民胞物與"的"均平"、"大同"理想。這才是《西銘》理學的旨趣所在，也是張載這位"渾然與萬物同體"的"吾"所創現的眞正自由的理想人格境界，也是整個宋明理學家的共同心境。它之所以受到統治者和理學諸派的共尊，是因爲對整個封建統治階級來說，它爲鞏固中央集權的專制統治，提供了哲學根據和精神支柱；對於所有理學家來說，它符合他們爲粉飾自己長期鍛造的"理本論"、"心本論"所需要的所謂"極高明而道中庸"、"數點梅花天地心"、"四時佳興與人同"、"聖人氣象"、"孔顏樂處"等虛幻花環。作者"以張解張",對《西銘》本旨的闡幽發微,無疑是第一次在歷史上為我們澄清了這一沉沒了幾百年的歷史理論混亂,其功不可沒矣。

五對於張載哲學的性質,歷來眾說紜,頗有爭議。有的認為,張載的哲學在體系上是唯心主義的(牟宗三);有的認為,張載的哲學是二元論的體系,並由此走向了唯心主義(侯外廬);有的則認為在張載的哲學體系內存在有"性氣二本"的內在矛盾(丁偉志)等等。作者堅持張載"氣本論"的唯物主義性質,並作了極有說服力的辨析。尤其是作者對"太虛"範疇的解析,更是精闢獨到。

作者認為,"太虛"是張載哲學的最高範疇。"太虛之氣"不但是張載整個範疇系列的起端,也是張載全部哲學內容歷史開展的根據。作者解析說:"太虛"既具有宇宙本體上的最高實在性,又具有宇宙發展上最初創造性;既是最一般、最抽象的規定,又蘊涵着最具體、最現實的發展。其意義,或以未形體言者,或以流行之用言者,或以究極之歸言者,蓋不外上而推之於天地人物之先,指其湛然無形而足以形形的"氣本之虛",中而推之於萬物有生之初,指其"野馬絪縕"而陰陽氣化的"天地之氣",極而推之於人物既生以後,指其"形潰反原"而不能不化有形為無形的"太虛之氣"。從天地人物之先,生萬物有生之初,到天地人物既生之後,始終不離太虛之本,這表明"太虛"是有無、虛實、動靜、"通一無二"的統一實體,所以,它不僅是張載範疇體系的起點，而且也是其終點。

在對"太虛"範疇解析的基礎上，作者又進一步採用素描化的筆法爲我們勾勒出了張載哲學範疇的邏輯行程和內在邏輯結構。作者認爲，宇宙本體的"太虛"，清通無礙，無形無感，升降飛揚，未嘗止息，產生了"陰陽氣也"的"天"這個範疇。由"陰陽之氣"對立統一於太虛絪縕之中而推動"太虛之氣"本身的運動變化，以資生萬物，形成"氣化"的過程，又派生出"道"這個範疇。"天"、"道"範疇，表明"太虛"尙處在陰陽二氣未分，而萬物並育其中，包孕"浮沉、升降、動靜、相感之性"，猶如"太和"狀態的物質實體。這種"太虛"之"虛"與"氣化"之"氣"合一，決定了"太虛之氣"不能不成乎人之秉彝，使自身蘊涵着"浮沉、升降、動靜、相感"之"天性"，變爲"物性"與"人性"，形成了"性"這一範疇。而人有其性，便能感知萬物，產生知覺，從而使性、知又統之於一心，由此又形成了"心"這一範疇。"性"、"心"範疇，表明"太虛之氣"經過"氣化"過程，不但已聚而爲萬物（動植），而且產生了"得天地之最靈"、具有物質最高發展屬性的人。所以，"心"、"性"、"道"、"天"本只是一個"太虛"，是"太虛之氣"聚散氣化而爲萬物（動植）與人的過程。在"太虛氣化"的邏輯行程裡，實際上形成有三個層次的內在邏輯結構："太虛"與"天"，屬"氣本"範疇，是作爲宇宙本體的第一層次；"道"、"理"和"神"，屬"氣化"範疇，是作爲宇宙生化的第二層次，同第一層次共同構成了客觀的"天道"範疇系統；"性"、"心"、"聖"、"誠"，基本歸屬於"人道"範疇，是作爲人對客觀宇宙本體和生化過程進行主觀認識的第三層次。這三個層次，就構成了張載哲學"天——人——合一"的邏輯結構。作者着墨不多，卻主題突出，脈絡清晰。它不僅使讀者能體會到張載哲學的真正底蘊，也使人對於整個宇宙人生有耳目一新之感。

　　另外，該書在研究方法上也別具一格，不落俗套。張子畢生著作浩翰，作者從張載生平的許多論著中，以張載自撰者爲主，依成書的次序和內容的聯繫，着重提舉出三部加以論述，認爲張載思想的形成經歷有一個《易說》——《西銘》——《正蒙》的邏輯行程，認爲他的關學主題，正是通過這個內在的邏輯過程，在同周、程諸子外在的矛盾統一中，逐步確立、深化和完善的。在這一邏輯行程裡，《易說》初步確立了"性與天道合一"的理學主題，奠定了他以後思想理論的基礎；《西銘》則集中表達了他的關學思想的最高理想境界，可看作是張載思想的論綱；《正蒙》則是張載全部思想的結晶，初步已形成的一整套哲學範疇的體系，是他晚年的定論。這種歷史與邏輯相統一的方法，使作者的研究能鈎玄提要，避免支離瑣碎，從而能邏輯地(也即本質地)把握住了張載哲學的義諦。

　　在全書體例的結構安排上，作者也突破了傳統哲學史、思想史的舊章法，沒有採納所謂"兩個對子(唯物主義與唯心主義)"、"四大塊（宇宙觀、認識論、方法論、歷史觀）"的排列，而是將全書內容闢爲三部分："總論"部分，辨析了關學思想的源流及其歷史文化背景。"本論"部分，按照張載其學的邏輯進程，依次論證了張載確立"性與天道合一"的關學主題；張載追求"民胞物與"的大同理想和"孔顏樂處"的自由人格；張載以"天

人合一 ”、“ 體用不二 ”的結構原則，構成了“ 氣——道——性
——心——誠 ”的哲學邏輯範疇體系。“ 附論 ”部分，考查了張
載之後，北宋陷於“ 完顏之亂 ”，關學幾乎“ 百年不聞學統 ”期
間，以“ 道德性命之學 ”標宗的世俗化全眞道在關中崛然興起，
並熾傳北方的思想動向，從這一側面，展現了宋元整個中國傳統
思想走向“ 三教歸一 ”的必然趨勢，並把張載關學和整個宋明理
學的基本精神，歸總爲對“ 天人合一 ”的理想人格的追求。全書
結構緊密，一氣呵成，不僅使人思路大開，讀之也令人精神振奮。

　　當然，該書也有不足和值得商榷之處。依作者對關學的定義，
關學有兩層意義：一是張載學說的繼承和發展，二是指宋元明清
時期的關中理學。這兩者之間有統一的方面，因爲宋元明清時代
的關中學者都在一定程度上接受有張載的影響；但這兩者之間也
有矛盾、複雜的方面：有的“ 關中理學學者 ”可能不是張載思想
的信徒；而有的張載派的思想家，卻又可能不是“關中理學學者”。
對這種複雜的矛盾關係，作者似未能給我們作出一個十分清楚的
解答。書中還有一些沒有刪盡的流行說法，如說王夫之、李顒等
是“ 反理學 ”（ 本書認爲關學是在關中的理學，如說李顒是反理
學的，則顯然矛盾 ），認爲朱熹完成“ 三教歸一 ”，這都是值得
再商榷的。但綜觀全書，我們可以肯定地說它是一部具有較高水
平的學術著作。

（原載《中國哲學史研究》，1989 年第二期）

後　　記

當我已步入"五十而知天命"之年，回首我在學業上已走過的耕耘歷程，坎坷波折，教益良多。得失進退，讀者自有評說。

現在獻給讀者面前的這本小書，是我在平生自我感覺最不平靜的心境下寫作、修改、增訂而剛剛編輯成册的。從一九七九年起，我開始從研究"先秦諸子"轉向研究"宋明理學"，本書首章＜關學思想源流論＞，原本是我爲一九八一年十月在杭州西子湖畔擧行的"全國宋明理學討論會"提供的論文，原題爲＜關學思想源流辨析＞，是我關於宋明理學研究的第一篇文字。本書末章＜宋明"三教合一"思潮中的心性旨趣論＞，是我今春爲七、八月赴美國參加"第六屆國際中國哲學會"準備的論文，亦是我爲本書撰寫的簡要結語。前前後後，整整十載，字裏行間蘊涵着我的全部心思，顯現出我十年來的學術進路及其往後的致思方向。

這十年，我們國家正處在從傳統面向現代化的歷史轉折時期，"改革開放"震動了傳統社會最深層的心理結構，全民族重新覺醒，開始以世界眼光審視中國的過去、現在與未來。哲學理論本應成爲新時代的"先導"，知識精英理應充當全社會的"先知先覺"，可是，在我們這個艱難轉變的國度裏，其先聲作用，大概只能體現在全民族近年來日益強烈的反思意識之中。我非常清楚地記得，一九七八至一九八〇年，當人們熱情歡呼"科學的春天"剛剛來到之時，中國哲學界顯得格外活躍，不少有識志士從反思一九五七年春季北京大學哲學系所舉行的＂中國哲學史座談會＂的得失教訓中，重新對哲學史研究的方法論問題、學術與政治的關係問題提出了質疑。我也連續發表了＜論中國哲學史研究的對象問題＞、＜論中國哲學史的邏輯體系問題＞等理論探討文字，同學人們一樣，決心要衝破多年來一直束縛着頭腦的各種公式化、簡單化的教條主義枷鎖，竭力使中國哲學研究由對當世政治作注脚的侍婢地位變成神聖的學術研究，這本是＂文化大革命＂之後學術界撥亂反正的應有之義。可是，誰料想又似＂風乍起，吹皺一池春水＂，居然冒出了類似＂文革＂運動的極＂左＂的批判迴流。而今回想起來，我頗覺得有點像《白蛇傳》的故事，多虧了那股從學術界之外飄然而入的＂輕風細雨＂，使一大批勇於理論探索的學者不約而同地將自己剛剛高揚起來的理論熱忱，轉向更加理智的冷靜沉思；大家幾乎一致地從整理、發掘各地鄉賢、專史典籍入手，開展了中國哲學史的專題研究。

由此推動我輯佚、校點、整理出了《關學編》、《關中三李年譜》、《二曲集》、《藍田呂氏遺著輯校》等宋明理學及其＂關學＂學派的原典，以及南宋彭耜《道德眞經集注》等道教史料。與此同時，我大約用了五年教學之餘的時間，到一九八五年春，便完成了本書的主要篇章。其中＜全眞道思想源流論＞是我研究＂全眞＂新道教思想的綱要，曾以＜全眞道思想源流考略＞為題，先後發表在一九八三年的《世界宗教研究》和《中國哲學》第十一輯上。它本來可以單獨擴展成另一小書，茲因它是宋明新儒學思潮在北方發展的一個波折，是弄清北宋以後＂關學＂之所以＂百年不聞學統＂的重要關節，往日學人多所忽略，因而作為＂附論"第一章，放在書後。這年七、八月間，我赴美國紐約參加"第四屆國際中國哲學會"，特將這些主要篇章編印出數百冊，送給海內外朋友，徵求修改意見。後來人民出版社將它正式印出四仟餘冊，短短幾個月，竟然一銷而空。這一方面使我感到十分不安，決心找尋機會補充完善這本小書；另一方面，卻使我覺察出全民族反思意識已表現得非常強烈，"文化研究熱"的出現已勢所難免。這大概就是文化人類學家所稱道的"文化再生運動"在中國大地上將要興起的徵兆吧！

　　然而，這十年間，對我來說更富有戲劇性的事變是，我同一些學人的命運一樣，也曾經歷了一次由學而"官"——辭"官"就學的周折。一九八三年，正當我潛心鑽研宋明新儒學、新道教，而且日日上進之際，我萬萬不知曉，我竟經"民意測驗"基本符合"革命化、專業化、年輕化"的條件而被國家教委(原教育部)任命為"陝西師範大學副校長"，讓我從事科學研究的行政管理工作。至一九八六年春，正當我為學校做出了一些事功時，我遭到了莫名其妙的"挫折"，我從中清清楚楚地看到"官場"腐敗的端倪，我直面現實，決心急流勇退，退而結網。得到了上級的理解與批准，我携妻子耿翠霞應邀到新加坡東亞哲學研究所做高級研究員，臨行前的晚上實難入眠，為孩子留下了四句不成體的小詩，可見我當時的心境：

　　　　事功不成走異鄉，親友話別多惆悵。
　　　　兒女志學須慎獨，探明世理知炎涼。

"官塲"事功的"失敗",大大激發起我的憂患情緒。我心緒萬千,鬱鬱寡言,但唯一可聊以自慰的是,我好不容易得到了一段相對穩定的專門做學問的時間,又有幸同該研究所的劉述先、戴璉璋、馮耀明、黃進興、翟志成、古正美諸同仁們朝夕相聚,切磋哲理。我終於完成了近五十萬言的《藍田呂氏遺著輯校》,並在此基礎上寫成了本書中的"本論"第五章,總算爲本書補上了關於張載死後其親炙弟子呂大臨等投師二程、簡擇於張程關洛二學之間,導致了"關學"趨向"洛學化"的這一重要章節。所以,我永遠也不會忘記東亞哲學研究所曾爲我提供的良好研究條件。

一九八七年春季,我結束了一年多在新加坡、聯邦德國和香港的研究講學工作後,回到了我的母校陝西師範大學,眞是"歲歲年年人不同"啊!我異常吃驚地親眼目睹了改革開放中知識階層發生的嚴重異化傾向,少數"異化"分子以"朝爲田舍郎,暮登天子堂"的變異心態,謀得了官位以後,又肆無忌憚地以權謀私,很快就實際變成了官僚化的"新權貴"、"暴發戶"。我實在難以容忍這種"腐敗"病菌在我們神聖的高等學府蔓延滋長,我同每一位胸懷"天理"、"良心"的海內外赤心學子一樣,曾上書於公堂,訴諸輿論,但一時皆難奏效,我不得不以人所易知的"任期屆滿"之理由,於本年底獲得了"不再作陝西師範大學副校長",並辭去一切行政職務的"解脫"。去年冬,我決定接受浙江大學的"教授"招聘,專門從事學術研究工作。現在當我在這篇<後記>裏傾注我"爲天地立心,爲生民立命,爲往聖繼絕學,爲萬世開太平"的終極關懷時,我相信讀者萬萬不會想到我正着手準備舉家遷杭。如此一上(官)一下(學),一北(西安）一南（杭州），整整七個年頭，對我本人來說，似乎全在情理之中，本是應有之義。

　因爲，我本是一介書生，一踏進學界，就把獻身學術作爲我終生最神聖的志業，以追求"眞善美"統一的理想人格，保持知識分子獨有的"議而不治"的社會批判功能。我相信馬克斯・韋伯所說的："在學問的領域裏，唯有那純粹向具體的工作獻身的人，才有'人格'。"（《韋伯選集：學術與政治》，臺灣允晨出版公司，一九八五年臺北版。）因此，我從來沒有把學者從政做"官"看作值得慶幸的喜事，反倒覺得這乃是中國知識階層的一大悲劇。我以爲中國固然缺少眞正達到"四化"的卓越的行政管理幹部，但更爲迫切需要的卻是一大批德識才學兼備的思想家、"設計師"。我的這種現代思考，早已凝結在我近兩年來所撰寫的各類文字裏；本書最後一章是前幾個月剛草就的初稿，在我個人的學術生涯裏具有承前啓後之意義，它無疑也是這一現代思考的結果。這便是本書時而發出的時代音響，亦是我要向讀者交代的寫作背景，但願海外讀者得以理解。

　這裏，我首先要感謝張岱年、張恒壽二老，他們都是學界德高望重的前輩，能爲本書作"序"寫"評"，無疑是對我等後學的殷切厚望與鼓勵。杜維明教授爲本書譯寫了英文"內容提要"，他在海外赤誠的儒學研究精神，感人肺腑，發人深省，我們雖是相識快十載的老朋友，但我還是要感謝他的。當然，我特別要向臺灣中國文化大學的李明輝教授和學生書局爲本書操勞的朋友們衷心致謝。我同李明輝今夏結識於美國夏威夷大學希洛分校，我倆雖萍水相逢，但談起學術來，卻心心相印，一見如故；他自願

作我的代理人，爲本書在臺灣的出版和文字校審勞神盡心，這種
携手宏揚中華文化和民族氣節的同胞情誼，在今天實在難得。特
一併附識於此，旨在永不忘焉。

陳俊民

一九八九年八月誌於西安

國立中央圖書館出版品預行編目資料

張載哲學與關學學派／陳俊民著 -- 初版 -- 臺北市：臺灣

學生，民79

15,334 面；21 公分 --（中國哲學叢書；26）

ISBN 957-15-0168-9（精裝）：新臺幣310元

-- ISBN 957-15-0169-7（平裝）：新臺幣260元

1.（宋）張載 - 學識 - 哲學

125.14   79000975

增訂本　張載哲學與關學學派

著作者：陳　　　俊　　　民
出版者：臺　灣　學　生　書　局
本書局登記證字號：行政院新聞局局版臺業字第一一〇〇號
發行人：丁　　　文　　　治
發行所：臺　灣　學　生　書　局
　　　　臺北市和平東路一段一九八號
　　　　郵政劃撥帳號０００２４６６～８號
　　　　電　話：３６３４１５６
　　　　FAX：(02)3636334
印刷所：常　新　印　刷　有　限　公　司
　　　　地址：板橋市翠華街8巷13號
　　　　電話：9524219・9531688
香港總經銷：藝　文　圖　書　公　司
　　　　地址：九龍偉業街99號連順大廈五字
　　　　樓及七字樓　電話：7959595

定價　精裝新台幣三一〇元
　　　平裝新台幣二六〇元
中華民國七十九年十一月初版

ISBN 957-15-0168-9（精裝）
ISBN 957-15-0169-7（平裝）

中國哲學叢刊